# RÉCITS

## SUR LA

# DERNIÈRE GUERRE

## FRANCO-ALLEMANDE

NANCY, IMPRIMERIE BERGER-LEVRAULT ET Cie

# RÉCITS

SUR LA

# DERNIÈRE GUERRE

## FRANCO-ALLEMANDE

### (DU 17 JUILLET 1870 AU 10 FÉVRIER 1871)

## PAR C. SARAZIN

Médecin en chef de l'ambulance de la 1re division du 1er corps
à Wissembourg et à Frœschwiller,
Médecin en chef du quartier général du 1er corps à Sedan,
Médecin en chef de l'ambulance du grand quartier général de la IIe armée
pendant le siège de Paris,
Membre correspondant de l'Académie de médecine
et de la Société de chirurgie.

WISSEMBOURG

FRŒSCHWILLER (REICHSHOFFEN OU WŒRTH)

SEDAN. — SIÈGE DE PARIS

## PARIS

### BERGER-LEVRAULT ET Cie, ÉDITEURS

5, rue des Beaux-Arts

MÊME MAISON A NANCY

—

1887

# AVANT-PROPOS

———

Pendant toute la dernière guerre, j'ai cherché à étudier les événements auxquels j'assistais avec la méthode qu'on emploie dans les sciences naturelles. Je me suis surtout préoccupé de l'observation rigoureuse des faits dont j'étais le témoin, de leurs causes et de leurs conséquences immédiates. Je crois avoir évité les prétentions stratégiques qu'on a si justement reprochées à ceux qui ont écrit sur la dernière guerre sans connaître les éléments de la science dont ils se permettaient de parler; et j'ai fait tout ce que j'ai pu pour échapper à tous les mensonges qu'un faux patriotisme a introduits dans l'histoire de cette lutte désastreuse. J'ai raconté tout ce que j'ai vu, persuadé que la vérité serait plus utile à mon pays que tous les vieux clichés de convention qui flattent l'amour-propre national en préparant la défaite. Je m'attends à mécontenter tout le monde, sauf les éclectiques, qui ne tiennent ni aux romans intéressés, ni aux tableaux à sensation.

Par ma position dans les ambulances et dans les états-majors, j'ai été bien placé pour étudier les événements auxquels j'assistais et je suis heureux de pouvoir affirmer que je n'ai rien à cacher de toutes les confidences qui ont été faites au médecin. J'ai pu me tromper : tout le monde se trompe ; mais personne ne pourra suspecter ma bonne foi. J'ai été exagéré dans quelques-unes de mes appréciations, mais je n'ai pas voulu les corriger, parce que ces exagérations mêmes peignent bien l'état d'esprit de l'entourage dans lequel je vivais et dont j'avais épousé les idées. L'homme que j'ai suivi depuis le premier jusqu'au dernier coup de canon est mort depuis longtemps ; je suis moi-même à la retraite ; le moment est venu de livrer ces quelques pages à la publicité. Elles contribueront, je l'espère, à faire rendre la justice qui lui est due à celui sous les ordres de qui j'ai eu l'honneur de servir, sans qu'on puisse supposer que ces récits aient été dictés par intérêt, par ambition ou par esprit de coterie.

Je n'ai du reste à étudier le général Ducrot que

comme soldat, me plaçant moi-même bien au-dessus des luttes politiques qui ont trop bien continué pour la France l'œuvre de destruction commencée par la guerre.

Enfin, deux ans de séjour en Prusse, ma connaissance de la langue allemande, mon éducation cosmopolite, ma position à Strasbourg avant la guerre et mes relations fréquentes avec les chefs de la chirurgie militaire en Allemagne, m'avaient bien préparé à comprendre le mouvement des esprits de l'autre côté du Rhin et l'état psychologique de l'armée allemande. J'ai cru qu'il était bon de les faire connaître à mon pays, car ce sont des facteurs dont la terrible action est loin d'être épuisée. Ils nous menacent comme en 1870 et nous nous refusons à en tenir compte, en nous persuadant qu'après la mort de l'Empereur d'Allemagne et de son grand-chancelier, la France n'aura plus rien à craindre. La mort de ces deux hommes ne changera rien aux convoitises séculaires de l'Allemagne, aujourd'hui unie, armée et confiante dans sa force. Les motifs de querelle ne lui manquent jamais lorsqu'elle entrevoit une guerre utile à ses intérêts et ce n'est ni avec des mots, ni avec des doctrines, ni avec des illusions, que nous pourrons nous défendre. Il nous faut une armée nombreuse, instruite et disciplinée; dans ces conditions-là, le moral et la bravoure ne lui feront pas défaut. Le nombre, l'armement, l'instruction nous l'avons, mais la discipline, hélas! n'est pas un des produits naturels de notre vieille Gaule. Il nous la faut cependant, complète, absolue, aveugle, inconsciente en quelque sorte, la discipline d'une machine sous la main du mécanicien. Si elle nous fait défaut, préparons-nous à de nouveaux malheurs; mais avec elle, attendons les événements sans forfanterie et sans faiblesse.

# INTRODUCTION

A la nouvelle de Sadowa, pendant que Paris illuminait, l'Alsace avait tressailli. Plus tard, quand fut soulevée la question du Luxembourg, on crut partout la guerre inévitable : l'Empereur sans doute s'y était préparé. Les insolences et les fanfaronnades des journaux de Berlin que nous lisions à Strasbourg, semblaient rendre tout accord impossible. Le maintien de la paix fut accueilli avec stupéfaction par les populations de l'Est qui avaient accepté l'idée des lourds sacrifices que leur imposerait la guerre ; décidément l'Empereur ne la voulait pas et, pour s'y soustraire, il lui suffirait de faire à la Prusse quelques concessions au fond sans importance pour nous. La paix semblait assurée pour longtemps, et cependant le prestige impérial n'était pas encore sérieusement compromis. Sauf dans l'entourage immédiat de Ducrot, personne n'était inquiet à Strasbourg ; l'Alsace avait repris son équilibre ; elle était tranquille et prospère; l'industrie, l'agriculture et le commerce répandaient partout le bien-être et l'abondance; les élections de 1869 et le plébiscite de 1870 n'avaient pas pu faire sortir de leur calme habituel nos provinces du Rhin.

Rappelons-nous l'état des esprits en France à la veille de cette terrible guerre : sauf quelques rares exceptions, personne n'en voulait, personne n'y croyait, personne même n'y pensait d'une façon sérieuse. Le pays, habitué à se désintéresser de ses propres affaires, avait livré ses destinées au gouvernement impérial et ne lui demandait que la tranquillité, l'ordre et les prospérités matérielles. L'Empereur vieilli, fatigué, malade et fataliste, n'était lui-même que trop disposé à se faire illusion sur les dangers qui menaçaient la France : il se confiait à son étoile. Le pays voulait la paix; l'Empereur voulait le repos.

Et quelles illusions chez tous ! Quelle confiance dans les richesses inépuisables de la France, dans la force et la solidité de son armée partout victorieuse, dans l'habileté de ses généraux, vainqueurs en Crimée, en Italie et au Mexique, dans le patriotisme de ses populations, pépinière de héros, chair à canon incomparable ! Non, bien certainement, ni la Prusse, ni même l'Allemagne entière, n'oser'aient attaquer la France, et, puisqu'elle voulait la paix, personne en Europe ne viendrait la troubler. Et puis, n'avions-nous pas pour nous l'alliance assurée de l'Italie qui nous devait son existence, de l'Autriche qui avait à prendre sa revanche de Sadowa, de la Russie même, cette France du Nord qui devait nous aimer et défendre nos intérêts, puisque nous l'avions décidé ainsi.

Il y avait bien quelques trouble-fête dans ce concert de béatitude. Ducrot, par exemple, qui commandait à Strasbourg, signalait constamment au gouvernement impérial les armements de la Prusse, ses agissements et ses intrigues dans la Hesse, le duché de Bade et la Bavière. Puis tous ceux qui revenaient d'Allemagne parlaient d'éventualités de guerre; on s'y préparait aussi bien au sud qu'au nord du Main. Mais au dire des optimistes qui pour lors avaient voix prépondérante, ce n'étaient là que des esprits chagrins ou des ambitieux, prophètes de malheur, qu'il ne fallait pas écouter. L'Empereur resterait le maître des événements et les dirigerait à sa guise; sa longanimité, du reste, aurait un terme et si les folles convoitises du roi Guillaume et de son ministre le forçaient à sortir du fourreau l'invincible épée de la France, eh bien! tant pis pour Berlin, nos généraux sauraient retrouver tous les chemins qui y mènent !

— Mais non, les Allemands étaient des gens sages, paisibles ; ils n'avaient aucun motif de rancune ni de jalousie contre nous. La guerre de 1866 les avait épuisés ; ils ne demandaient que la paix et le développement de leurs richesses et de leur industrie naissante. Quant aux Prussiens, un peu grisés par leurs récents succès, mais satisfaits des résultats considérables qu'ils avaient obtenus, ils n'iraient pas les compromettre sottement et les perdre dans une guerre contre la France.

Dix-sept longues années se sont écoulées depuis que j'ai écrit au jour le jour les notes que je rédige aujourd'hui ; je suis stupéfait de la confiance générale qu'elles dénotent au début de la guerre. L'optimisme est dans le pays comme dans le Gouvernement : tout le monde, en haut comme en bas de l'échelle, ferme résolûment les yeux aux dangers qui nous menacent, et la *Ligue pour la paix* recrute partout des partisans.

Et tout à coup la guerre éclate, guerre aussi maladroitement amenée que mal préparée. Elle surprend la France comme une conspiration, mettant de notre côté tout l'odieux d'une agression injuste et violente. L'événement a bien prouvé depuis que les véritables conspirateurs étaient à Berlin : c'est là que, depuis 1866, on préparait habilement, jusque dans ses moindres détails, cette guerre devenue nécessaire à l'accomplissement des projets ambitieux de la Prusse qui s'était jouée du gouvernement impérial. L'Allemagne a cru se battre pour son indépendance et sa liberté ; elle ne s'est battue que pour assurer au roi Guillaume la couronne impériale et pour se mettre tout entière sous la férule des caporaux prussiens. La France croyait faire la guerre à propos du trône d'Espagne ou pour assurer au Prince impérial le sceptre des Napoléons ; elle ne s'est aperçue que trop tard qu'elle combattait pour défendre ses plus belles provinces qui devaient lui être ravies, sa prépondérance perdue, son honneur militaire bien gravement compromis et ses milliards qui iraient s'entasser dans les caves du trésor de guerre de Potsdam. Il est évident que plus on approfondira l'étude de cette guerre, et plus on reconnaîtra l'habileté et la prévoyance de la Prusse, c'est-à-dire du gouvernement de M. de Bismarck ; la faiblesse, l'incurie et la sénilité du gouvernement impérial. Il y a eu mensonge et mauvaise foi de part et d'autre.

# RÉCITS

SUR LA

# DERNIÈRE GUERRE

## FRANCO-ALLEMANDE

---

## I

### STRASBOURG AU MOMENT DE LA DÉCLARATION DE GUERRE.

> ..... Nessun maggior dolore,
> Che ricordarsi del tempo felice
> Nella miseria.
> DANTE, *Inferno*, canto quinto, vers 121.

*Strasbourg juillet 1870.* — Médecin militaire et professeur agrégé de chirurgie à la Faculté, je me suis marié depuis un an ; je viens d'avoir un fils ; mon avenir est assuré. Je ne quitterai jamais cette bonne ville de Strasbourg où j'ai trouvé une femme, une famille et une position honorable, ni cette vieille Faculté où je suis entré par concours et où la chaire de Sédillot, médecin militaire comme moi, m'est assurée dans un avenir prochain.

Le 7 juillet au soir, je reconduis au train de Paris l'aîné de mes frères, médecin-major aux Cent-Gardes; il est venu assister au baptême de mon fils : nous sommes heureux, tranquilles et insouciants.

En arrivant sur le quai de la gare, nous rencontrons le commissaire de surveillance administrative qui nous apprend la déclaration faite à la Chambre par le duc de Gramont, au sujet de la candidature au trône d'Espagne d'un prince de Hohenzollern ; il me dit en terminant : « Docteur, c'est la guerre avec la Prusse, vous pouvez vous y préparer. » — Tout le monde s'arrête et commente cette nouvelle que le télégraphe vient transmettre à l'Alsace. En rentrant chez moi, je constate sur le Broglie et dans les cafés une animation qui contraste avec le calme habituel de Strasbourg.

Les jours suivants, l'agitation alterne avec l'apaisement des esprits. Tantôt les nouvelles sont à la paix, tantôt elles sont à la guerre. Puisque décidément nous ne pouvons pas l'éviter, mieux vaut la faire de suite. On a déjà entendu dire au député Coulaux, ancien maire de Strasbourg : « Pourvu que l'Empereur ne recule pas! » — Le maréchal Lebœuf a déclaré « que l'armée était prête, qu'il ne lui manquait pas un bouton de guêtre ». — N'avons-nous pas nos terribles mitrailleuses dont le secret a été bien gardé ? Des alliances assurées qui n'attendent que l'occasion pour se déclarer : mieux vaut en finir ! — Cependant, les esprits sérieux s'inquiètent de voir l'inertie apparente sinon réelle de l'autorité militaire. Strasbourg est désarmée et dégarnie de troupes ; on n'y remue pas un canon ; on n'y donne pas un coup de pioche et le bruit court que la mobilisation a déjà commencé dans l'Allemagne du Nord.

C'est le 17, à 4 heures du soir, que j'apprends la déclaration de la guerre ; je prévois de suite des jours sombres et difficiles. Les inquiétudes, les avertissements, les remontrances du général Ducrot me reviennent à l'esprit ; je me rappelle l'insuffisance numérique de notre armée, les vices de son organisation et de son armement, la lenteur de sa mobilisation. Je sais aussi que, lors de l'affaire du Luxembourg, on avait renoncé, dans le cas d'une guerre avec l'Allemagne, à défendre nos départements du Rhin : qu'a-t-on fait depuis quatre ans pour les mettre à l'abri de l'invasion ? D'un autre côté, les deux années que j'ai passées en Prusse comme étudiant, m'ont permis d'apprécier l'organisation et la solide discipline de l'armée prussienne, ainsi que les aspirations patriotiques de toute la jeunesse universitaire. J'ai suivi, dans l'opinion publique, les progrès des idées d'unité germanique, de guerre et de conquête. D'après ce que je sais, l'Allemagne, solidement organisée au point de vue d'une guerre offensive contre la France, doit lever en moins de dix jours jusqu'au dernier de ses soldats et jeter sur nous une formidable avalanche de huit ou neuf cent mille hommes.

D'un côté, le peuple allemand va se battre pour une idée : l'unité et la force du *Deutsches Vaterland*, de la patrie allemande et la conquête de l'Alsace, le Rhin allemand ; et pour ses corollaires, l'abaissement de la France, sa ruine politique et matérielle, la prépondérance et la richesse de la race germanique, la haine du Français, de l'*Erbfeind*, de l'ennemi héréditaire. De l'autre, on crie : « A Berlin ! » sans trop savoir pourquoi et on chante la *Marseillaise* sans y croire. On fait beaucoup d'embarras, beaucoup de tapage et pas de besogne. Bien peu de gens ont l'air de se douter de la gravité de la lutte qui va s'engager.

Ma femme, mon enfant, âgé de 5 semaines, et mes beaux-parents sont à leur campagne de Soultz-les-Bains, à 20 kilomètres de Strasbourg : je n'hésite pas un moment, et moins d'une demi-heure après que j'ai appris la déclaration de la guerre, je cours les chercher dans une grande voiture qui les ramènera le lendemain à Strasbourg avant le départ du train de Paris : ils gagneront Calais le plus tôt possible : je préviens celui de mes frères qui y habite de leur prochaine arrivée.

Je traverse cette riche plaine d'Alsace un peu avant le coucher du soleil, par un temps splendide ; toute la population est dans les champs, occupée à rentrer les moissons ; le pays a un air de fête et de confiante prospérité, partout l'abondance, l'activité et le bonheur, mais déjà dans la plupart des villages je rencontre des brigades de gendarmes qui ont mission de faire rentrer à Strasbourg tous les soldats en congé et les chevaux d'artillerie prêtés à l'agriculture.

Le 18 juillet, ma femme et mon enfant, installés dans un bon coupé, partent pour Paris par le premier train, avant qu'il y ait encore sur nos voies ferrées l'encombrement facile à prévoir. La gare de Strasbourg offrait dès le lendemain un curieux spectacle : la foule des voyageurs qui s'y entassaient, chassés d'Allemagne par la guerre, rendait le service et la circulation impossibles ; on assiégeait les salles d'attente, les guichets et toutes les issues ; dans la salle des bagages, les malles s'empilaient les unes sur les autres à la hauteur d'un premier étage. Les trains partaient bondés de monde, n'emmenant que le tiers ou le quart des voyageurs qui, après de longues heures et à force de patience, avaient réussi à obtenir des billets ; des familles entières campaient dans la cour de la gare et ne partaient qu'après 24 et 36 heures d'attente. Le personnel du chemin de fer, dont l'activité et le dévouement étaient au-dessus de tout éloge, se surmenait dans cette bagarre sans parvenir à rétablir l'ordre.

L'encombrement cesse brusquement le 22 juillet : tous les Français ont quitté l'Allemagne. Je dîne ce jour-là au buffet de la gare, à côté de cinq ou six voyageurs qui sont arrivés d'Ems par le dernier train. Ils racontent que sur les chemins de fer allemands des trains remplis de troupes et de matériel de guerre se succèdent sans interruption, se dirigeant vers la frontière.

Ils sont désespérés de ne pas avoir trouvé l'armée française au grand complet en avant de Wissembourg. Que diraient-ils s'ils apprenaient que Strasbourg n'a pas encore de garnison et qu'il n'y a pas 3,000 baïonnettes dans toute l'Alsace !

Après le départ de tous les miens, seul dans ma maison abandonnée, sans ma chère petite femme et devant le berceau vide de mon enfant, je suis saisi par les plus sombres pressentiments : Est-ce déjà la fin de mon bonheur? Mais j'ai bientôt honte de moi-même et je commence à préparer mes cantines, ma tente et ma sellerie, décidé à faire mon devoir pour mon pays, sans entrain, sans grand espoir, jusqu'au bout, comme un brave homme. On m'apporte une lettre du général Ducrot, à qui j'ai demandé de l'accompagner ; il m'annonce que je suis nommé médecin en chef de l'ambulance de sa division, la 1<sup>re</sup> du 1<sup>er</sup> corps. Tant mieux ! avec lui on ne risque pas de rester les bras croisés.

Le 23 seulement, l'oncle de ma femme arrive de Bade. Il y est resté jusqu'à la dernière limite possible et il a été forcé de traverser le Rhin, en nacelle, le pont de bateaux étant déjà rompu et les trains entre Kehl et Strasbourg ayant cessé de circuler. Il est sérieusement contrarié de voir sa villégiature annuelle fort compromise ; le séjour de Calais ne lui sourit que médiocrement, celui de Strasbourg encore moins ; il se décidera plus tard ; il espère du reste que la guerre sera vite finie et qu'il pourra passer le mois de septembre à Bade. Son retour, ses doléances et sa présence à la maison sont pour moi une heureuse diversion.

Je suis allé faire mon service au bureau de recrutement ; quelques jeunes gens s'engagent pour la durée de la guerre. Le commandant m'affirme que jusqu'au commencement de septembre nous ne pourrons pas mettre en ligne plus de 300,000 hommes ; un soldat alsacien dont le régiment est en Alsace peut être envoyé à Bayonne ou même en Afrique pour être habillé et équipé avant de rejoindre son corps ! Je sors du bureau de recrutement fort peu rassuré sur l'issue de la guerre.

Le 24, arrive chez moi le capitaine G.... Il est attaché à l'état-major de Mac-Mahon et m'apprend la composition de l'armée dont ma division fait partie : le maréchal aura sous la main 45,000 à 50,000 hommes ; il traversera le Rhin ; nous passerons comme un boulet à travers les masses prussiennes et nous irons donner la main aux Autrichiens qui n'attendent que notre première victoire pour se déclarer. Allons, tant mieux ! — Je vais chercher un cheval à la remonte ; G.... en a amené deux ; on les installe dans les bûchers ; ses ordonnances et le mien mènent grand tapage : notre paisible maison devient un campement. Le concierge en perd la tête ; et c'est un ancien lancier !

Mais dans Strasbourg quel spectacle affligeant ! Quel désordre et quelle absence d'ordres président à la formation de cette pauvre petite armée de Mac-Mahon ! Tous les services font défaut à la fois ; tout le monde court ; tout le monde crie ; tout le monde donne des ordres que personne n'exécute ; rien n'avance ; rien ne se fait qu'à moitié ; et de la célèbre formule — « Débrouillez-vous » — il ne sort qu'une bousculade générale.

Le vertige gagne la population civile qui s'agite ; on n'obtient plus rien des ouvriers qui se grisent dans les brasseries entraînant avec eux tous les soldats qu'ils rencontrent. Et le soir, sur le Broglie, on chante et on joue la *Marseillaise*. Avec un chant comme celui-là nous sommes bien sûrs de battre l'armée prussienne : c'est un axiome généralement admis qui a peut-être son mauvais côté. Combien de gens prennent cet affreux désordre pour de l'activité ! Bien des membres de mon cercle sont émerveillés et battent des mains.

Cependant le 24, c'est-à-dire huit jours après la déclaration de la guerre, il n'y a pas encore 7,000 hommes de troupes dans Strasbourg, tandis que tous les soldats appartenant aux réserves du Bas-Rhin viennent s'y engouffrer. Mécontents d'être rappelés sous les drapeaux, indisciplinés, appartenant à tous les régiments de l'armée française, sans chefs, sans ordres, sans distributions de vivres régulières, ils sont bloqués dans Strasbourg par l'encombrement des voies ferrées qui transportent en Alsace l'armée de Mac-Mahon. On les voit errer par bandes dans toutes les rues, nuit et jour, sales, ivres, grossiers, mendiant même. On les cantonne au nombre de plusieurs milliers dans la caserne des Ponts-Couverts; un seul officier, un capitaine de chasseurs, qui en perd la tête, est chargé de les administrer.

Le général Ducrot arrive le 24, venant du camp de Châlons; je me rends à la division pour prendre ses ordres. Comment lui expliquer le départ pour Calais de ma femme et de ma famille? Il va juger bien sévèrement un acte qui semble indiquer une confiance médiocre dans les succès réservés à l'armée française. J'entre dans son cabinet; il dicte des ordres à un aide de camp et me semble d'assez méchante humeur. Cependant il me reçoit bien, me donne l'ordre d'aller demander mon matériel d'ambulance à l'intendant général Wolf qui vient d'arriver à Strasbourg, puis brusquement:

— Et votre femme et votre famille?

J'avais préparé ma réponse.

— Je les ai envoyés à Calais pour prendre des bains de mer.

Je m'étais dit qu'un général pouvait à la rigueur admettre qu'on prescrivît des bains de mer à un baby de cinq semaines et à une jeune femme qui venait d'accoucher.

Le général, qui se promenait de long en large, s'arrêta brusquement et faisant demi-tour en face de moi :

— Ah, vous les avez envoyés à Calais !.....

J'aurais voulu me trouver n'importe où, mais à l'abri de la bordée que j'attendais.

— Eh bien, vous avez bien fait..... Continuons, Bossan.

En me retirant, je me disais : « Diable !... j'ai bien fait d'envoyer ma femme et ma famille à Calais !... et c'est Ducrot qui le dit !.... Mais alors ?.... N. de D. et l'Alsace !... »

J'apprends dans les bureaux de la division que Ducrot a proposé d'incorporer dans les régiments qu'il a sous la main cette nuée de réservistes qui encombrent Strasbourg ; cette mesure si simple et si sage a été rejetée comme tant d'autres. Il a voulu faire exécuter à ses troupes quelques travaux de défense qu'il juge indispensables : les officiers eux-mêmes ont protesté et n'ont obéi qu'en récriminant contre lui. — Il paraît que ce n'est pas le moment de travailler, de fatiguer et de mécontenter les hommes : on va entrer en campagne. — Pourquoi en effet ne pas les laisser se livrer au désordre et à l'ivrognerie ?....

C'est le 24 et le 25 qu'arrivent à Strasbourg les régiments de l'armée d'Afrique. Eux au moins n'ont pas perdu de temps ; ils sont tout équipés et prêts à faire campagne ; mais ils ne forment que 6 régiments et leurs effectifs sont insuffisants. Leur voyage a été d'autant plus fatigant que dans toutes les gares où les trains s'arrêtaient, des tonneaux de vin étaient mis à la disposition des soldats par les populations plus enthousiastes que réfléchies. Il eût été facile de prévoir ce qui est arrivé : la santé des hommes et leur esprit de discipline se sont gravement ressentis des excès de boisson auxquels ils se sont livrés. Beaucoup d'entre eux sont atteints de fièvres paludéennes comme en pleine malaria d'Afrique ; ils encombrent l'hôpital militaire de Strasbourg, où sont bientôt réunis plus de 800 malades.

Ces mêmes journées du 24 et du 25 juillet amènent à Strasbourg Mac-Mahon et presque tous les états-majors. On ne peut plus entrer dans les cafés, encombrés d'officiers du matin au soir ; je retrouve parmi eux beaucoup de mes anciens camarades. On crie beaucoup, on boit, on s'agite, chacun a son plan de campagne et ses nouvelles, mais ce qui domine surtout, c'est la confiance la plus aveugle : tous ont oublié Sadowa pour ne parler que d'Iéna. J'ai entendu un capitaine d'état-major se faire fort d'arrêter les armées prussiennes avec quatre régiments de cuirassiers : espérons alors qu'il conduira ses cuirassiers jusqu'à Berlin. On ne saurait se figurer ce qu'il se débite d'insanités dans Strasbourg ; et pour les juger il n'est pas nécessaire d'être du métier, tant elles me semblent énormes. Mes collègues de la Faculté de médecine s'en mêlent ! Ils ont presque tous leur plan de campagne : de vieux professeurs devraient avoir plus de bon sens !

Je suis allé plusieurs fois trouver l'intendant général du 1er corps pour lui demander le matériel et le personnel de mon ambulance. J'en reçois toujours la même réponse : « Je n'ai rien ; attendez, Docteur, nous avons bien le temps. » — C'est un homme actif, intelligent, laborieux et assez bienveillant. Il me fait l'effet d'un brave et fort cheval attelé à une charrette trop lourde.

Je ne suis pas le plus à plaindre : un commandant d'artillerie qui a reçu l'ordre de partir de suite avec deux batteries, présente cet ordre signé par le général Ducrot et le télégramme ministériel prescrivant sa mise en route immédiate à l'officier comptable chargé de délivrer les effets de campement. Celui-ci refuse de les livrer sans le visa de l'intendant en chef du corps d'armée, momentanément introuvable. — Il faut que le général Ducrot se transporte de sa personne au magasin de campement pour assurer l'exécution des ordres qu'il a donnés. Il prévient l'officier d'administration comptable que tout nouveau refus de sa part amènerait son envoi à la citadelle pour être de là traduit devant un conseil de guerre.

Le 25 au soir, je reçois du général Ducrot la lettre suivante :

« 25 juillet 1870 (9 heures du soir).

« Cher Docteur,

« Notre première brigade part demain, la deuxième après-demain. — Si vous parvenez à organiser notre ambulance, vous partirez avec la deuxième brigade ; dans le cas contraire, vous resteriez en arrière et rejoindriez le plus tôt possible. — Je dois vous faire observer que nous allons prendre position aux environs de Wissembourg et qu'un local convenable sera mis à votre disposition pour y établir nos malades, cela nous donnera par conséquent le temps de mieux organiser notre service et de recevoir notre matériel.

« Agissez donc en conséquence.

« Bien à vous.
« Général A. Ducrot. »

Le 26 et le 27, je retourne plusieurs fois inutilement chez l'intendant général. N'obtenant de lui que des promesses et l'autorisation de rejoindre ma division, je pars pour Reichshoffen le 27 à midi.

Quel départ ! J'ai dû louer pour le voyage un fiacre numéroté sur lequel j'ai mis ma tente et mes cantines. Dans l'intérieur sont empilés, avec mon ordonnance, mes appareils et mes instruments de chirurgie personnels, tout le linge à pansements que j'ai pu me procurer et, richesse inappréciable, 4 kilos de chloroforme que je dois à l'obligeance de Hepp, pharmacien en chef *de l'hôpital civil*. Je fais la route à cheval, botté, éperonné, sabre au coté, suivant mon fiacre. C'est comme dans la chanson : « Partit en guerre le Sire de Framboisie. » — Découvrez-vous, habitants de Haguenau, voilà l'ambulance de la première division du 1er corps qui passe ; tout y est, personnel et matériel ! Ah ! si ce n'était pas si triste, ce serait bien risible !

La seconde brigade de ma division a quitté Strasbourg à 5 heures du matin ; à 1 heure après midi, la route de Haguenau est encore encombrée de traînards et d'isolés. Ils sont installés par petits groupes, à l'ombre, dans les fossés : ce sont les *fricoteurs* de ma division ; ils sont bien nombreux. A Haguenau j'entre un moment dans une auberge pour me rafraîchir. A la table où je me fais servir est assis un juif du Palatinat dont j'ai vu la voiture arrêtée devant la porte ; en face de lui se trouve un homme de taille moyenne, trapu, face large, moustaches blondes, figure intelligente et énergique ; ses cheveux sont coupés en brosse ; sa nuque est halée par le soleil ; il est gauche et mal habillé dans des vêtements à peu près neufs qui ne sont pas faits pour lui et il parle l'allemand du Nord ; quand on a vu ces têtes-là une fois, on les reconnaît même sous le déguisement bourgeois. J'ai aperçu en entrant, assis à une table, sous la porte cochère de l'auberge, cinq ou six officiers de lanciers ; je vais vers eux et je leur dis :

— Messieurs, il y a dans la salle de l'auberge un officier prussien en compagnie d'un juif du Palatinat.

— Ah bah ! docteur, me répond l'un d'eux, en tenue ?

Cette bonne plaisanterie est accueillie par un rire général.

— Riez tant que vous voudrez, mais venez vous en assurer.

— Mais, mon cher docteur, nous ne sommes pas des gendarmes.

— Alors excusez-moi, Messieurs.

En les quittant, j'entends les rires et les quolibets qui recommencent. Un peu décontenancé et très étonné de cette manière de faire la guerre, je rentre dans la salle de l'auberge ; les deux Allemands ont disparu et j'entends rouler leur char à bancs qui s'éloigne dans la direction de Strasbourg.

J'arrive à Reichshoffen à 6 heures du soir, très fatigué et très courbaturé, car j'ai fait 48 kilomètres et c'est la première fois que je monte à cheval depuis dix ans : mon cheval est solide et très docile. Dans la misérable auberge où je descends, à l'entrée du village, les salles basses sont pleines de soldats ivres et tapageurs. Sans perdre de temps, je vais à la recherche du général Ducrot. A l'état-major, installé dans une auberge voisine, on me fait monter auprès du colonel chef d'état-major : c'est un des habitués de mon cercle, il est âgé, fatigué, sceptique, plein d'esprit.

Je le trouve couché, tout habillé, sur un mauvais lit et il me crie sans se déranger en me voyant entrer:

— Ah! vous voilà, docteur, quel bonheur! vous allez le saigner; il est fou! Ah! mon pauvre docteur, il nous tuera tous avant l'arrivée des Prussiens, tous, hommes et chevaux. Ah! mon Dieu, moi, je suis déjà à moitié f....

Connaissant l'homme et ses plaisanteries, je n'y attache pas grande importance. Je sais qu'au feu il fera bien son devoir; mais il est trop usé pour supporter sans crier les fatigues qui lui sont imposées. Sur ses indications, je trouve Ducrot à la mairie de Reichshoffen; il est occupé à assurer la subsistance de ses troupes. Il n'a encore avec lui ni intendant, ni comptable, ni service régulier, mais trouve moyen par son activité et grâce au concours du comte de Leusse, maire de Reichshoffen, de procurer à ses soldats, en quantité suffisante, du pain de bonne qualité et de la viande fraîche. Imitant son exemple et suivant ses conseils, j'improvise une ambulance dans les salles d'école avec le concours des sœurs de charité et des frères de la Doctrine chrétienne. On m'apporte des matelas, des couchettes, des lits, des grabats, de la vaisselle. La nuit venue, je rentre à mon auberge; je soupe très mal et je dors très bien, après avoir écrit quelques mots à ma femme.

Je passe la matinée du 28 à organiser mon ambulance; à midi, elle est tout installée, prête à recevoir 60 malades et pourvue du nécessaire. Bientôt les malades y affluent ; ce sont pour la plupart des zouaves atteints de fièvres paludéennes qu'ils apportent d'Afrique ; quelques-uns d'entre eux présentent des accès pernicieux comme en pleine malaria. Je fais pour les nourrir des bons de vivres et pour les soigner des bons de médicaments qui me sont fournis par la municipalité de Reichshoffen. C'est irrégulier ; je n'ai pas le droit de faire des bons ; on pourra me les faire rembourser après la guerre. Les braves gens du pays apportent pour mes malades du pain, des légumes frais, du vin, du lard fumé. Les sœurs font la cuisine et les frères de l'école me servent d'infirmiers.

Le 29, après la visite du matin, je monte à cheval pour aller visiter Oberbronn, où je trouve l'emplacement d'une ambulance de 60 lits environ dans un grand couvent à peu près désert. Les sœurs qui l'habitent s'offrent pour y faire le service ; elles ont déjà préparé une certaine quantité de linge à pansements.

En rentrant à Reichshoffen, je rencontre une partie de la division Ducrot qui est allée faire une reconnaissance vers la frontière du Palatinat.

Le 30 juillet, le nombre de mes malades s'élève déjà à 55 ; les régiments de ligne m'envoient surtout des hommes de mauvaise volonté, simulateurs ou courbaturés ; les zouaves sont tous très malades. Dans la journée, je cours à cheval à Niederbronn ; j'y trouve, à l'établissement thermal, une ambulance civile assez bien organisée et prête à fonctionner. D'après mes conseils, on y fait quelques modifications. A la nouvelle de la déclaration de la guerre, tous les baigneurs sont partis : c'est une perte assez sérieuse pour les habitants.

Je suis reçu très cordialement par le maire, M. de Dietrich, qui m'emmène dîner chez lui. Il est protestant et soupçonné d'avoir des tendances prussiennes ; sa femme est Bavaroise. Je trouve là une charmante famille et rien dans la conversation ne vient légitimer les soupçons que j'ai entendu émettre sur son compte. Il souhaite le succès des Français parce qu'alors la guerre sera vite terminée, — « mais si les Prussiens ont le dessus, docteur, ce sera terrible et du même coup l'Allemagne du Sud perdra son indépendance. » En disant ces derniers mots, il regardait sa femme.

En rentrant à Reichshoffen, je reçois trois aides-majors, les docteurs Cottel, Cluzan et Lubanski, et on m'annonce l'arrivée de mon sous-intendant, M. Rodet. L'officier comptable, les infirmiers militaires et le matériel de l'ambulance ne tarderont pas à les suivre. Enfin !!!

Le 1er août au matin, 65 malades à la visite : en vue d'un mouvement prochain dont je suis avisé par l'état-major, je prépare une évacuation de mes malades sur Haguenau. Le service des ambulances division-naires est mal organisé : elles devraient pouvoir garder et soigner tous les hommes légèrement atteints afin de les rendre le plus tôt possible à leurs régiments ; mais les charger de ce service hospitalier, c'est les priver de leur mobilité, elles deviennent alors un embarras sérieux dans les marches ; elles encombrent les routes nécessaires aux combattants et perdent bientôt le contact de leur division. C'est encore là une organisation ou plutôt une désorganisation que nous devons à nos expéditions d'Algérie.

Je vais rendre visite à M. Rodet ; je trouve un homme d'un abord réservé mais aimable ; il me semble actif et intelligent ; les quelques mots que nous échangeons me promettent avec lui des rapports faciles. Il est très préoccupé de la situation administrative du corps d'armée, il entend me laisser la direction de l'ambulance et me promet son concours, approuvant du reste tout ce qui a été fait avant son arrivée. Le contraire aurait pu se présenter !

L'évacuation de 40 malades sur l'hôpital de Haguenau se fait à midi, avec quelque difficulté : c'est cependant bien peu de chose comparativement aux embarras qui nous attendent. L'officier comptable qui doit y présider est un Gascon criard, vantard et brouillon. Il a amené avec lui un matériel assez complet, contenu dans trois caissons, et 15 infirmiers militaires. Ses bagages personnels sont considérables ; j'y remarque une sellerie, sans cheval. Il compte s'en procurer un à bon marché après la première bataille.

Le 3 août au matin, je reçois de l'état-major l'avis que la division va se porter en avant ; elle sera remplacée à Reichshoffen par la troisième. J'évacue tous mes malades sur Haguenau ; mes paquets sont vite faits et, n'ayant encore reçu aucun moyen de transport, je suis forcé de faire mettre mes cantines et celles de mes aides-majors sur un chariot de réquisition.

La première division part de Reichshoffen le 4 août à 5 heures du matin pour se rendre à Lembach : ce n'est qu'une petite étape de 15 kilomètres. L'ambulance et le convoi de la division ne doivent se mettre en marche qu'à 8 heures, afin de ne pas gêner le mouvement des colonnes. La file de nos voitures lourdes et mal attelées forme sur la route que nous suivons un long ruban de plus d'un kilomètre. Je suis seul à cheval avec le lieutenant et les soldats du train ; mes aides-majors, qui ont droit à des chevaux, mais qui n'ont pas pu en obtenir, sont, avec le comptable, ridiculement perchés sur le haut des caissons d'ambulance.

D'après ce que j'apprends à l'état-major, des reconnaissances de cavalerie faites dans le Palatinat ont prouvé que l'ennemi est tout au moins assez éloigné de la frontière. A Lembach nous ne serons qu'à 12 kilomètres de Wissembourg et nous pourrons y envoyer nos malades pour nous tenir prêts à marcher en avant, ce qui ne saurait tarder longtemps. Il est à noter, toutefois, que le sous-préfet de Wissembourg, M. Hepp, un Strasbourgeois de ma connaissance, sonne l'alarme depuis plusieurs jours. Il doit être bien renseigné et il annonce que les Prussiens s'avancent en forces considérables de l'autre côté de la Lauter; on ne croit pas à ses renseignements, on suppose que ce sont de faux bruits que l'ennemi fait courir pour masquer ses mouvements réels.

Du reste, rien, de notre côté du moins, ne fait prévoir un engagement prochain : nos divisions ne sont pas encore au complet et, d'après ce qui m'est dit, l'armée de Mac-Mahon est disposée, le 4 août au matin, de la façon suivante : la 2ᵉ division, général Douay, est à Wissembourg ; elle se relie, par le col du Pigeonnier, avec la 1ʳᵉ division, général Ducrot, qui occupe Lembach et Climbach. La 3ᵉ, général Raoult, nous remplace à Reichshoffen; la 4ᵉ, général Lartigue, arrive à Haguenau, et la division de cavalerie, général Bonnemains, quitte Vendenheim, où elle s'est formée, pour se rapprocher de nous. Notre armée occupe une ligne de 25 lieues passant par Strasbourg et Haguenau ; elle comptera, lorsqu'elle sera au complet, 40,000 à 45,000 hommes ; une partie de son artillerie, qui sera forte de 80 bouches à feu, est encore à Strasbourg.

# II

## WISSEMBOURG.

Nous chevauchions vers 11 heures du matin à cette fastidieuse allure des convois, somnolents et incommodés par les mouches et par la chaleur; nous approchions de Lembach, lorsqu'un sous-lieutenant de chasseurs à cheval arriva sur nous à fond de train, nous demandant si nous avions vu le maréchal, et nous cria: « Wissembourg est en feu. La 2ᵉ division a été surprise et écrasée par des forces considérables ; le général Douay a été tué par un éclat d'obus ; Ducrot s'est porté en avant avec le 1ᵉʳ zouaves... » Il faut avoir reçu de ces nouvelles-là pour en comprendre l'effet ; allons, cela commence mal. Nous pressons le pas en silence ; nous arrivons à Lembach, où le sous-intendant Rodet nous rejoint.

La division n'y est plus ; elle occupe déjà le col du Pigeonnier à 3 kilomètres de Wissembourg. Tous les paysans sont sur le pas de leur porte : ils sont silencieux et consternés comme dans l'attente d'un grand malheur. L'état-major ne nous a pas laissé d'instructions en quittant la position qui nous a été désignée : que faire ? Mon avis est qu'il faut rejoindre de suite notre division ; peut-être est-elle déjà engagée. M. Rodet est d'un avis contraire : il veut attendre des ordres. D'un commun accord, nous courrons les chercher. Nous laissons à Lembach notre ambulance et le convoi, et inquiets tous deux, évitant de nous communiquer nos tristes appréhensions, l'éperon au ventre de nos chevaux, nous parcourons rapidement, par un temps splendide, cette magnifique route qui monte vers le Pigeonnier ; quel contraste entre le calme de ce beau pays et notre état d'esprit !

A quelques kilomètres de Lembach, nous dépassons une longue file de charrettes à bœufs chargées de sacs de soldats : ce sont les sacs du 1er zouaves et du 96e de ligne. On les leur a fait déposer pour les conduire au pas de course au secours de la division Douay. A Climbach, nous rencontrons des troupes de notre division et des soldats isolés de la deuxième ; ces derniers se sont battus dans la matinée ; on les interroge, on forme cercle autour d'eux ; on nous crie qu'il y a des blessés dans l'église ; mais nous ne pouvons pas nous arrêter. Plus loin, nous trouvons sur la route des troupes et de l'artillerie appartenant à notre division ; tout le monde a l'air sérieux, et plus nous avançons, plus les visages nous paraissent sombres. Bientôt nous entendons quelques coups de feu isolés dans les bois qui sont sur notre droite et au loin dans la plaine, et dans la même direction, une fusillade assez nourrie, dominée par le feu de l'artillerie.

Nous arrivons vers trois heures au col du Pigeonnier; c'est le 96e qui forme les avant-postes sous bois. Là, sur le bord de la route qui commence à descendre, nous voyons un groupe d'officiers et de généraux; je reconnais Ducrot, Mac-Mahon et leurs aides de camp; ils sont en conférence; nous attendons à quelques pas de distance; une carte est dépliée sur le talus de la route. Ducrot explique quelque chose au maréchal; il parle avec animation; personne ne lui répond. La figure du maréchal est remarquablement calme, mais il n'a pas l'air d'écouter.

Nous causons avec les officiers d'état-major qui nous entourent; l'un d'eux a assisté à toute la bataille; il nous raconte assez simplement ce qu'il a vu. Une forte reconnaissance de cavalerie, envoyée le matin même dans le Palatinat, rentrait à Wissembourg sans avoir vu l'ennemi, lorsque l'attaque a commencé. La 2e division, forte de moins de 7,000 hommes, surprise et presque sans artillerie, a lutté sans faiblir pendant plus de trois heures, contre toute une armée qui avait l'avantage de la position et qui disposait d'une artillerie nombreuse, d'une portée et d'une précision admirables. Malgré cette supériorité écrasante des Allemands, le 3e turcos a enlevé à la baïonnette, sous une grêle d'obus et de balles, plusieurs batteries ennemies. Chassé une première fois des positions dont il s'était emparé, il y est retourné, et s'y est maintenu quelque temps. C'est en voulant dégager son brave régiment que Douay a été tué. Honneur à la 2e division ! Sur 7,000 hommes elle en a perdu 3,000, tués, blessés ou prisonniers, et elle a opéré sa retraite en assez bon ordre. Un de ses débris lutte encore à 3 heures dans la ferme du Geisberg ; c'est de là que vient la fusillade qu'on entend. Je demande si on ne va pas se porter au secours de ces braves gens, personne ne me répond : je sens quelque chose se serrer dans ma poitrine.

On nous dit aussi que les Allemands ont perdu 6,000 hommes à Wissembourg. S'il suffit de réduire de moitié les chiffres qui nous sont indiqués, quel combat !

Et des hauteurs où nous étions, grâce à un temps splendide, à une atmosphère d'une pureté exceptionnelle, nous pouvions voir distinctement les incendies allumés le matin dans Wissembourg par le canon prussien, et dans la plaine d'Alsace, à nos pieds et à perte de vue, les longues colonnes noires de l'armée allemande rampant comme une tache d'huile sur toutes les routes.

Ah ! ma pauvre Alsace !

Le maréchal parti, je vais trouver Ducrot : il me donne l'ordre de me porter avec mon ambulance à Climbach et charge M. Rodet d'envoyer de l'eau à ses troupes. Nous reprenons la route de Lembach. L'intendant, qui sort du génie, m'explique que notre armée a été surprise en pleine formation, mais qu'on pourra, en se concentrant rapidement, réparer le désastre de Wissembourg : ce sont des accidents inévitables dans la guerre ; rien n'est perdu encore. Je lui demande si ce n'est pas là ce qui est arrivé aux Autrichiens avant Sadowa?

— A peu près, docteur, mais nous ne sommes pas des Autrichiens.

— Tant mieux, Dieu vous entende !

Je me rappellerai toute ma vie ces quelques minutes passées au col du Pigeonnier et ce que j'y ai vu et ce qu'on m'y a dit, et la figure sombre et préoccupée de mon général et des officiers de son état-major. Les troupes rangées sur le bord de la route étaient silencieuses, inquiètes, en bon ordre ; elles avaient soif, manquant d'eau, et ne se plaignaient pas : je ne devais plus jamais les revoir aussi belles.

En arrivant à Lembach, nous apprenons que le maréchal vient d'y passer et qu'il a personnellement donné l'ordre à tous les convois et à toutes les ambulances de se replier immédiatement sur Frœschwiller... Et Ducrot qui nous attend à Climbach? C'est égal, devant l'ordre formel du général en chef, il n'y a pas à hésiter ; nous allons retourner à Frœschwiller. Nous y sommes passés le matin même ; c'est à 4 kilomètres de Reichshoffen, d'où nous sommes partis. Nous remontons à cheval à six heures du soir, après avoir mangé un morceau de pain, le premier de la journée, et bu un verre de mauvais vin ; c'est tout ce que nous avons pu nous procurer.

Le retour se fait au pas, lentement, tristement et en silence ; à une descente, mon cheval, fatigué par la longue course qu'il a faite, tombe sur les genoux et se couronne à fond ; je lui bande ses plaies avec mon mouchoir et je fais à pied le reste du chemin ; un de nos lourds caissons d'ambulance, mal attelé, verse dans un fossé et nous occasionne un retard d'une heure ; nous arrivons enfin à 11 heures du soir à Frœschwiller.

En passant devant le château des Durckheim, j'entends la voix exubérante du capitaine G. ; je l'appelle ; il me fait donner une tasse de café et un verre de kirsch et m'apprend que toute l'armée de Mac-Mahon se concentre autour de Frœschwiller : l'affaire de Wissembourg ne compte pas ; c'est ici qu'on battra les Prussiens, et il m'énumère toutes les troupes d'infanterie, de cavalerie et d'artillerie qui seront réunies dès le lendemain sur les positions qui ont été choisies pour livrer bataille. Le maréchal est au château ; on y attend Ducrot d'un moment à l'autre. — Ce brave G., en voilà un qui ne perd pas confiance ! Il me fait conduire par son ordonnance chez le pasteur protestant qui nous fait un excellent accueil et met toute sa maison à notre disposition. Il nous donne du pain, de la viande froide, du vin et des matelas pour moi et pour mes aides-majors ; mon cheval trouve place dans son écurie.

A 1 heure du matin, on vient me réveiller ; un convoi de blessés de la bataille de Wissembourg est arrivé à la mairie où j'ai établi mon ambulance. Avec mes trois aides-majors, nous passons une heure à les panser et nous les couchons sur de la paille, dans la salle d'école.

Le 5, au matin, on nous amène encore quelques blessés de la bataille de Wissembourg. Je les fais évacuer sur Strasbourg après les avoir pansés, j'y envoie également ceux qui sont arrivés pendant la nuit. J'obtiens, non sans peine, de faire décharger dans la mairie de Frœschwiller le contenu d'un de mes trois caissons d'ambulance ; c'est un vrai travail que de charger ou de décharger ces lourdes et coûteuses machines. On m'objecte qu'il faut être toujours prêt à partir ; que la 1re division est placée à gauche de Frœschwiller dont la mairie est trop éloignée du centre de sa position. Le reste de mon matériel est dirigé par le comptable et par l'officier du train vers le village de Neehwiller ; je ne devais plus le revoir.

Vers le milieu du jour arrive à l'ambulance un pharmacien militaire ; il est tout désorienté ; il a perdu en route ses bagages et son ordonnance et il se demande à quoi il pourra nous servir. C'est du reste un homme très doux, triste, facile à vivre, d'une santé débile.

En même temps que lui apparaît un nouveau comptable, d'un genre très différent du premier. Il arrive d'Afrique avec un plein chargement de cantines, de valises, de lits, de tentes, de selleries, d'ordonnances et de chevaux. C'est un homme de 45 à 48 ans, grand, fort, sanguin, irascible, mécontent ; il est furieux d'avoir été déplacé du poste qu'il occupait ; il n'a, dit-il, rien à gagner à cette campagne. Étant supérieur en grade au comptable que nous avons déjà à l'ambulance, il se réserve de lui laisser toute la besogne. Je m'amuse beaucoup à le voir donner ses ordres à son subordonné gascon. Il rentre ensuite dans la vie contemplative, non sans avoir accaparé la meilleure chambre de la mairie pour y loger son volumineux bagage : à partir de ce moment-là, il ne s'occupe plus que de lui-même et trois ou quatre infirmiers sont employés à préparer pour lui une installation confortable. Je le laisse faire pour ne pas soulever de querelle inutile, me réservant de lui faire de l'opposition quand les nécessités du service l'exigeront. Je n'ai, du reste, aucune autorité sur lui ; mais Ducrot n'est pas loin et quand l'intérêt de ses soldats est en jeu, il ne plaisante pas.

L'armée de Mac-Mahon se concentre autour de Frœschwiller ; elle occupe en face de Wœrth, Morsbronn, Elsasshausen, Gunstett, Neehwiller, et s'étend jusqu'à Reichshoffen ; ses positions sur la rive droite de la Sauer semblent très solides et un peu de travail les rendrait inabordables. Ducrot, qui connaît le pays et qui renseigne le maréchal, propose de faire faire par les troupes quelques travaux de défense faciles à exécuter ; personne n'y veut consentir, sous prétexte que cela mécontenterait les soldats, que ce n'est pas dans les habitudes de l'armée française, qu'elle n'aura pas besoin de tranchées ni d'abris pour battre l'armée prussienne. Malgré la journée de Wissembourg, la confiance est encore absolue chez presque tous les officiers, mais le fait suivant semble prouver qu'elle n'est pas la même chez les hommes.

Le 5 à midi, par une chaleur excessive, ma besogne étant terminée, j'étais rentré chez le pasteur où je logeais, et je m'étais couché sur mon matelas. J'avais à peine fermé les yeux quand j'entendis tout à coup un bourdonnement confus qui devint, en se rapprochant, un brouhaha formidable d'hommes, de chevaux et de chariots fuyant à toute vitesse. Je cours à la fenêtre et je distingue confusément, dans des nuages de poussière, la rue encombrée par des fuyards qui se sauvent en criant : « Les voilà, les voilà ! sauve qui peut ! » — Ce sont des cavaliers en manches de chemise sur des chevaux nus, des gendarmes tout équipés, des artilleurs sur des chevaux d'attelages, des fantassins sans armes, des paysans effarés, des femmes échevelées, des enfants nu-pieds, des chariots de réquisition auxquels s'accrochent les fuyards, tout cela pêle-mêle, courant, criant, s'écrasant, un tourbillon composé de vertige, d'effarement et de folie. La panique est vraiment d'un effet fantastique : c'est un délire aigu, passager et contagieux. On se sent comme entraîné, et si on résiste, on est au premier moment couvert de sueur froide et comme pétrifié par l'effort qu'on fait pour se vaincre. Cette trombe humaine traversa Frœschwiller comme une avalanche ; en quelques minutes elle avait passé et la rue était déserte et silencieuse.

Je sors de chez moi, je me rends à mon ambulance, mes aides-majors y arrivent ; nous y trouvons nos comptables abrités derrière le pavillon de la convention de Genève ! L'état-major du maréchal sort du château de Durckheim et descend tranquillement au pas la montée de Frœschwiller.

Que s'est-il passé ? Des cavaliers, allant faire boire leurs chevaux dans la Sauer, voient tout à coup, à petite distance, un parti de uhlans ; ils tournent bride au galop, passent devant la gendarmerie qui les suit ; l'artillerie prend l'alarme : tous les soldats isolés qui se trouvent sur leur chemin se joignent à eux en criant : « Les voilà ! sauve qui peut ! » Des paysans, des femmes et des enfants grossissent le nombre des fuyards et les voituriers de réquisition s'élancent à toutes brides sur leurs traces. Et pas un coup de canon, pas un coup de fusil même n'avait été tiré !

Un autre fait à noter et des plus graves, pendant ces journées du 4 et du 5, c'est le manque de vivres à distribuer aux troupes ainsi que les désordres et les actes de pillage qui en furent la conséquence. A quoi tenait l'insuffisance de cet important service? Je ne l'ai pas bien su. Parmi les intendants, M. Rodet seul avait pu se procurer deux jours de vivres pour sa division. Il reçut l'ordre de les distribuer à toute l'armée, ce qui fit environ une demi-ration par homme. C'est là tout ce que reçurent nos soldats dans les journées du 4 et du 5 août. Le bruit courait partout que le ravitaillement se ferait le 6 et qu'ensuite on laisserait reposer les troupes pendant 48 heures; cependant on savait que les Prussiens n'étaient pas loin, on les avait signalés un peu partout et on les voyait travailler à la gauche de Wœrth.

# III

## FRŒSCHWILLER (REICHSHOFFEN OU WŒRTH)

Le 6 au matin, après une nuit sans incidents, et le service étant terminé à l'ambulance, nous rentrons vers 6 heures et demie chez le pasteur de Frœschwiller pour prendre avec lui le café qu'il nous a gracieusement offert. D'après les renseignements que j'ai obtenus à l'état-major la journée sera tranquille ; je pourrai la consacrer tout entière à organiser mon service.

Tout à coup le canon se met à gronder, la bataille commence ! Nous nous rendons à notre poste ; des aides de camp passent au galop ; le village se vide ; ses habitants prennent la fuite, abandonnant, à la grâce de Dieu, le peu qu'ils possèdent, pauvres gens ! L'ambulance du grand quartier général et celle de la 3e division s'arrêtent devant la mairie où je suis ; elles ne savent pas où aller ; je me sens tout fier de mon installation. Je désigne aux médecins en chef, pour y établir leur service, le château des Durckheim et l'église qui en est à deux pas, mais je les préviens que la tour et la toiture de cette dernière sont remplies de foin de la dernière récolte, et qu'il faut les vider au plus vite pour éviter les incendies.

En quelques minutes tout est prêt chez moi pour recevoir des blessés et pour les opérer. Faute de lits, j'ai fait disposer de la paille dans toutes les chambres de la mairie et dans deux granges avoisinantes. En attendant les blessés qui ne tarderont pas à arriver, car la canonnade augmente rapidement d'intensité, je monte avec mes aides-majors dans le grenier, et par la lucarne ouverte, nous voyons le champ de bataille dont nous dominons toutes les positions formant un fer à cheval autour de nous.

Nous apercevons les longues files rouges et bleues de l'armée française bordant toutes les hauteurs ou abritées dans les vallonnements que nous occupons au-dessous de Frœschwiller. Elles sont là, couchées ou debout, à découvert, en plein soleil, l'arme au pied. Par groupes sont placées nos batteries qui ont déjà ouvert le feu ; l'une d'elles, en avant du cimetière, est à 500 mètres de nous ; ses pièces de 4 tirent rapidement ; ses mitrailleuses attendent. Sur la droite, à 1,500 ou 1,800 mètres, l'église et quelques granges brûlent dans Elsasshausen. Quant à l'armée prussienne, sur les versants opposés à ceux que nous occupons, nous voyons comme sortant de terre, des flocons de fumée d'où partent des obus qui viennent éclater avec une précision étonnante dans les rangs

de nos soldats et dans nos batteries ; et bien loin, in-
distinctes même à la lorgnette, nous entrevoyons des
masses noires qui sont peut-être des colonnes d'infanterie ou de cavalerie. Des bois, près ou loin, des
villages, des vallées désertes complètent le tableau
qui se déroule sous nos yeux. On vient nous prévenir
que des blessés arrivent à l'ambulance ; nous descendons de notre observatoire.

Les premiers qui se présentent sont atteints par
des éclats d'obus ; ce sont des artilleurs ; en quelques
minutes il en arrive 10, 20, 40, et nous voilà tous très
occupés. Je laisse à mes trois aides-majors, qui sont
actifs et intelligents, toutes les blessures légères, et
je me réserve les cas les plus graves. Absorbé dans
mon rôle de chirurgien, c'est à peine si je remarque
qu'à la canonnade toujours vive est venu se joindre
le crépitement nourri et continu de la fusillade et un
bruit déchirant, que j'entends pour la première fois,
comparable à celui d'une crécelle de géant : ce sont
nos mitrailleuses.

Vers 9 heures du matin, les obus prussiens passent
en sifflant sur l'ambulance et viennent éclater dans
Frœschwiller ; ils tombent près ou loin ; l'un deux
casse la pompe qui est devant notre porte. Comme
j'ai fait remplir d'eau, outre les bidons de service, de
grandes cuves à lessive que je me suis procurées dans
le village, je ne me préoccupe pas tout d'abord de cet
accident. D'autres obus éclatent dans la rue, dans la

cour ; leurs éclats traversent nos salles sans blesser personne. Nous continuons à panser les blessés qui nous arrivent en grand nombre, mais toute opération réclamant le concours de plusieurs aides est devenue impossible. Opérer les blessés sous le feu de l'ennemi : Ah ! quelle légende ! jusque-là j'y avais cru. Mes aides en valaient bien d'autres et cependant quand je demandais une pince ou un couteau, ils me passaient une éponge ou du fil à ligature. La haute chirurgie demande plus de calme et de recueillement qu'on n'en peut trouver sur un champ de bataille. Le travail et les efforts *individuels* du chirurgien peuvent seuls s'accommoder de l'infernale musique qu'on y entend.

Un moment le feu des Prussiens se ralentit ; M. Rodel me propose d'évacuer mon ambulance et de la porter plus en arrière. J'ai déjà plus de 200 blessés : j'accepte si on me procure les moyens de transport nécessaires pour les enlever tous jusqu'au dernier. A grand-peine l'intendant parvient à réunir une douzaine de cacolets ; quelle dérision ! il leur faudra plus de dix voyages pour faire l'évacuation ; 24 heures n'y suffiront pas. Enfin, on les charge ; ils partent et nous continuons nos pansements.

Au moment où ils s'éloignent, les obus prussiens cessent d'arriver sur nous ; la canonnade se ralentit ; ses coups sont espacés et c'est à peine si on entend encore le feu de la mousqueterie et des bruits pleins d'espoir circulent dans l'ambulance : Tout va bien ;

l'attaque sur Frœschwiller a été repoussée, — poursuivant les Prussiens, nos zouaves sont entrés dans Wœrth. — Nous avons fait des pertes sérieuses; l'artillerie surtout a souffert. — Elsasshausen est en feu. — On dit que l'armée prussienne se retire.

Tels sont les renseignements qui nous arrivent du champ de bataille; ceux qui nous viennent de l'aile droite sont les moins rassurants. — On n'a pas pu enlever un bois occupé par les Prussiens. — Le régiment de turcos de la 2$^e$ division a été écharpé. — On voit l'ennemi se masser sur la droite en colonnes considérables. — On tiendra bon, mais ce sera dur! — Il faudrait des renforts.

Les blessés de notre division sont les moins démoralisés; ils ne doutent pas de la victoire et ils ont confiance dans leur général; Ducrot a du reste sous ses ordres de bons et solides régiments. Il a repoussé sur toute la ligne l'attaque des Allemands. Un lieutenant de zouaves me raconte que pour déloger les Bavarois d'un bois qu'ils occupaient, il a donné l'ordre à son régiment de marcher sur eux, d'essuyer leur feu et à cent mètres de la lisière de faire demi-tour en fuyant pour les attirer dans la plaine, puis de se retourner et de les charger à la baïonnette. Cette manœuvre, impossible à tout autre régiment, possible au 1$^{er}$ zouaves, a pleinement réussi.

Cependant les blessés continuent à affluer à l'ambulance; les salles de la mairie sont pleines à regorger; les deux granges dont je dispose se remplissent rapidement. J'ouvre aux officiers qui m'arrivent ma dernière salle que je réservais pour les opérations, pour nous et pour notre matériel; ma besogne est bien dure. On ne peut pas se figurer la fatigue douloureuse qu'on éprouve lorsqu'on passe de longues heures à genoux, courbé vers la terre, pour panser ou opérer des blessés; j'ai les reins cassés, les genoux endoloris et j'éprouve un éblouissement chaque fois que je me relève. Un infirmier m'apporte un morceau de pain et un verre de vin.

Vers midi la canonnade reprend; elle devient très vive à l'aile droite et de ce côté la fusillade semble se rapprocher de nous. C'est de là que viennent maintenant les obus qui recommencent à pleuvoir sur Frœschwiller. Puis l'attaque devient furieuse en face de nous, du côté de Wœrth où les batteries prussiennes avaient un moment suspendu leur feu. Je vois passer sur la route des hommes débandés. Les soldats disent: « Ça va mal », les officiers ne parlent pas; toutes les figures s'assombrissent. Un, deux, trois obus frappent coup sur coup la façade de mon ambulance; un quatrième éclate dans la toiture, un cinquième devant la porte, tue deux infirmiers et un zouave blessé qu'ils portaient. Il semblerait vraiment que tous les canons prussiens nous ont choisis pour objectif!

Au milieu de ce fracas un bruit circule. — Mac-Mahon fait charger toute sa cavalerie. — La plupart

des misérables qui m'entourent se reprennent à espérer ; moi, je comprends que tout est perdu. Que
peut la cavalerie dans ce pays accidenté, coupé de
fossés, de vignes, de houblonnières, dans des villages
où toutes les fenêtres seront garnies de fusils et contre
une infanterie armée de carabines à tir rapide. Nos
pauvres cuirassiers pourront tout au plus, en mourant
bravement, gagner quelques quarts d'heure pour la
retraite. Et cependant nous remarquons que tout à
coup le feu se ralentit sur Frœschwiller ; il cesse
même un instant ; ah ! quels soupirs de soulagement
et d'espérance ! mais il reprend bientôt avec une intensité nouvelle.

Et entre un pansement et une opération, lorsque,
me redressant, je regardais au dehors, je voyais se
dessiner la déroute. Le colonel, le drapeau, quelques
officiers et une soixantaine d'hommes du 18e de ligne
arrivent en désordre devant l'ambulance ; le colonel
Bréger, que j'ai connu à Strasbourg, reste à cheval
au milieu de la route, exposé aux balles et aux obus
qui la sillonnent ; tout le reste de son monde s'abrite
derrière une grange qui nous fait face ; il crie avec
désespoir « en avant ! en avant ! » Personne ne bouge.
Un obus qui éclate contre le mur de l'ambulance
blesse deux de ces soldats ; tous les autres prennent
la fuite ; les trois ou quatre officiers qui étaient avec
eux les suivent. Le colonel reste là, immobile, face
à l'ennemi, dans l'endroit le plus découvert, puis il

tourne bride et suit lentement son drapeau ; pauvre régiment !

Franchessin, le colonel du 98e, m'est amené par ses sapeurs : une jambe cassée par une balle, il s'est fait soutenir sur son cheval pour entraîner son régiment en avant ; une seconde balle lui a traversé la poitrine ; il est mourant. Je dis à ces hommes : « Sauvez-vous vite avec votre blessé ; il n'a pas besoin de pansement ; vous voyez bien qu'il ne fait pas bon ici. » Détrie, le colonel des zouaves, le héros d'Orizaba, m'arrive sur un cacolet ; il a reçu plusieurs balles. — Et je répète : « Sauvez-vous vite ; il peut attendre, ne vous arrêtez qu'à Niederbronn. »

Un peu plus tard un petit troupier, sac au dos, arme au poing, passe tranquillement sur la route. Voyant une boîte aux lettres pendue au mur en face de mon ambulance, il s'arrête un moment, tire de sa poche un calepin, écrit quelques mots, jette dans la boîte ce rudiment de lettre, vérifie le verrou de son chassepot, et seul il marche à l'ennemi ! Qu'est devenu ce brave garçon ? Quel courage insensé le poussait ainsi en avant, lui seul contre toute une armée, quand trente mille hommes fuyaient derrière lui ? Que voulait-il ? Qu'espérait-il ? A qui a-t-il confié sa dernière pensée ? J'aurais voulu sauver cette lettre, mais le lendemain, dès la première heure, la boîte avait disparu : les Prussiens s'en étaient emparés.

Ce ne fut pas le seul acte d'héroïsme poussé jusqu'à la folie qu'il me fût donné de voir. A peine ce brave petit soldat s'était-il éloigné que 6 sapeurs du génie, armés de pioches, viennent pour créneler les murs des bâtiments qui nous entourent. C'est un peu tard ; qui mettre maintenant derrière ces créneaux ? C'est probablement ce qu'ils se disent, car ils laissent leur besogne inachevée, tiennent conseil, ramassent des chassepots et des cartouches et, à six, ils marchent contre l'armée allemande !

Cependant la fusillade continue, mais toutes les balles viennent vers nous, elles s'aplatissent sur les murs, cassent nos carreaux, percent nos portes et nos volets et les obus continuent à pleuvoir sur Frœschwiller, où il n'y a plus un seul combattant. La mairie où nous sommes établis est fort heureusement un bâtiment neuf, construit en grès rouge, solide comme une forteresse ; les obus qui frappent ses murailles éclatent sans les traverser ; mais deux d'entre eux passent par une fenêtre à l'étage supérieur et produisent dans l'ambulance des détonations formidables. Trois maisons voisines de nous sont en feu ; le clocher de l'église flambe comme une allumette ; le service devient impossible, on n'obtient plus des infirmiers de quitter les coins où ils se croient à l'abri. M. Rodet, que je rencontre au moment où j'entre dans la chambre pleine d'officiers blessés, me fait remarquer que si le bombardement continue, le bâtiment va crouler sur nous ; que le feu va y prendre..... C'est vrai, mais que faire ? Tenter une évacuation en ce moment serait nous vouer, nous et nos blessés, à une mort certaine ; du reste, comment la faire ? Nous n'avons comme moyens de transport qu'une douzaine d'infirmiers et trois brancards.

Tout à coup le bombardement cesse. Je m'occupais à arrêter une hémorrhagie de l'avant-bras chez un lieutenant d'infanterie que j'avais endormi. J'étais seul, sans aide, à genoux sur sa paille ; à côté de moi un commandant, la poitrine traversée, gémissait sourdement et étouffait ; plus loin un officier, le front ouvert par un éclat d'obus, mourait dans les convulsions. Par une faculté propre aux gens distraits, je m'étais dédoublé : le chirurgien était tout entier à l'opération délicate qu'il pratiquait ; l'homme pensait à sa femme et à son enfant. — Tiens, il a juste sept semaines ; c'est l'heure où il est né. Dans cet enfer j'avais encore un petit coin du ciel. Je rêvais que je serais heureux de les revoir.

Mais quel réveil ! Au moment où l'artère est liée, un coup de clairon lent, lugubre, inconnu, vient rompre le silence qui a succédé depuis quelques minutes au fracas du bombardement. Ah ! quel clairon maudit ! mieux valait cent fois le crépitement des balles, le sifflement et l'éclatement des obus ! Tout le monde s'arrête ; les blessés se soulèvent ; on se regarde sans mot dire ; quelques-uns se voilent la face ; tout le monde a compris. Ah ! qu'elle est dure la première défaite !

Au dehors, des hourras frénétiques, des commandements allemands, quelques coups de feu et des milliers de soldats prussiens se précipitent dans Frœschwiller et entourent l'ambulance. Ils ont l'air hagard, méfiant, furieux et sont noirs de poudre; ce n'est cependant pas leur dernier assaut qui leur a coûté beaucoup de monde; il y a une demi-heure que les Français sont partis.

Nu-tête, les mains et le tablier rouges de sang, je me précipite vers un officier supérieur qui est à cheval devant l'ambulance et je réclame pour mes blessés le respect et la protection qui leur sont dus. Il fait établir un cordon de factionnaires autour des bâtiments que nous occupons, me reproche durement de ne pas avoir au bras le brassard de la convention de Genève à laquelle la France a adhéré, et me menace de nous faire tous fusiller si un seul coup de feu part de l'ambulance. Je ne réponds même pas à ce brutal; ses menaces me touchent peu. Au moment où je retourne près des miens, il me crie quelque chose en mauvais français; je distingue les mots : « Vous, Monsieur le boucher. » L'insulte après la menace de la part d'un vainqueur: cela se passe de commentaires.

J'eus alors un moment d'affaissement extrême: rentrant dans l'ambulance je me sentis comme écrasé; c'était la réaction d'une tension nerveuse trop forte et trop prolongée. J'étais assis au coin d'une table, la tête dans les mains; tout mon personnel était là, au-

tour de moi, morne et abattu, partageant probablement mes tristes pensées : notre armée battue, l'Alsace
envahie, Strasbourg perdu, l'immense malheur de
ma patrie, l'invasion, la ruine de nos campagnes dé-
solées, la honte de la défaite, les ruisseaux de sang
versés, cette masse de malheureux désespérés gémis-
sant autour de moi, et pour moi la ruine de toutes
mes espérances.

Je fus tiré de mes réflexions sinistres par les cris
des soldats allemands m'annonçant un nouveau malheur : le feu était à l'ambulance ; la fumée sortait en
colonnes épaisses par les fenêtres de la chambre où
les obus avaient éclaté. Un lieutenant prussien, M. de
Treskow, un vrai gentilhomme celui-là, entre dans
la salle où nous sommes réunis, pour nous prêter
secours ; il est accompagné de quelques hommes.
Nous montons vite dans la chambre où est le feu, le
mobilier brûlant est lancé par la fenêtre ; toute l'eau
qui reste dans nos cuves est jetée sur les boiseries et
le plancher qui brûlent; en quelques minutes tout
danger est conjuré.

Puis nous nous remettons tous à faire des pansements, car on nous amène à chaque instant de nouveaux blessés qui sont restés sur le champ de bataille.
Ce sont maintenant les brancardiers régimentaires
allemands qui se chargent de cette partie du service;
ils s'en acquittent, je dois le dire, avec humanité et
discipline. Bientôt les salles, les corridors, les esca-

liers même de la mairie sont encombrés au point qu'on trouve difficilement un endroit où mettre le pied, et on continue à nous amener de nouveaux blessés, tous gravement atteints, car les hommes n'ayant que des blessures légères ont quitté le champ de bataille depuis longtemps et ne se sont pas arrêtés à Frœschwiller, ou bien ont quitté l'ambulance après un premier pansement. Comme il fait beau et chaud, je donne l'ordre de poser une couche épaisse de paille devant la mairie et on y place deux rangées de blessés ; ils avancent jusqu'au bord de la route sur laquelle passe l'armée allemande.

Pendant que je surveille l'exécution par mes infirmiers des ordres que j'ai donnés, je vois arriver le Prince royal de Prusse suivi d'une escorte de cuirassiers. Je le reconnais, il a étudié à l'Université de Bonn quand j'y commençais ma médecine ; nous avons suivi, assis sur les mêmes bancs, le cours de littérature du vieux Arndt, l'auteur du *Deutsches Vaterland*. Puis vient de l'infanterie, de la cavalerie, de l'artillerie, des Prussiens, des Bavarois, des Wurtembergeois, tous en bel ordre de marche, comme à une revue ; et les musiques militaires avec leurs joyeuses fanfares semblent insulter à notre malheur.

On vient m'annoncer qu'il n'y a plus une goutte d'eau dans l'ambulance. La pompe, comme je l'ai dit plus haut, a été cassée par un obus ; c'est elle qui alimentait toutes les maisons voisines. Vingt voix crient à la fois d'une façon lamentable : « A boire, à boire ! » Rien ne donne soif comme les blessures accompagnées d'hémorrhagies. Que faire ? Où trouver de l'eau dans ce village en ruines ? La nuit va bientôt arriver : à quelles horribles scènes nous devons nous attendre si nos malheureux blessés manquent d'eau jusqu'au lendemain matin ! Il doit y avoir une pompe ou un puits dans le château des Durckheim ; nous n'en sommes qu'à une centaine de mètres, mais la route est tellement encombrée d'hommes, de chevaux et d'artillerie qu'il sera impossible d'arriver jusque-là ; les soldats allemands, du reste, ne nous laisseront pas passer. En ce moment j'aperçois le lieutenant de Treskow devant l'ambulance ; je l'arrête, je lui dis ce qui arrive ; il s'offre à m'accompagner jusqu'au château. Alors, suivis des infirmiers qui portent mes cuves vides, nous commençons ce voyage de 100 mètres qui avec le retour a duré plus d'une heure.

Les abords du puits, car il y en avait un, comme je l'avais prévu, étaient encombrés de soldats allemands altérés, serrés les uns contre les autres, attendant impatiemment leur tour. Découragé par cet obstacle inattendu, je me tourne vers l'officier prussien et je lui dis : « Vous voyez ; ce sera impossible. » — « Impossible, Docteur, quand je suis là ; c'est insulter l'armée allemande ! — Il tire son sabre et crie à haute voix : « *Platz, Platz !* » — Tout le monde s'écarte devant nous et nous arrivons à la margelle du puits. Mon compagnon reprend : « Personne de vous ne boira une goutte d'eau tant que ces cuves ne seront pas pleines. » — Pas un murmure ! Il fallait aller chercher l'eau à une vingtaine de mètres et nous n'avions pour la puiser qu'un bidon d'une dizaine de litres. Au bout d'une demi-heure, qui me parut un siècle, la seconde cuve étant aux trois quarts pleine, un soldat wurtembergeois y trempa un gobelet qu'il porta à ses lèvres ; l'officier aussitôt lui planta au cou la pointe de son sabre en lui criant : *Du, Schweinhund !* (toi, chien de cochon) et le soldat, plus mort que vif, remit dans la cuve le contenu de son gobelet. — « Ah ! ces damnés Wurtembergeois », s'écriait l'officier, comme pour se disculper de cette infraction à la discipline, « nous n'en ferons jamais rien ! » Et moi je me disais : quelle armée !

On retourna chercher de l'eau dans la nuit ; grâce aux incendies, il faisait clair comme en plein jour et la route était relativement libre ; mais avant trois heures du matin, le puits était sec. Alors, brisé de fatigue, au milieu d'un concert de gémissements, de plaintes, de cris, d'imprécations et de malédictions, je m'étendis par terre à côté de mes aides-majors.

Le petit jour me réveilla bientôt ; vite, tout le monde debout et à la besogne. Pendant que les comptables cherchent des granges pour y placer une partie de nos blessés, afin de dégager les salles de l'ambulance où l'encombrement devient un danger et rend tout service impossible, l'intendant Rodet court partout pour nous procurer de l'eau et des vivres. Je fais rapidement l'inventaire du matériel dont je dispose ; il se compose du contenu du caisson que j'ai eu la bonne idée de faire vider, et de deux paires de cantines régimentaires. Je ne manquerai ni de linge pour les pansements, ni d'instruments de chirurgie : mais si je n'avais pas apporté de Strasbourg quatre kilogrammes de chloroforme, j'en aurais à peine quelques centaines de grammes. Tout le reste du matériel de l'ambulance est perdu et tout ce que nous avions à nous a été pillé par les soldats prussiens chez le pasteur où nous logions. Nous n'avons ni vivres, ni vin, ni vêtements de rechange pour nous et pour nos blessés, et pas de linge pour changer ces malheureux dont les chemises et les vêtements sont déchirés, trempés de sang, durs, parcheminés et bientôt nauséeux.

Puis je me mets avec mes aides-majors à pratiquer les opérations urgentes. Comme nous n'avons plus de chambre libre, c'est en plein air et en plein soleil, sur le bord de la route, devant l'armée allemande, qui depuis la veille défile en rangs serrés, que j'installe la table d'opérations sur laquelle tant de malheureux se réveilleront mutilés. De 4 heures du matin à 2 heures de l'après-midi, je pratique des amputations et des résections ; pour aller plus vite je laisse à deux de mes aides le soin de panser mes opérés ; il y a des blessés qui se traînent jusqu'à nous pour devancer leur tour. L'un d'eux s'écrie : « On fait queue ici ; c'est comme au théâtre ! » — et le rire s'empare de tous ces désespérés : l'homme doit rire même en enfer.

A 2 heures, je n'en puis plus ; mes couteaux me tombent des mains ; mes aides ne tiennent plus debout ; je suis forcé de m'arrêter : la tension nerveuse nécessaire à l'acte opératoire épuise plus vite qu'un travail de force. Nous nous remettons tous à faire des pansements jusqu'à la tombée de la nuit et cette triste journée terminée, nous mangeons un peu de pain moisi, des haricots bouillis à l'eau, et, n'ayant de paille que pour nos blessés, nous nous couchons sur le plancher.

Les journées du 8 et du 9 se passent pour nous comme le lendemain de la bataille ; du lever au coucher du soleil, nous faisons des opérations et des pansements ; notre fatigue est grande ; nos genoux sont en sang, nos reins comme disloqués. L'armée allemande continue à défiler devant notre ambulance ; combien nous souffrons de constater sa belle tenue, la régularité de sa marche et sa discipline de fer qui nous écrasera plus sûrement que ses masses imposantes !

Plusieurs fois j'ai arrêté des généraux qui passaient sans daigner s'occuper de nous ; je leur ai demandé des vivres pour nos blessés, l'un d'eux m'a répondu : — « Nous n'en avons pas plus que vous. »

(*Wir haben auch nichts.*) — Quelques membres allemands de la Société internationale de secours aux blessés et des chevaliers de Saint-Jean viennent nous visiter ; leur curiosité satisfaite, ils s'en vont sans rien faire pour nous. Nous n'avons pu donner à nos blessés que quelques morceaux de biscuit et de l'eau. Ils sont couchés par terre, sur une couche de paille insuffisante et remplissent la mairie, les granges et les hangars avoisinants ; leurs fatigues, leurs souffrances, leurs privations sont excessives.

Le 8 au soir, les troupes prussiennes campées autour de Frœschwiller allument des feux de joie ; les musiques jouent, et des hourras retentissent jusqu'à une heure avancée de la nuit. La nouvelle est arrivée d'une grande victoire remportée près de Metz par les armées allemandes. Cette joie nous fait plus de mal que la vue des souffrances et des misères qui nous entourent.

C'est aussi dans les journées du 7 et du 8 que nous avons vu passer des convois de nos prisonniers qui sont dirigés vers l'Allemagne. Quel triste spectacle ! Et parmi eux des officiers sans armes, marchant sous la férule des caporaux prussiens ! Plusieurs d'entre eux se sont jetés dans nos bras en pleurant.

Les habitants qui s'étaient sauvés pendant la bataille reviennent dans Frœschwiller. Ils ont trouvé leurs maisons pillées, trouées par les obus ou brûlées au ras du sol ; leurs granges sont vides, vides leurs caves et leurs étables ; ils sont ruinés et menacés de la famine. Quelques-uns d'entre eux, qui ont trop tardé à partir, ont été blessés par les balles et les obus ; ils viennent se faire panser à l'ambulance. Le désespoir de tous ces malheureux est navrant et l'autorité allemande, au lieu de les secourir, leur impose de suite de dures corvées. Ils reçoivent l'ordre d'enterrer les morts dans le plus bref délai, sous peine de punitions sévères. On leur fait aussi savoir par des crieurs allemands que ceux d'entre eux chez qui on trouvera des armes seront immédiatement fusillés ; il en sera de même pour ceux qui chercheraient à fuir afin de rejoindre l'armée française.

Enfin, dans la nuit du 7, la pluie commence à tomber par abondantes averses ; comme tous les toits sont troués par les boulets et les carreaux brisés par les balles, l'eau ruisselle sur nos malheureux blessés et transforme en fumier la paille sur laquelle ils sont couchés : ils sont là, dans cette boue, grelottant de fièvre, de froid et de misère.

Dans l'après-midi du 9, les Prussiens nous apportent la moitié d'un bœuf, une caisse de biscuits français et deux sacs de riz souillés de sang : on les a trouvés sous le cadavre d'un soldat du train. Presque en même temps, des paysans de Climbach et de Lembach arrivent avec deux voitures chargées de pain, de lait, de vin et de légumes : ah ! les braves gens ! quel bienfait pour nos malheureux opérés ! Ils nous promettent de revenir le lendemain avec toutes les voitures du pays pour commencer l'évacuation de nos blessés sur Haguenau. C'est ce jour-là, à 3 heures, que je termine la dernière grande opération pratiquée à Frœschwiller ; le malheureux mutilé l'attend depuis quatre jours : c'est une désarticulation partielle du pied dont la partie antérieure a été broyée par un obus.

Je réunis ensuite tout mon personnel pour assister à l'enterrement du médecin-major du 2ᵉ turcos, mort d'un coup de feu au ventre. Je lui ai fait creuser une tombe dans le cimetière de Frœschwiller, et le pasteur protestant, qui vient de rentrer au village, se charge des dernières prières ; il les termine par ces paroles : « Il est mort sur le champ de bataille, pour sa patrie, Dieu le compte parmi ses élus. » — Ce pauvre homme a succombé dans les affreuses douleurs de la péritonite, ne parlant que de sa femme et de ses enfants qu'il laissait, disait-il, dans un état voisin de la misère. Il m'a demandé d'échapper à la fosse commune où nous enterrons tous ceux qui meurent à l'ambulance ; il espère que les siens viendront prier sur sa tombe.

Avant de rentrer à la mairie de Frœschwiller, je fais le tour du village ; jusque-là je n'en ai pas eu le loisir. Les champs sont encore couverts des cadavres de nos soldats, de leurs sacs et de leurs fusils ; la terre est piétinée, les haies sont renversées ; les ar bres sont hachés par les balles et par les obus. Le village d'Elsasshausen, où la lutte a été très vive au début de la bataille, n'est plus qu'un monceau de ruines noircies par le feu, déchirées par les boulets. Dans les endroits où étaient nos batteries, la terre a été labourée par les projectiles prussiens ; on ne peut pas mettre le pied par terre sans marcher sur un éclat d'obus ; là les cadavres de chevaux hideusement gonflés sont mêlés à ceux des artilleurs et aux débris des caissons et des roues brisées. Devant le château des Durckheim, un petit mamelon est bleu de turcos ; les cadavres se touchent ; à distance, on croirait voir un champ de lin !

Plus loin, vers la plaine, des paysans éparpillés par groupes, creusent des fosses pour enterrer les morts. Ils y travaillent depuis trois jours, du lever au coucher du soleil ; ordre leur a été donné de commencer par les soldats allemands. Demain ou après-demain, ce sera le tour des nôtres. Le ciel est gris, la terre boueuse ; il fait presque froid et de longues nuées de corbeaux arrivent du duché de Bade et s'abattent sur le champ de bataille où les aigles de France et de Prusse leur ont préparé un abondant festin. Un chien hurle devant une maison incendiée et déserte.

En rentrant à l'ambulance, je trouve le pasteur protestant qui m'attend : il vient me demander du pain pour ses enfants qui meurent de faim. Quant à moi, je suis écœuré de tout le sang qui a coulé sous mes doigts; j'en suis littéralement imbibé; il parchemine et tache tous mes vêtements que je ne peux pas changer. J'ai beau les laver et me laver moi-même dix fois par jour, je suis poursuivi par l'odeur du sang humain : c'est fade et nauséeux. J'arrache les manches de ma chemise, elles sont tachées jusqu'au-dessus du coude. Enfin mes couteaux ne coupent plus et ma provision de chloroforme est épuisée : depuis quatre jours je coupe des membres et je résèque des os chez des malheureux.

Les braves gens de Climbach et de Lembach ont tenu parole : malgré toutes les difficultés soulevées par les Prussiens, dont les convois interminables encombrent toutes les routes, le 10 avant 6 heures du matin, ils arrivent devant mon ambulance avec toutes les voitures de leur pays. Nous commençons immédiatement l'évacuation de nos blessés sur Haguenau. Il est temps de partir : sous l'influence de l'encombrement que nous n'avons pu éviter et des conditions hygiéniques défectueuses auxquelles sont exposés nos malades, toutes les plaies commencent à prendre mauvais aspect. Quoique les chambres et les granges que nous occupons soient ouvertes à tous les vents, l'air y est infecté ; souvent, les malheureux ne pouvant pas se soulever, et n'étant pas secourus à temps par un personnel d'infirmiers qui est insuffisant, leurs déjections de toute nature se sont mêlées à la paille mouillée et sanglante sur laquelle ils sont couchés.

Nous n'avons, comme moyens de transport, que des charrettes de paysans : elles sont bien peu commodes, et dans des routes déjà défoncées par le passage de l'artillerie, elles exposent les blessés à des tortures nouvelles. Qu'on se figure en effet un homme atteint de fracture par coup de feu aux membres inférieurs, ou même un amputé : toute secousse, fût-elle légère, provoque chez lui de vives douleurs ; que deviendra pour lui un voyage de trois heures avec les cahots durs et continuels d'une voiture non suspendue, sur une route accidentée et rendue presque impraticable par le passage de toute une armée et d'une nombreuse artillerie ? C'est cependant dans ces conditions-là que se sont faites les évacuations des ambulances de Frœschwiller sur Haguenau.

Le 10 août dans la matinée, MM. de Vogüé et de Bourgoing, représentant en Alsace la section française de la Société internationale de secours aux blessés, arrivent à Frœschwiller et se mettent fort gracieusement à notre disposition. Ils se chargent de nos commissions, nous promettent de nombreuses voitures, et retournent à Haguenau pour se préparer à recevoir nos malades.

Quelques heures plus tard en effet, un premier convoi nous arrive : il est composé d'une vingtaine de voitures et nous enlève 40 à 50 blessés. Il est difficile, même dans un grand omnibus attelé de deux chevaux, de mettre plus de deux hommes lorsqu'il faut les coucher. On nous a apporté pour nous de la paille et des vivres, nous pouvons prendre un peu de repos, manger, et nourrir les malheureux qui sont confiés à nos soins.

# IV

## HAGUENAU ET LES BORDS DU RHIN

Deux cent vingt voitures s'arrêtent devant mon ambulance dans la soirée du 10 et dans la journée du 11 et partent chargées de blessés ou d'opérés. Ceux qui restent sont enlevés dans la matinée du 12 : nous quittons Frœschwiller à midi, avec les derniers, nous dirigeant sur Haguenau. La route que nous suivons descend sur Wœrth et contourne le mamelon de Frœschwiller ; ses fossés sont remplis de casques, de sacs et de fusils prussiens ; ordre a été donné aux paysans qui enterrent les morts, d'apporter sur le bord de la route toutes ces armes des soldats allemands restés sur le champ de bataille. Le voiturier qui nous conduit nous dit qu'on en a déjà enlevé beaucoup : en ne tenant compte que de ce qui reste, les pertes de l'armée ennemie ont dû être considérables.

En arrivant à Haguenau, nous trouvons cette petite ville transformée en ambulance et en même temps remplie de soldats badois. Les rues présentent un aspect bizarre : elles sont littéralement pavoisées, tant le nombre des drapeaux de la convention de Genève, arborés aux maisons, y est considérable. Un des articles de cette convention dit que les habitations particulières dans lesquelles seront reçus 6 blessés, seront respectées par les vainqueurs et exemptées des contributions de guerre ; mais cet article est violé par les Prussiens qui mettent en pratique leur doctrine : « La force prime le droit. » Les habitants de Haguenau espéraient que leur bonne ville serait ménagée à cause des services qu'elle avait rendus en 1848 aux grands-ducs de Bade, chassés de chez eux par la Révolution ; mais il n'en a rien été : la malheureuse ville est écrasée par les énormes contributions de guerre qu'on lui impose.

… Au moment où j'entre à Haguenau, un étudiant en médecine de Strasbourg me reconnaît et m'apprend que Sédillot est à l'hôpital militaire, Sédillot mon seul et mon premier maître ! Quel bonheur pour nos blessés ! A la nouvelle du combat de Wissembourg, oubliant son âge, ses infirmités, sa mise à la retraite, et accompagné de mes collègues de la Faculté, Bœckel, Feltz, Jœssel, du professeur Baudelot de la Faculté des sciences et d'une trentaine d'étudiants en médecine, il est venu mettre au service de nos blessés son dévouement, son patriotisme, son expérience et son immense talent.

Je me rends directement à l'hôpital militaire ; j'entre dans la salle où il opère ; il vient de terminer une résection du coude. En me voyant, il vient vers moi et m'embrasse très ému en me disant : « Je suis content de vous revoir, mon ami ; il avait couru sur votre compte de mauvais bruits ; ... tant mieux ... tant mieux ... puisque vous êtes là, vous allez me remplacer, j'ai encore une opération à faire, mais je n'en puis plus... Amenez le malade, Sarazin va l'opérer » — et il me donne encore une bonne poignée de mains en répétant : « Je suis content de vous revoir. » Ah ! les chirurgiens sont insensibles ! pourquoi alors mon vieux maître avait-il les larmes aux yeux en me parlant ?

Mais cela ne l'a pas empêché de critiquer mon procédé opératoire : c'est plus fort que lui ! Je l'ai entendu, ne sachant plus à qui s'attaquer, se critiquer lui-même. Il est cinq heures et demie quand nous sortons de l'hôpital militaire ; Sédillot y est resté de 6 heures du matin à midi et il y est revenu à 1 heure. Il fait seul avec quatre élèves le service des 200 blessés qui y sont réunis, j'allais dire entassés.

La Société de secours aux blessés a trouvé dans le patriotisme de la municipalité et dans la charité des habitants un puissant concours qui lui a permis de faire face à toutes les difficultés qu'elle a rencontrées. Des établissements hospitaliers temporaires, publics ou privés, ont été organisés en grand nombre ; le service y est fait par les chirurgiens et par les étudiants en médecine venus de Strasbourg avec Sédillot. Le Petit quartier, la Douane, le magasin des tabacs et presque tous les édifices publics sont transformés en hôpitaux; plus de 4,000 blessés y sont réunis; quelques maisons particulières en contiennent jusqu'à 40 et 50. Je regrette de voir négliger presque partout la ventilation et les précautions hygiéniques qui seules peuvent contre-balancer les désastreux effets d'un encombrement inévitable. J'ai appris depuis, ce que je prévoyais alors, les fâcheux résultats obtenus par la chirurgie chez ces nombreux blessés : la mortalité a été considérable parmi les opérés, malgré les hautes capacités et le dévouement des chirurgiens qui les ont soignés.

N'ayant aucune raison pour rester à Haguenau, le soir même de notre arrivée nous demandons à l'autorité militaire allemande l'autorisation de rejoindre notre division. Le commandant de place nous répond qu'il n'a pas reçu d'ordres concernant les ambulances restées sur le champ de bataille de Frœschwiller. Couverts par les clauses de la convention de Genève, nous ne sommes pas, dit-il, des prisonniers, mais nous ne devons pas quitter la ville sans un laissez-passer signé de lui. Nous aurons à nous présenter à son bureau tous les matins à dix heures. J'ai beau discuter avec lui et soutenir mes droits, je ne puis rien obtenir.

De là, je me rends avec tout mon personnel dans

un hôtel où nous devons dîner. Nous trouvons toutes les salles encombrées par des soldats allemands, et la petite chambre où l'on nous sert est bientôt envahie par une bande de sous-officiers badois qui nous insultent grossièrement : vraiment, c'est le coup de pied de l'âne !

Forcés de rester à Haguenau en attendant le bon vouloir du commandant de place, nous passons notre temps, mes aides-majors et moi, dans les établissements hospitaliers où ont été éparpillés nos blessés et nos opérés. Nous les retrouvons presque tous ; beaucoup d'entre eux vont très bien et je suis heureux de constater les bons effets de mes appareils en toile métallique chez tous ceux qui sont atteints de fractures par coups de feu des membres.

Six des officiers que j'ai soignés à Frœschwiller sont entourés de soins, de sollicitude et de bien-être chez M^{me} Hallez, qui a reçu dans sa maison plus de trente blessés. Avec l'aide de ses filles qui sont devenues comme elle d'excellentes sœurs de charité, elle nous montre que les femmes de cœur n'ont pas besoin d'apprentissage lorsqu'il s'agit de se dévouer ; elles assistent aux opérations et font avec adresse les pansements les plus compliqués. Je suis forcé d'amputer chez elles la cuisse d'un jeune lieutenant d'infanterie atteint d'un coup de feu au genou ; j'avais hésité à Frœschwiller devant cette mutilation.

Il est difficile de dépeindre la joie et la reconnaissance que me témoignaient en me revoyant les pauvres turcos que j'avais pansés ou opérés sur le champ de bataille : la séparation pourtant n'avait pas été longue. Ces hommes simples et à demi sauvages m'embrassaient les mains et me remerciaient par leurs cris et par leurs gestes du mal que je m'étais donné pour eux. Mais c'étaient des amis compromettants, qu'on en juge par l'anecdote suivante :

Le soir de la bataille, après un moment de défaillance, je m'étais remis à faire des pansements ; j'étais à genoux près d'un beau turco noir d'ébène, et, trois pas plus loin, était couché un blessé prussien qui se lamentait et faisait plus de bruit à lui tout seul que les quarante ou cinquante Français au milieu desquels il était. L'enfant du désert n'avait rien dit tant que j'avais opéré l'extraction, toujours assez douloureuse, d'un projectile perdu profondément dans la cuisse ; l'opération terminée, il se souleva vers moi, et, essuyant avec sa main mon front couvert de sueur : — « Tebib (c'est en arabe le nom du médecin), Tebib, la Prousse là..., moi li couper le cou la nuit, avec mon couteau. » Et il l'aurait fait comme il le disait ; je n'ai jamais vu la figure humaine exprimer autant de colère et de férocité. On peut se figurer ce qui serait arrivé si le lendemain matin les Prussiens, venant chercher leur blessé, lui avaient trouvé le cou coupé !

Pendant mon séjour à Haguenau, la ville est curieuse et triste à étudier au point de vue de son état psychologique. Les habitants ne cachent aux Allemands ni leur hostilité, ni leur foi inébranlable dans la fortune de la France. Ils n'ont aucun rapport avec nos vainqueurs et fuient tous les lieux qu'ils fréquentent. A chaque instant le bruit court et se répand dans toute la ville que les Français viennent de remporter une victoire décisive. Tantôt c'est Canrobert qui a écrasé les Prussiens à Saverne ; tantôt c'est Ducrot qui en a tué plus de 60,000 dans les Vosges, tantôt une armée française débouche en Alsace par la trouée de Belfort ; son avant-garde est déjà à Strasbourg ; on va voir repasser en déroute toute l'armée allemande. Un jour même, d'un bout de la ville à l'autre, on ferme brusquement les portes et les boutiques, on fait rentrer les femmes et les enfants, et on se met aux fenêtres pour jouir de la débandade des Prussiens... « Ils reviennent à toute bride par la route de Strasbourg... ; on les a vus, c'est une vraie débâcle »... On attend, on écoute..., on attendit longtemps. Cette confiance absolue et inébranlable dans le succès définitif des armées françaises était vraiment touchante ; elle préparait aux braves habitants de Haguenau des déceptions bien cruelles.

Les Allemands qui occupent la ville sont nombreux, exigeants, arrogants et disciplinés. Ils démasquent franchement la haine du Français si bien dissimulée chez eux tant qu'ils se sont crus les plus faibles ; et leur nature rapace se donne libre carrière. Tous les jours ils traversent Haguenau par milliers, à toutes les heures du jour et de la nuit ; on est forcé de les nourrir par 10,000 à la fois ; et comme la ville a épuisé toutes ses ressources, on la force à emprunter de l'argent à l'Allemagne à des taux usuraires et à acheter, de l'autre côté du Rhin, à des prix exorbitants, de quoi fournir aux réquisitions écrasantes de l'armée allemande. Haguenau avant la guerre était une ville très riche ; elle est aujourd'hui complètement et méthodiquement ruinée.

Nous sommes forcés d'attendre quatre jours notre laissez-passer ; enfin le 16 août, après nous avoir fait toutes les difficultés imaginables, l'autorité militaire allemande nous permet de rentrer en France, mais elle nous force à passer par Mayence, Cologne, Aix-la-Chapelle et la Belgique. « Quand notre tour viendra », disait un de mes aides-majors, « nous ferons passer leurs ambulances par Bayonne et Bastia ! »

Nous attendons six heures à la gare de Haguenau le train qui doit nous emmener vers l'Allemagne. Pendant que nous y sommes, nous voyons arriver trois convois énormes chargés d'artillerie de siège ; on nous dit qu'ils sont destinés à Strasbourg, nous avons le temps de les contempler tout à notre aise. La reine de l'Alsace livrée aux boulets prussiens ! Notre esprit se refuse à y croire ; ces convois nous semblent quelque chose d'impossible, d'énorme, un malheur monstrueux, invraisemblable et révoltant. J'en pleurerais de colère, et en même temps je suis heureux de penser que ma femme et ma famille sont à l'abri de tout danger.

Un artilleur allemand auquel je m'adresse, me dit : « Nous allons aider à bombarder Strasbourg; les Badois ont déjà commencé et ils ont mis le feu aux quatre coins de la ville ; c'est dommage pour cette grande et belle ville. » Je traduis ma conversation à l'intendant qui se promène avec moi; nous doutons fort de la véracité de cette nouvelle : dans notre siècle de civilisation, bombarder une ville ! Écraser sous les bombes et sous les maisons qui s'écroulent des milliers de femmes et d'enfants ! Était-ce possible ? surtout de la part de ces bons Allemands qui se sont posés comme les défenseurs de l'humanité, de la morale, de la justice et de l'honneur. Du reste, pourquoi bombarder Strasbourg ? Grâce à l'incurie du gouvernement impérial, la pauvre ville leur est livrée sans garnison, sans armement suffisant et presque sans munitions et sans vivres. Quelques semaines de blocus et une ou deux brèches à la muraille suffiront pour forcer la capitulation. Le bombardement serait un acte de froide et stupide barbarie.

Le train qui nous emmène de Haguenau ne contient que le personnel des ambulances du corps d'armée de Mac-Mahon, mais en revanche il le contient au grand complet. Nous sommes tous restés avec nos blessés sur le champ de bataille et nous avons bien fait. Que seraient devenus les 670 malheureux qui sont entrés dans mon ambulance, si j'avais suivi ma division avec tout mon personnel?

Quand je dis que nous sommes tous là, j'oublie les morts et les blessés : deux médecins ont été tués et sont enterrés à Frœschwiller; cinq autres ont été blessés et restent en traitement à Haguenau. Il n'y a lieu, du reste, ni de s'en étonner, ni de s'en fâcher, ni d'accuser les Allemands d'avoir violé la convention de Genève ; il est bien évident que quand les balles et les obus pleuvent de toutes parts, les médecins qui se trouvent au milieu des combattants ne sont pas très à l'abri, et à la distance où se règle le tir actuel, il est absolument impossible de les reconnaître et de les épargner. De plus, s'ils restent avec leurs blessés lorsque l'armée bat en retraite, à un moment donné, ils se trouvent en première ligne, et l'artillerie prussienne qui tire à 1,800 et 2,000 mètres, ne peut ni distinguer ni éviter une ambulance perdue au milieu d'un village qu'elle canonne souvent sans le voir. La convention de Genève a oublié de rendre les médecins invulnérables : il faudrait avant l'entrée en campagne les plonger tous dans les eaux du Styx.

Nous quittons Haguenau à 4 heures après-midi; nous traversons de nuit le Palatinat ; l'encombrement qui existe sur toutes les voies allemandes retarde beaucoup la marche de notre train. A chaque instant nous croisons des convois énormes de troupes et de matériel, et nous passons de longues heures sur les voies de garage. Nous sommes bien reçus presque partout : dans les gares, des dames et des jeunes filles viennent à la portière de nos wagons nous offrir du bouillon, du café, du pain ou du vin ; elles font ce service-là nuit et jour. Peut-être nous prennent-elles pour des blessés ? Nous constatons que les populations ne nous sont pas hostiles, et nous avons lieu d'en être étonnés, car c'est un pays qui courait bien des risques au début de la guerre : nos armées ne l'ont jamais ménagé.

Nous arrivons à Mayence à 6 heures du matin ; des médecins allemands viennent nous trouver et se mettent fort amicalement à notre disposition. L'un d'eux, dont la confraternité est particulièrement expansive, me mène voir le dépôt d'ambulance qu'il a établi sur le quai du Rhin pour les blessés français évacués vers l'Allemagne. En me quittant, il me remet sa carte et son adresse et me prie de demander pour lui, à Napoléon III, la croix de la Légion d'honneur ! Je suis tellement abasourdi par cette demande que je ne trouve pas un mot à lui répondre ; j'empoche sa carte et je monte en wagon ; il ferme la portière en me criant : « Au revoir, à bientôt, mon cher collègue », et nous roulons vers Bingen, où nous arrivons à midi. On nous annonce deux heures d'arrêt ; nous descendons du train pour aller déjeuner.

Je me retrouve ici en pays connu ! Quand j'étais

étudiant à Bonn, je suis souvent venu passer joyeusement de longues heures dans ces beaux sites du Rhin; ces grands hôtels étaient pleins de monde; cette vaste salle où nous déjeunons seuls, regorgeait de buveurs émérites: boire du vin en fumant de mauvais cigares, à toute heure du jour ou de la nuit, est un des caractères distinctifs de la race allemande. C'est bien le cas de dire que les temps sont changés ! le vin aussi, du reste, car celui qu'on nous sert nous semble à tous amer ; un seul étudiant teuton en buvait plus, à lui seul, que les sept officiers français qui déjeunent à la même table que moi.

En sortant, nous allons visiter une fabrique de biscuits pour la troupe; elle est installée en plein air sur les bords du Rhin. L'intendant qui m'accompagne, en examinant les noirs, durs et lourds produits de cette fabrication, m'assure que jamais on ne pourrait les faire manger à des soldats français : il faut qu'ils meurent littéralement de faim pour accepter ceux qu'on leur distribue, et cependant ce sont des gâteaux exquis si on les compare aux biscuits des soldats allemands. Nous n'avons pas toujours été des enfants gâtés ! Retrouverons-nous un jour la rusticité de nos pères ? Elle est aussi nécessaire au soldat que la rude discipline qui nous fait défaut.

Un officier allemand passe en courant sur la berge; il agite une dépêche qu'il tient à la main et nous crie: « Grande victoire ! l'armée française est enfermée dans Metz ! » Je traduis ses paroles à ceux qui m'entourent. Nous cherchons tous à ne pas y croire, et nous regagnons tristement le train qui nous emmène vers Cologne.

Nous voilà dans la Prusse rhénane ; toutes les gares sont pavoisées ; les cloches sonnent à toute volée ; on tire le canon ; nous entendons de joyeuses fanfares et les trains chargés de troupes qui nous croisent, sont garnis de branches d'arbres et de drapeaux. L'esprit de la population a changé d'une façon manifeste : à Coblentz, la vue de nos uniformes excite des cris malveillants, des gestes et des rires insultants ; à Bonn, où j'ai été étudiant et où j'ai été respecté parce que j'étais Français, nous sommes accueillis par des hourras insolents ; les étudiants qui couvrent les quais de la gare et qui attendent notre arrivée, rivalisent entre eux d'injures et de grossièreté à notre adresse ; nous passons.

A Cologne, où nous sommes annoncés depuis le matin, la population nous attend ameutée contre nous par une proclamation impériale, dans laquelle il est dit que les armées françaises commandées par le maréchal Bazaine, au mépris de la convention de Genève, ont tiré sur les ambulances de l'armée allemande. Sa Majesté se réserve le droit de dénoncer cette convention, etc., etc. La belle affaire ! Un médecin allemand a été blessé sur le champ de bataille par un éclat d'obus. Eh bien, et nous à Frœschwiller, n'avons-nous pas été canonnés six heures durant? Et nos collègues tués ou blessés! et le feu à nos ambulances! Les médecins allemands seraient-ils d'une autre pâte que nous? Ce qui est permis aux canons du roi de Prusse serait donc défendu aux canons français! Il est vrai que nous sommes des vaincus.

On nous retient deux heures enfermés dans une salle de la gare; un piquet de soldats, baïonnette au canon, en défend la porte, et quand la foule s'est un peu dissipée, on nous conduit, escortés de quelques hommes, à l'hôtel du Nord, en nous défendant d'en sortir. Nous n'avons pas fait cent pas hors de la gare, que nous sommes escortés et entourés par une populace hurlante et menaçante.

Nous ne sommes qu'une trentaine, car tous les infirmiers ont été retenus à la gare et gardés à vue; nous serrons les rangs et nous marchons vite, poussant devant nous les soldats qui nous conduisent, mais sur la protection desquels nous ne devons pas compter. Je marche en tête de la colonne, à côté de l'intendant qu'un ignoble voyou saisit au collet; un aide-major qui est à ma gauche porte la main sur un grand couteau catalan qu'il a caché sous sa tunique, et il est homme à s'en servir; dans les hurlements de la foule qui nous entoure, je distingue les mots : « *Nieder mit den Franzosen* (à terre les Français)... *alle umbringen* (les tuer tous). » Diable! cela se gâte. D'une main soutenue par un fort juron du plus pur allemand, je débarrasse l'intendant, de l'autre, je maîtrise mon voisin au couteau ; encore quelques pas, un peu de bousculade à la queue de la colonne, et nous entrons avec plus d'empressement que de dignité dans l'hôtel du Nord, au moment où nous arrivent les premières pierres.

On ferme sur nous la lourde porte ; quelques carreaux volent en éclats ; des cris et des hurlements pendant une dizaine de minutes terminent cette scène qui aurait pu mal tourner pour nous. Ceux qui savent ce que vaut la populace de Cologne ne seront pas étonnés de la réception qu'elle nous a faite.

Il est juste de dire que dans la soirée, des officiers français, et parmi eux un colonel, faits prisonniers à Spickeren, sont venus nous voir à l'hôtel. Ils ne s'expliquent pas la brutale réception dont nous avons été victimes ; pour eux, ils n'ont pas, disent-ils, à se plaindre de la population de Cologne. Il est vrai qu'ils ont quitté l'uniforme.

Nous quittons Cologne à 6 heures du matin le 17. Une pluie torrentielle et l'heure matinale protègent notre retour vers la gare, où nous trouvons trois ambulances civiles qui sont arrivées dans la nuit. Elles sont là au grand complet, matériel et personnel, telles qu'elles sont sorties de Paris. Organisées par la Société internationale de secours aux blessés et destinées à l'armée de Metz, elles sont venues donner dans les lignes allemandes avec la prétention de les traverser. Franchement c'était par trop naïf, et la colère de nos confrères civils est vraiment amusante. Comme nous avons le tort de rire de leurs mésaventures, ils s'éloignent de nous et font bande à part ; leurs wagons sont attelés à notre train et nous partons.

Avec quelle impatience nous attendons Verviers, la frontière belge ! Nous y recevons un accueil sympathique et pour la première fois depuis le jour de la bataille de Frœschwiller, nous respirons librement. Je cours au télégraphe ; j'annonce à ma femme que j'arriverai le soir même à Calais ; je serre la main de mes collègues ; je serai aussitôt qu'eux à Paris ; je saute dans l'express de Londres qui s'arrête à Verviers quelques minutes après nous, et à minuit je suis dans les bras de ma femme, près de mon enfant et de ma famille. Depuis le jour de notre première défaite, on n'avait pas de mes nouvelles.

# V

## PARIS APRÈS NOS PREMIERS REVERS.

Je quitte Calais le lendemain à midi et j'arrive à Paris à 6 heures du soir le 18 août, quelques heures seulement après le train qui y amène les ambulances prises à Frœschwiller et à Metz. J'avais laissé les miens très préoccupés par les nouvelles du bombardement de Strasbourg et la lecture d'une collection de journaux anglais n'avait guère contribué à relever mon moral : Nos bons alliés de Crimée ! Avec quel soin ils enregistrent toutes les nouvelles qui nous sont défavorables, avec quelle hypocrite bienveillance ils nous prédisent de nouveaux malheurs !

Je trouve Paris aussi gai et aussi animé que dans ses jours de fête ; l'opinion publique manifeste de toutes les façons son assurance, sa tranquillité et sa confiance absolue dans le succès définitif des armées françaises. Je me demande si je rêve et si ce que j'ai vu est arrivé. Aigri par la défaite et par les misères, je me crois dans la capitale des fous, des bavards et des ignorants. Les badauds de Paris, trompés par les rapports et par les réticences de Palikao, trompés par les journalistes, trompés par leur proverbiale bêtise, tiennent le succès de la France pour assuré et leur jactance n'a d'égale que leur naïve crédulité.

J'entends dire que Bazaine, à la tête de 200,000 hommes, a battu les Prussiens à Borny, à Gravelotte, à Mars-la-Tour. — Le neveu d'un député vient annoncer à l'hôtel des Cent-Gardes où je dîne qu'il tient *de source certaine* que 20,000 Français ont anéanti dans les carrières de Jaumont plus de 100,000 Allemands : on trouve le chiffre un peu fort. — On nous apprend que tous les cuirassiers blancs ont été écharpés. — Mac-Mahon est arrivé au camp de Châlons; il est à la tête d'une armée considérable et prépare un mouvement de haute stratégie qui sera décisif, tout le monde connaît et commente ce mouvement. — On compte aussi par centaines de mille hommes les troupes expédiées tous les jours vers notre frontière de l'Est. Tels sont les bruits qui circulent et chacun d'eux a pour conclusions : « Si Paris savait tout, Paris illuminerait. » Il ne manque en effet que des lampions et des drapeaux pour que la fête soit complète et je pense à la fête des fous qui se célébrait au moyen âge.

De Strasbourg, à peine un mot de loin en loin; il est convenu, du reste, que le siège sera bientôt levé. Ces bons Allemands, on ne leur en veut pas; dès qu'on leur aura donné une sérieuse leçon, on les laissera tranquilles !

Et le soir, dans les cafés-concerts des Champs-Élysées, plus brillants, plus tapageurs et plus animés que jamais, on chante la *Marseillaise*, les *Girondins*, le *Rhin Allemand* et le *Chant du départ*; mais personne ne compte mourir pour la patrie, ni même marcher pour sa défense. Oh, les braillards, quelle peste !

Je suis descendu chez mon frère, médecin-major aux Cent-Gardes; mon beau-frère vient m'y rejoindre ; je constate qu'ils partagent tous deux la confiance générale et ils cherchent de bonne foi à me la communiquer. « Je suis encore », me disent-ils, « sous le coup de la défaite à laquelle j'ai assisté ; mais depuis, les événements ont pris une tout autre tournure ; Frœschwiller a été une surprise ; les fautes du début de la campagne seront bientôt réparées ; nous irons faire le siège de Mayence ! »

Mon frère est désolé que l'Empereur n'ait pas emmené avec lui tout l'escadron des Cent-Gardes, ce qui le force à rester à Paris ; il fait des démarches pour passer dans le service des ambulances. Celui-là au moins ne chante pas, mais il se prépare sérieusement à partir pour servir son pays. Cependant l'hôtel de la rue de Bellechasse que j'ai vu si pimpant, si brillant et si animé, a un air d'abandon, de tristesse et de négligence qui me frappe et je ne puis pas m'empêcher de dire aux officiers qui y sont restés :

Vous savez, mes amis, ça sent le moisi chez vous. — Cette réflexion, peu aimable du reste, est assez mal reçue.

Le lendemain, à huit heures du matin, je trouve tout le personnel de mon ambulance sur la place Sainte-Clotilde où est notre rendez-vous. Nous nous attendons à partir le jour même pour rejoindre notre division : quelques heures suffiront pour refaire notre équipement perdu à Frœschwiller ; et quant aux formalités bureaucratiques, elles ne sauraient nous retenir longtemps. On ne peut pas ignorer au ministère où se trouve le premier corps d'armée ; et s'il nous faut des feuilles de route, elles seront faites en quelques minutes ; quant à du matériel, il n'en manque ni à Paris, ni sur la route ; et au besoin les magasins de la Société internationale de secours aux blessés seront là pour nous en fournir.

M. Rodet, devant qui s'ouvrent toutes les portes, me conduit auprès de l'Intendant général, Directeur des services administratifs, et, grâce à lui, j'obtiens un excellent accueil ; je trouve du reste dans ce grand chef un homme charmant, du meilleur monde et très bienveillant ; mais il ne sait pas trop que faire de nous pour le moment. On a réorganisé tant bien que mal des semblants d'ambulance pour toutes les divisions du 1er corps ; nous n'avons pas à nous presser pour les rejoindre, d'autant plus qu'on ne sait pas au juste où nous envoyer : on nous laissera le temps de nous équiper. Nous resterons à Paris jusqu'à ce que M. Rodet, qui est chargé de toute la paperasserie administrative qui nous concerne, nous prévienne de notre destination ainsi que du jour et de l'heure de notre départ, nous le trouverons tous les matins à neuf heures devant le ministère de la guerre.

Quelques heures me suffisent pour refaire mon équipement et dans l'après-midi je vais chercher un cheval à la remonte de Montrouge ; puis je me rends au Palais de l'industrie, aux Champs-Élysées, où siège le comité de la Société internationale de secours aux blessés.

Je trouve là une majestueuse réunion de gros personnages autour d'un superbe tapis vert ; je m'acquitte auprès d'eux des commissions verbales dont je suis chargé par leurs délégués d'Alsace que j'ai laissés à Haguenau, puis je leur demande de me fournir quelques caisses de linge et de médicaments pour mon ambulance dont tout le matériel a été perdu à Frœschwiller. Il s'ensuit une longue et savante discussion d'où il ressort que le comité n'a pas le droit de disposer des ressources de la Société en faveur d'une ambulance qui relève directement du ministère de la guerre ! Il pourrait en résulter des froissements, des conflits regrettables ! Les principes d'après lesquels la Société a été organisée, etc., etc.... Ils sont amusants avec leurs principes. Comme j'ai déjà entendu toutes ces discussions-là et qu'on ne m'a pas du reste offert un siège, je salue profondément l'auguste assemblée et je me retire.

Une petite dame, qui s'était tenue debout près de la porte et que je n'avais pas remarquée jusque-là, sort en même temps que moi, me prend le bras et me dit :

— Venez avec moi, mon bon Docteur, je vais vous faire donner tout ce que vous voulez.

Je regarde ma compagne et je vois la plus jolie petite femme qu'on puisse rêver et une toilette à tout casser d'où s'exhalent tous les parfums de l'Arabie heureuse. Elle babille, elle cause, elle s'agite, elle donne des ordres, elle me présente à des amies. — Je suis devenu pour elle le chirurgien en chef des armées de Mac-Mahon ; le comité vient de me refuser le linge nécessaire aux pansements des blessés de Frœschwiller. — Elle s'insurge contre le comité et toutes les petites amies entrent dans sa conspiration. Ah ! bonnes petites femmes de France, adorables écervelées, continuez donc toujours à raisonner avec votre cœur !

Ce sont les anges gardiens des vastes magasins de la Société ; elles me fournissent des bandes, des compresses, des appareils, des médicaments, du linge de toute nature, elles se chargent de tout emballer, de tout faire porter où je voudrai. Je crois, ma parole d'honneur, qu'elles m'auraient livré le comité par dessus le marché si j'avais voulu l'accepter !

Dès le 19 nous sommes tous prêts à nous mettre en route : on nous retient à Paris jusqu'au 23. Nous partons à 8 heures du soir de la gare du Nord dans un train spécial dirigé sur Reims par Soissons. La ligne est encombrée ; dès notre sortie de Paris, nous subissons des retards et des temps d'arrêt continuels ; je m'endors dans un coin au bruit des sifflets incessants de la locomotive. J'ouvre les yeux au petit jour ; mes sept compagnons dorment profondément ; le train est arrêté en pleine campagne ; la locomotive nous a abandonnés. Je réveille tout le monde ; nous sautons sur la voie ; nous sommes à un kilomètre environ d'une grande gare que nous gagnons à pied ; c'est la gare de Reims.

## VI

### MARCHE DE REIMS A CARIGNAN. — BATAILLES DE BEAUMONT ET DE MOUZON.

L'armée entière de Mac-Mahon vient de passer à Reims ; les feux de ses bivouacs fument encore sur toutes les routes ; elle a quitté le camp de Châlons depuis la veille et se dirige vers Rethel. On nous parle de désordres et d'actes d'indiscipline qui se sont passés à la gare et en ville, et nous en constatons les traces : un convoi de vivres a été pillé par la troupe ; la voie sur certains points est arrosée de vin et encombrée de débris de caisses et de barils défoncés. Des traînards et des ivrognes, appartenant à toutes les armes, fourmillent sur toutes les routes et remplissent tous les cabarets. Il ne reste dans Reims qu'un bataillon de francs-tireurs dont les habitants attendent le départ avec impatience.

A la gare tout est sens dessus dessous, les employés surmenés et débordés ont perdu la tête ; cependant un sous-chef nous promet qu'il pourra faire partir notre train vers 10 ou 11 heures, si les Prussiens n'arrivent pas avant. Comme il nous est impossible de faire descendre des wagons, en pleine voie, nos chevaux, notre matériel et nos bagages personnels, nous nous résignons à attendre. Il sera toujours temps de nous diriger sur Rethel, en abandonnant nos chevaux et nos bagages, si nous apprenons l'arrivée des éclaireurs allemands.

Nous allons visiter la ville : la population est consternée, on n'entend partout que plaintes et récriminations et parmi ceux que nous interrogeons, les uns se préparent à prendre la fuite, les autres à recevoir les Prussiens qui vont arriver, qui seront à Reims avant midi. On nous dit qu'ils ont déjà brûlé le camp de Châlons, qu'ils livrent au pillage et à l'incendie toutes les villes et tous les villages qui leur résistent, que fort heureusement l'armée française est partie, car quant aux francs-tireurs qui restent on les forcera à s'éloigner ou à se rendre sans coup férir : le thermomètre patriotique marque 0.

Nous quittons Reims pour Rethel vers 11 heures ; le train marche lentement ; cependant nous voyons bientôt sur les routes la queue des colonnes de l'armée française.

A Rethel, nous trouvons l'encombrement sous toutes ses formes : la gare est inabordable ; les deux voies sont occupées à perte de vue par des convois considérables de vivres, de matériel et de munitions ;

on ne pourra nous livrer nos chevaux et nos bagages que le lendemain matin. La ville est pleine de troupes ; l'Empereur et le prince impérial sont à la sous-préfecture.

Nous perdons trois heures à nous renseigner ; personne ne peut nous dire où est notre division ; en revanche, nous apprenons que Ducrot a remplacé Mac-Mahon dans le commandement du 1er corps qu'il a réorganisé. L'armée comprend en outre le corps de Failly, celui de Lebrun et celui de Douay ; elle est forte d'environ 100,000 hommes, pourvue d'une artillerie suffisante, mais elle compte bien des régiments de marche, formés à la hâte avec les hommes de la réserve. Ceux-ci, qui se croyaient libérés du service militaire, sont mécontents d'être rappelés sous les drapeaux ; ils sont indisciplinés et ne connaissent ni leurs officiers, ni le chassepot qu'on leur a donné. Ce sont des régiments sans cohésion : les officiers qui les commandent n'ont aucune confiance dans leurs hommes.

« Docteur », me dit l'un d'eux, « on n'improvise pas un soldat ; on peut encore bien moins improviser un régiment ; mauvaise besogne tout cela, mauvaise besogne ! »

Mon interlocuteur à moustaches grises me fait l'effet d'un vieux soldat énergique et sensé ; je lui réponds :

— Mais, mon commandant, sous la première République, Carnot a improvisé des armées.

— Allons donc, Docteur, tout cela, ce sont des blagues ; je n'en crois pas un mot. Ses armées ne valaient pas grand'chose, et s'il avait eu devant lui l'armée allemande actuelle, il aurait été bousculé en deux tours de main. Eh, que diable ! les hommes sont toujours des hommes, et ils ne valent que ce qu'on les a faits...

Pendant que nous causons, l'Empereur vient à passer, accompagné du prince impérial et de quelques écuyers ou aides de camp. Il est en costume bourgeois et à cheval, au grand trot ; il est fort peu acclamé par les soldats ; les officiers se bornent à le saluer. Quelques minutes plus tard, je vois arriver Ducrot qui se dirige à pied vers la gare ; il est suivi de ses aides de camp. Je vais vers lui, il m'embrasse en me disant que vu l'endroit où il m'avait laissé, n'ayant plus reçu de mes nouvelles depuis Frœschwiller, il ne comptait plus me revoir ; il me prévient que je trouverai ma division le lendemain à Attigny, et m'emmène avec lui pour vérifier la qualité des vivres contenus dans les convois destinés à ses troupes. Nous restons à la gare jusqu'à 7 heures du soir, puis il monte à cheval pour aller visiter les campements.

Le lendemain, 25 août, je quitte Rethel à 8 heures du matin, et je cours à cheval à Attigny où le personnel de mon ambulance me rejoint en chemin de fer à 11 heures. Mon cheval est excellent, un peu ardent pour moi : c'est un défaut qui, en campagne, ne tardera pas à lui passer, car il a dit adieu aux bonnes écuries et aux plantureuses prébendes. La route que j'ai suivie longe les bords du canal ; elle est ravissante et traverse de riches campagnes ; le temps est magnifique. Je trouve la petite ville où j'arrive pleine de soldats, je relève tous les numéros de ma division, 1er zouaves, 18e et 98e de ligne, 16e chasseurs à pied, etc., etc. ; je suis chez moi. Enfin !

Tout le premier corps est concentré autour d'Attigny ; l'état major de Ducrot y arrive à 11 heures et demie et ne fait qu'y passer. Nous rejoignons, après avoir déjeuné, la 1re division ; elle est sous les ordres du général Wolff ; on lui a réorganisé un semblant d'ambulance, composé de cinq caissons *dont trois sont vides* et d'une douzaine de mulets de cacolets. J'y trouve un médecin-major de 1re classe, un élève en médecine, un pharmacien, un officier comptable, un aumônier et un sous-lieutenant du train. Nous y recevons un accueil assez froid, et nous constatons un manque absolu d'harmonie entre nos nouveaux compagnons. Mon collègue est un vieux médecin un peu fatigué, d'un caractère difficile, mécontent de faire campagne, et il déclare qu'il ne s'occupera pas de chirurgie : cependant comme il est plus ancien de grade que moi, il devient le chef de l'ambulance. J'en profite pour m'éloigner un moment de cet ensemble peu sympathique ; je me sens, je l'avoue, très blessé de me trouver sous les ordres d'un incapable qui a pris ma place à l'ambulance ; et je suis forcé de me dire et de répéter à mes aides-majors, mal disposés envers leur nouveau chef, que nous ne sommes pas venus là pour nous amuser, mais pour servir le pays.

Je rencontre à Attigny le commandant d'Hugues du 16e bataillon de chasseurs, avec qui j'ai vécu à Strasbourg avant mon mariage ; je vais dîner avec lui et je retrouve, à son campement, tous ses capitaines que je connais très intimement. Ah ! la bonne petite famille militaire, les braves gens ! Le bataillon marche comme un seul homme ; les officiers sont pleins d'entrain, mais l'effectif est bien réduit. Je passe là deux bonnes heures et j'y retrempe mon moral ; voilà qui vaut mieux que Paris !

Mais en revenant vers Attigny, je constate sur toute la route des scènes de maraude et de désordre : ici les clôtures sont brisées et les jardins ravagés, là, ce sont des soldats de la réserve qui pillent un poulailler ; plus loin, des maraudeurs déménagent toute une meule de blé pour s'en faire litière. Je fais remarquer ces actes d'indiscipline aux capitaines de chasseurs qui m'accompagnent ; l'un d'eux me dit : « Cela, c'est la conséquence de Frœschwiller et de la retraite : quand nous aurons battu les Prussiens, nous pourrons rétablir la discipline ; Ducrot, ce matin, a fait fusiller trois turcos qui pillaient la caisse d'un cabaretier qu'ils avaient assommé ; vous voyez que cela n'a pas servi à grand'chose. »

Le professeur Trélat de la Faculté de Paris est arrivé à Attigny avec une ambulance de la Société internationale ; il a avec lui un nombreux personnel, un matériel magnifique, et grâce à son énergie, tout son monde lui obéit avec ordre et ponctualité. Je vais le voir : il y a un revers à cette belle médaille ; il me demande où l'on va ? — Je n'en sais rien. — Ce qu'on va faire ? — Cela ne nous regarde pas ; je n'ai qu'à suivre ma division. — Suivre où ? et quand partez-vous ? — Quand j'en recevrai l'ordre. — Qui préviendra le chirurgien en chef de l'ambulance internationale ? — Personne, vous ne dépendez de personne ; dans l'armée on ne donne pas des avis, on donne des ordres. — Je n'ai d'ordres à recevoir de personne ; je viens offrir mes services à l'armée, on pourrait bien s'occuper de moi.

Je comprends sa mauvaise humeur : il est pénible pour un homme de sa valeur et de sa position, qui n'a pas hésité à tout quitter pour se dévouer au service de son pays, de constater que personne ne s'occupe de lui, et qu'on le laisse patauger à la queue des colonnes sans lui donner le plus petit avis !

J'essaie de lui expliquer que par la force des choses, c'est le sort réservé à toutes les ambulances civiles qui voudront suivre une campagne sans renoncer à leur indépendance et qu'une armée en campagne est une grande machine très compliquée dont tous les rouages absolument inconscients obéissent aveuglément à l'impulsion du général en chef qui lui-même, souvent, ne sait pas deux heures à l'avance ce qu'il va faire ou ordonner. Dès que mon ambulance recevra des ordres, je les lui communiquerai, et, malgré mes promesses, je le quitte sans l'avoir convaincu.

Nous partons d'Attigny le **27** à 5 heures du matin, suivant notre division, destination inconnue. Trélat, que j'ai fait prévenir et pour qui j'ai fait réserver une place derrière l'ambulance, n'a probablement pas eu le temps de se joindre à nous. Nous avançons lentement, à la queue de la colonne, à notre place de bataille, derrière la réserve d'artillerie. Le chemin est très mauvais; le pays devient accidenté; souvent on est forcé de doubler les attelages de nos lourds caissons; la pluie se met à tomber.

En traversant un grand village, je vois rangé sur le bord de la route une longue file de fourgons de pharmacie. C'est la réserve de l'armée, et perché sur la première de ces voitures, mélancoliquement drapé dans un caban militaire qui doit dater de 20 ou 30 ans, mon vieux maître et ami Coulier, pharmacien en chef de l'armée. Ceux qui l'ont connu l'ont aimé, et seuls ils peuvent comprendre combien c'était drôle de voir cet éminent chimiste si distrait et si peu belliqueux, faisant campagne, hors de son laboratoire, et recevant la pluie depuis plusieurs heures sur le haut d'un caisson, dans un village perdu : il semblait consterné.

Nous passons ; un peu plus loin, après avoir monté une côte très raide, par une pluie torrentielle, nous trouvons sur le bord de la route le général Ducrot et tout son état-major ; il assiste au défilé de la division, donne ses ordres, nous indique le coin d'un bois comme emplacement pour mon ambulance et m'invite à déjeuner. Quelle boue ! quelles averses et pas d'autre abri que ma petite tente de marche : il est midi ; nous sommes en route depuis 5 heures du matin et nous avons fait 10 kilomètres !

Au déjeuner, j'obtiens du général une grande tente d'ambulance qui nous abritera tous, et j'apprends que je vais être attaché, en qualité de chirurgien en chef, à l'état-major du grand quartier général que je ne quitterai plus. En attendant ma nouvelle commission, je retourne à mon poste. Le parc de bétail du corps d'armée est près de nous. On tue les bœufs en pleins champs pour les distributions à faire aux troupes. Ce voisinage compromettant a son bon côté ; j'obtiens un beau filet que je rapporte en triomphe à l'ambulance ; nous en soupons et nous nous couchons tous avant la nuit sous la grande tente qu'on nous a envoyée.

A une heure du matin, un ordre du quartier général nous prévient que nous allons être séparés de nos bagages et de notre gros matériel pendant 5 ou 6 jours et que nous partirons à 5 heures du matin. On vient enlever notre tente avant 4 heures, et nous prenons notre rang à côté de la réserve d'artillerie de notre division.

Après une pose de deux heures, nous nous mettons en mouvement ; nous traversons un village, puis le canal des Ardennes, et après deux kilomètres de marche environ, nous sommes arrêtés. Nos troupes prennent position ; on nous dit qu'on s'attend à une bataille ; le génie va fortifier le village de Voncq et l'artillerie y établit ses batteries. Nous attendons sur le bord de la route de 8 heures du matin à 2 heures de l'après-midi, puis nous allons camper à environ 1 kilomètre plus loin avec tout le premier corps d'armée, dans une vaste plaine découverte, au pied du village de Voncq : nous avons fait ce jour-là environ 3 kilomètres et nous avons été à cheval ou sur nos jambes de 4 heures et demie du matin à 2 heures de l'après-midi.

Comme nous n'avons plus de tente, je me fabrique avec un des aides-majors un gourbi en feuillage, et après un maigre repas nous nous y couchons sur deux litières de cacolets. N'étant plus le médecin en chef de l'ambulance, je ne m'occupe pas des autres, et chacun d'eux voulant tirer la couverture à lui, ils passent tous, à la belle étoile, une nuit fort désagréable.

Le 28, la diane nous réveille à trois heures du matin. Bientôt tout le camp se couvre de grands feux ; il présente dans la nuit, et à perte de vue, l'aspect le plus fantastique. On va partir : les troupes font le café, plient leurs tentes et bouclent leur sac. Il fait très froid, très noir ; nous avons devant nous encore deux heures de nuit ; une petite pluie fine se met à tomber. Assis sur des caisses à biscuits qui ont été vidées la veille, nous attendons autour d'un grand feu, grignotant du biscuit et buvant du très mauvais café mêlé d'une eau-de-vie détestable.

Le jour se lève gris et triste ; les heures se passent ; la pluie continue à tomber ; tout le monde est prêt, tout le monde attend avec impatience le signal du départ. Rien ne bouge et bientôt la conversation cesse : quelle morose et ennuyeuse matinée ! Je me construis avec une hachette et deux caisses à biscuit une espèce de guérite où je suis à peu près à l'abri de la pluie, et j'écris au crayon quelques mots à ma femme pour la poste de Voncq : voilà une lettre qui a bien des chances de ne pas arriver à destination ! Puis le bois manque pour alimenter le feu : j'entends mon médecin en chef dire avec aigreur que j'ai accaparé deux caisses pour mon usage personnel ; je fais un moment sourde oreille, attendant dans ma mauvaise humeur qu'il vienne me les réclamer, puis je brise moi-même ma petite baraque, et je la jette au feu. Nos montres marchent bien lentement ; elles marquent successivement dix heures, onze heures, midi, une heure de l'après-midi ; enfin les régiments qui sont restés tout ce temps-là à peu près formés et sac au dos font quelques mouvements indécis.

Nous sommes campés sur le bord d'une route ; un lieutenant-colonel d'état-major arrive au galop et me demande si c'est là la route des Alleux ? Je lui réponds brutalement :

« Ah çà, ce sont les médecins maintenant qui doivent vous apprendre votre métier? »

Il passe son chemin sans relever cet acte d'indiscipline ; je sens d'autant plus vivement la faute que j'ai faite et ma mauvaise humeur augmente. En même temps une fusillade fort peu nourrie se fait entendre de l'autre côté du village de Voncq. Les heures se passent et nous ne bougeons pas ; enfin, à trois heures, nous nous mettons en route.

Arrivés sur la crête de Voncq et dominant le pays, nous distinguons dans le lointain des cavaliers isolés ou semés par petits groupes : ce sont des uhlans qui nous observent ; la cavalerie ennemie a pris le contact des colonnes de l'armée française. Nos dragons marchent vers eux sans trop s'en approcher ; de là cette fusillade hors de portée qui ne blesse personne. A chaque instant la colonne que nous suivons s'arrête ; il est rare que nous fassions plus de cent mètres sans une pose qui elle-même varie entre quelques secondes et une demi-heure. La route, affreusement défoncée par le passage de l'artillerie, traverse un pays boisé et montueux : nous sommes à l'entrée de l'Argonne. Alors, nous nous reprenons à espérer : l'Argonne, c'est de bon augure ! Nous connaissons tous la réputation de ses défilés ; ils ont déjà sauvé la France ; Valmy est tout près de nous ; c'est là que Dumouriez a battu les Prussiens !

Nous avançons lentement dans la boue, par une pluie battante, avec des temps d'arrêt continuels. La nuit arrive ; nous traversons un bois où des troupes ont campé ; les feux qu'elles ont faits sont encore allumés. J'ai beaucoup de mal à ne pas m'endormir sur ma selle ; il fait noir comme dans un four ; on marche en silence. Nous traversons un village, ce sont les Alleux, à un kilomètre plus loin environ, l'artillerie que nous suivons quitte la route ; un groupe de cavaliers vient vers nous ; je reconnais la voix du général Wolff :

— Qui êtes-vous ?

— Ambulance de la 1re division.

— Rangez-vous là, dans le champ, derrière le 1er zouaves ; vous y passerez la nuit.

C'est un champ de luzerne, un peu frais, par la pluie, pour une chambre à coucher. Le seul caisson qui nous accompagne reste sur la route ; nous prenons nos couvertures et un peu de bois sec que nous avons emporté sur le siège, et nous nous rendons à la place qui nous a été indiquée.

L'intendant Rodet et moi nous explorons à tâtons

le voisinage dans l'espoir de trouver, pour la nuit, une installation plus acceptable que le champ où nous entrons jusqu'aux genoux dans de la luzerne mouillée. Nous culbutons tous deux dans un fossé fort heureusement vide, et deux cents pas plus loin nous trouvons une briqueterie abandonnée et un hangar couvert de paille. Ah! la bonne affaire! Nous revenons et nous demandons l'autorisation de nous y installer; on nous le défend; l'ennemi nous suit; il pourrait, dit-on, nous enlever pendant la nuit; c'est un bataillon du 1er zouaves qui, comme grand'garde, occupera ces bâtiments. Comme pour confirmer ces appréhensions, une lueur rougeâtre s'élève sur la route que nous avons suivie: les Prussiens brûlent le village des Alleux.

A l'extrémité du champ qui nous est alloué, se trouve un rideau d'arbres: c'est là que nous nous installons pour passer la nuit. Heureusement la pluie a cessé; je me couche par terre sur ma couverture; je m'enveloppe de mon mieux et je m'endors. Je suis réveillé par une averse; d'abord mon caban me protège assez bien les jambes et mon caoutchouc me couvrant la tête et les épaules, je me trouve suffisamment abrité; mais bientôt, la pluie continuant à tomber, je sens l'eau qui me coule dans le cou, dans le dos, dans les reins; c'est agaçant au possible, mais je m'entête à ne pas bouger. Enfin, la position devient intolérable et je saute sur mes pieds en poussant le plus gros juron de mon répertoire. Un individu qui se trouve à côté de moi, appuyé contre un arbre, me dit :

— Vous avez de la chance, vous, de pouvoir dormir dans l'eau.

Je lui réponds : « Imbécile ! »

Je me couvre de mon mieux avec mon caban mouillé et mon caoutchouc et je vais, à quelques pas de là, m'accroupir auprès d'un reste de feu autour duquel grouillent quelques formes humaines. Le jour se fait bien attendre, mais la pluie cesse, le vent se lève et la vue des étoiles, présage de beau temps, nous fait prendre patience.

Au petit jour, des infirmiers apportent des fagots qu'ils ont trouvés dans la briqueterie ; une belle flambée nous sèche et nous réchauffe ; mon ordonnance arrive avec ses brosses et me remet à neuf. Quelques gorgées d'eau-de-vie, du biscuit et du saucisson, la joie de voir finir cette ennuyeuse nuit, l'espoir d'un beau soleil, en un mot tout ce qu'on peut désirer ! voilà qui nous remonte : la verve gauloise, la gaieté même et l'entrain nous sont revenus.

Nous partons le 29 à 5 heures du matin pour le Chêne-Populeux qui n'est qu'à 4 kilomètres de notre campement. Nous suivons notre division ; elle n'a jamais mieux marché ; M. Rodet me fait remarquer que les petites voitures qui portent la réserve de cartouches d'infanterie sont intercalées entre les bataillons : il en conclut qu'on s'attend à une bataille.

A 2 kilomètres environ du Chêne, la route que nous suivons, avant de descendre vers la plaine, longe une crête découverte d'où nous apercevons un des panoramas les plus brillants de la guerre. Le soleil se lève et dissipe, dans la vallée qui est à nos pieds, la brume du matin mêlée à la fumée des feux de bivouac. Nous voyons sortir de cette vapeur bleuâtre des files de cuirassiers dont les casques et les cuirasses étincellent, des dragons, des lanciers, des chasseurs à cheval ; tous ces régiments aux couleurs vives et variées sont en ligne vers la droite de la route et de la petite ville qui se dessine vaguement ; vers la gauche, des masses profondes d'infanterie sont alignées sous les armes ; elles semblent se mettre en mouvement. On distingue de loin le rouge des régiments de ligne et des zouaves, le noir des bataillons de chasseurs, le bleu de ciel des turcos. De distance en distance, on reconnaît les attelages de l'artillerie et les fourgons pavoisés des ambulances. Tout cela se déroule à perte de vue dans un pays magnifique, coupé de collines boisées, estompé par les brumes bleuâtres du soleil levant : quel tableau saisissant !

Nous descendons vers le Chêne-Populeux ; près du pont, nous rencontrons le général Ducrot et son état-major ; il surveille lui-même le défilé des troupes de son corps d'armée. Il me donne l'ordre de m'arrêter, et un de ses aides de camp me remet une commission qui m'enlève à mon ambulance et m'attache au quartier général. Je serre la main de l'intendant Rodet ; je dis adieu à mes aides-majors de Frœschwiller, et accompagné de mon ordonnance, je me rends à mon nouveau poste, chez le maire, où s'est installé l'état-major particulier de Ducrot.

J'y trouve les capitaines de Néverlé et de Gaston qui sont partis en même temps que moi de Strasbourg, et quelques officiers, nouvellement attachés à l'état-major du grand quartier général, viennent bientôt nous rejoindre. Les présentations sont vite faites en campagne ; on cause et j'apprends bien des choses. — Le maréchal Mac-Mahon est embarrassé par la présence, dans son armée, de l'Empereur et du prince impérial, autant que par les dépêches et par les avis impératifs qu'il reçoit de Paris. — Le Conseil de régence, à la tête duquel se trouve l'Impératrice, gêne ses mouvements. — Depuis trois jours il a fait faire à son armée des marches et des contre-marches inutiles, hésitantes. On a perdu du temps, mais on va reprendre la route de Metz par Montmédy et la vallée de la Meuse ; l'armée prussienne nous suit ; cherchera-t-elle aujourd'hui à nous barrer le passage ; on la signale un peu partout, mais on ne sait pas au juste où est le gros de ses forces. — Nous allons traverser les défilés de l'Argonne ; c'est un passage qu'on redoute. — On est mécontent de l'esprit des troupes ; elles manquent de cohésion, de confiance, de discipline ; le service des vivres laisse beaucoup à désirer ; l'artillerie depuis plusieurs jours n'a pas reçu ses fourrages : ses chevaux sont épuisés de fatigues et de besoins. — Tout le monde crie contre la cavalerie et contre ceux qui la commandent : elle n'est pour l'armée qu'un embarras ; loin de lui fournir des éclaireurs, elle lui demande des gardiens. Enfin tout se ressent de l'indécision du maréchal.

Ce n'est que dans les états-majors qu'on voit bien le revers de la médaille ; il s'y présente même sous des verres grossissants : là sont les coulisses de cette grande comédie humaine qu'on appelle la guerre. Je m'endors sur ma chaise......

Le général en entrant nous donne le signal du départ ; alors commence une de ces chevauchées comme il sait les conduire. Il s'agit de reprendre la tête des colonnes qui depuis cinq heures défilent devant lui sur le pont du Chêne-Populeux. Pour ne pas gêner l'infanterie qui couvre les routes, nous prenons à travers champs par monts et par vaux : c'est une vraie course au clocher. Bientôt nous approchons de Stonne, après avoir franchi sans coup férir un défilé qu'on redoutait ; la route y serpente en échelons sur le flanc d'une colline escarpée. Je demande où l'on s'arrêtera ; personne ne le sait encore ; on attend des ordres du maréchal.

Nous le trouvons à Stonne avec l'Empereur et le Prince impérial qui partent pour Raucourt. Après leur départ, le général monte chez Mac-Mahon ; il descend au bout de quelques minutes, semble assez peu satisfait et nous nous mettons en route pour Raucourt avec tout notre corps d'armée.

Nous y arrivons vers quatre heures de l'après-midi; pendant deux heures encore, nous courons tout le pays pour assurer le campement des troupes et, après avoir tout surveillé par lui-même, Ducrot rentre à son quartier général établi chez un médecin.

L'excellente femme de mon confrère, dont la maison est envahie jusque dans ses derniers recoins, se multiplie pour faire face à tous les embarras que nous lui donnons ; elle ne désespère pas d'arriver à nous coucher tous et prépare à dîner pour tout l'état-major. Je cherche à l'en dissuader, mais elle y tient et de plus elle entend que ce soit un dîner digne d'une vraie maîtresse de maison. Elle me demande à quelle heure on se mettra à table. Il est sept heures ; je suppose qu'à huit heures le général aura fini de donner et d'expédier ses ordres, nous convenons que tout sera prêt pour huit heures.

Huit heures et demie, neuf heures, neuf heures et demie sonnent successivement et Ducrot continue sa besogne. La pauvre dame est désolée : les rôtis seront brûlés, les entrées sentiront le réchauffé ; son dîner sera tout à fait manqué, détestable ! — « Il n'a donc pas d'estomac, cet homme-là, me dit-elle ? Il vous fera tous mourir de faim ! » — Je fais mon possible pour calmer de mon mieux ces inquiétudes de bonne ménagère ; je lui dépeins ceux qu'elle héberge comme étant, au point de vue culinaire, des espèces de sauvages ; et c'est un peu vrai.

Enfin, on se mit à table à dix heures du soir et, malgré les craintes que notre aimable hôtesse avait manifestées, le dîner fut trouvé excellent et tout le monde dévorait. Mais alors ce fut au tour de mon confrère d'avoir une déception : il avait monté de sa cave au moins une vingtaine de bouteilles des crus les plus authentiques et on n'y faisait pas honneur, on buvait très peu. Le festin se termina par un verre de champagne et le général, levant son verre, nous porta comme toast :

— Messieurs, à la France !

Il n'y eut qu'un cri pour lui répondre : — Vive la France !... Et les braves garçons qui le poussaient étaient prêts à sacrifier pour elle la dernière goutte de leur sang. C'est qu'au dessus des rois, des empereurs et des républiques il y a la patrie ! la patrie en danger qui nous a confié sa défense. Oui, vive la France ! Tout le reste s'efface pour nous dans une indifférence aiguë.

Il est minuit quand nous nous couchons ; à deux heures du matin, un des aides de camp vient me trouver : il a voulu réveiller le général que le maréchal fait demander ; il l'a appelé, il l'a secoué même à plusieurs reprises sans parvenir à le tirer de son sommeil ; il le croit malade et parle d'apoplexie.

Je saute à bas de mon lit et je cours près de Ducrot ; il dort ; à mon tour je l'appelle très haut, je lui tire le bras, il continue à dormir : son aide de camp m'affirme que depuis qu'il a quitté le camp de Châlons il n'a pas dormi en moyenne 2 heures par 24 heures et que la nuit dernière il ne s'est pas couché. Je le découvre de la tête aux pieds et je lui jette de l'eau froide à la figure et sur le ventre ; il se retourne en grognant et continue à dormir. Que faire ? Il faut absolument le réveiller ! L'aide de camp saisit le pauvre dormeur par un bras et moi par l'autre et nous l'arrachons hors du lit en criant. Il ouvre les yeux et se redresse en disant :

— Qu'est-ce qu'il y a ?

— Mon Général, le maréchal vous demande.

— Qu'est-ce que vous faites ici, Docteur ?

— Je suis venu, mon Général, pour vous réveiller.

— Ah ! je n'aurais pas dû me déshabiller. Néverlé, faites seller Négro, vous m'accompagnerez.

En retournant me coucher il me semblait que j'avais commis une mauvaise action. J'aurais peut-être dû respecter un sommeil aussi impérieusement nécessaire. La nature a aussi des droits : cette tête résistera-t-elle à de pareilles fatigues ?

Le 30, à 4 heures du matin, nous partons pour Remilly ; c'est là que nous passerons la Meuse ; nous devons y trouver un pont qui facilitera le passage du premier corps sur la rive gauche. Au lieu d'un pont nous ne trouvons qu'un bac qui contiendrait à peine 40 hommes. Il y a bien un pont de chemin de fer à une demi-lieue de là, en face de Sedan, mais ordre a été donné de le respecter pour le passage des trains nécessaires au ravitaillement de l'armée.

Grâce à nos chevaux, nous avons une heure d'avance sur le corps d'armée. D'après les ordres et les indications du général, des ouvriers civils avec des poutres, des planches et des fascines font au moyen du bac un pont assez solide pour le passage des chevaux et de l'artillerie. Le génie fabrique rapidement, à cent mètres plus loin, un pont de chevalets pour l'infanterie ; tout se fait vite et bien sous l'œil du maître. Les hauteurs qui dominent la Meuse se couvrent d'infanterie et d'artillerie. Elles protègent le passage de la rivière, car l'ennemi n'est pas loin et, sans savoir au juste où il concentre ses forces, on se sent observé ; s'il se présente, il sera chaudement reçu.

De six heures du matin à deux heures de l'aprèsmidi, tout l'état-major reste à la tête des ponts pour surveiller le passage du corps d'armée. Le temps est magnifique ; tout se passe à merveille, une double ration de pain a été distribuée aux troupes ; tout le monde est content ; l'espoir rayonne sur toutes les figures. Les divisions se massent dans cette belle plaine de la rive gauche de la Meuse ; elles se mettent en mouvement marchant vers Douzy et Carignan. Le passage du fleuve terminé et les ponts détruits, nous sautons à cheval et nous gagnons rapidement la tête du corps d'armée.

Un des aides de camp m'explique qu'à l'heure qu'il est toute l'armée de Mac-Mahon est sur la rive gauche de la Meuse. On redoutait le passage de la rivière avec l'armée prussienne à dos : avoir pu l'effectuer sans coup férir équivaut au gain d'une bataille ; il ne s'agit plus maintenant que de marcher vite. Demain soir nous aurons dépassé Montmédy ; avant trois jours nous donnerons la main à Bazaine : l'armée prussienne, forcée à son tour de passer la Meuse, ne peut plus nous barrer la route de Metz !

Tout à coup, dans le lointain nous entendons le canon..... C'est de l'autre côté de la Meuse, vers Beaumont et Mouzon...... On s'arrête, on fait silence : à en juger par la rapidité des coups, l'engagement est sérieux. Cependant depuis midi le maréchal sait où nous sommes ; il nous a sous la main et ne nous fait rien dire... Tous les autres corps d'armée doivent être sur la rive gauche : nous avons dû passer la Meuse les derniers.

On s'arrête encore, on écoute : la canonnade, au loin, continue très vive ; l'inquiétude est sur toutes les figures. Ducrot hésite un moment ; il a sa carte dépliée sur le pommeau de sa selle.... Courir au canon, repasser la Meuse par Douzy, où il y a un pont, risquer de jeter le premier corps sur ceux qui marchent à ce niveau, encombrer peut-être inutilement leurs routes et leurs passages?... Le maréchal du reste sait où le trouver, s'il a besoin de lui.... Trois aides de camp sont successivement partis ventre à terre pour lui demander ses ordres... Enfin l'un d'eux revient; son cheval est blanc d'écume; il ne rapporte qu'un ordre verbal; le général en chef a dit : « L'Empereur est à Carignan, Ducrot doit occuper Carignan. » — Rien n'est changé aux ordres de marche du premier corps.

Nous reprenons à travers champs la tête des colonnes d'infanterie dont le mouvement a été suspendu un moment et j'entends dire autour de moi : « Ça va mal »... Le corps de de Failly a été surpris.... et puis ?... C'est tout ce qu'on sait pour le moment, mais nous avons tous le pressentiment d'un malheur.

En arrivant à Carignan, nous n'y trouvons que l'empereur et son escorte : les autres corps d'armée qui devaient nous y précéder se battent de l'autre côté de la Meuse : l'inquiétude et l'incertitude gagnent tous les esprits. Nous passons sans nous arrêter près d'une belle maison devant laquelle il y a un rassemblement : l'empereur est là ; il dîne, entouré des gens de sa maison.

Cependant Ducrot, sans s'arrêter dans Carignan, parcourt les environs et choisit pour son corps d'armée des positions qui seront peut-être le champ de bataille du lendemain. Le mont Tilleul, qui domine la ville, et toutes les hauteurs environnantes sont solidement occupés. Nous y sommes encore à la tombée de la nuit, et nous voyons distinctement sur les collines qui sont de l'autre côté de la Meuse la flamme et la fumée des coups de canon.

Il fait nuit lorsque nous redescendons en ville ; la maison occupée par l'Empereur est brillamment éclairée ; son air de fête est irritant. Ducrot y entre, nous restons tous à cheval pour l'attendre ; il sort au bout de quelques minutes ; on n'a pu ou on n'a voulu rien lui dire qu'il ne sache déjà. — Le corps du général de Failly a été surpris ; soutenu par celui du général Lebrun, il se bat en ce moment de l'autre côté de la Meuse ; le maréchal est sur le champ de bataille… Le général semble mécontent de la réception qui lui a été faite ou des nouvelles qu'il a reçues.

Nous nous rendons dans une petite briqueterie qui est le quartier général du premier corps, à 1 kilomètre environ en avant de Carignan, sur la route de Montmédy.

Là, quelle scène ! Nous trouvons en entrant une femme avec cinq ou six petits enfants : elle a perdu la tête, elle pleure, elle crie, elle nous insulte, elle implore, elle veut nous chasser. — « Elle est chez elle ; elle ne tient pas auberge !…. de quel droit venons-nous comme ça chez les gens… tout bousculer, tout piller, tout détruire ?… Elle n'est qu'une malheureuse, mais elle voit bien que nous voulons la ruiner, la réduire à la misère !…. et son vaurien de mari qui est allé voir la bataille et qui ne revient plus!… pour sûr on l'a assassiné et c'est notre faute à nous si ses enfants sont des orphelins. » — Et tous ses pauvres petits enfants, effarés, de se joindre à elle dans un lamentable concert de pleurs, de cris et de sanglots. Plusieurs d'entre nous cherchent à la tranquilliser et à la consoler, mais loin de nous écouter elle gémit de plus belle ; il semble que nos bonnes paroles servent d'aliment à sa douleur ; ses craintes et sa colère s'exaspèrent : nous sommes forcés d'y renoncer. Ordre est donné aux ordonnances de respecter les deux chambres qu'elle occupe ; le général s'installe dans une chambrette abandonnée et nous, au nombre de 10 ou 12, dans une grande salle vide où l'on étale par terre des bottes de paille. Nous mangeons une forte soupe de troupier que nos soldats ont fait cuire pour nous ; je me couche et je m'endors d'un profond sommeil.

On nous réveille : le général nous fait tous appeler. Je me rappellerai longtemps la misérable chambre où nous entrons. Il est une heure du matin ; dans un coin sont dressées deux bottes de paille, au milieu une table couverte de cartes ; le général assis sur un escabeau, debout devant lui son aide de camp Bossan qui arrive du champ de bataille et comme éclairage la lueur vacillante d'une bougie. Nous nous rangeons en silence ; la porte est refermée sur nous. D'une voix émue le général nous apprend que les corps d'armée de de Failly et de Lebrun ont été surpris et battus à Beaumont et à Mouzon. Par ordre du maréchal, ils sont en retraite sur Sedan par cette même plaine de la Meuse que nous venons de traverser ; sur certains points la défaite est devenue une déroute ; nos pertes sont sérieuses.

Ducrot, avec le premier corps, va garder provisoirement Carignan pour fournir autant que possible un point d'appui à ceux qui battent en retraite. Il arrêtera et divisera l'effort de l'armée allemande, puis se dirigera lui-même sur Sedan. Il s'est décidé, pour opérer ce mouvement, à suivre la route des hauteurs par Mazancourt et Francheval.

Après nous avoir mis au courant de la situation et du plan qu'il suivra, il nous congédie et continue à travailler. Ceux d'entre nous qui n'ont pas une mission à remplir retournent se coucher ; mais le sommeil ne venant pas pour moi, au bout d'une demi-heure environ je me lève et je vais dans la cour où est attaché mon cheval. Je trouve près de lui mon ordonnance assis par terre, le dos appuyé dans l'angle du mur. Lui non plus, il ne dort pas : depuis qu'il a quitté l'ambulance où sont restés mes bagages, il n'a rien pour se couvrir la nuit : il a froid et il a faim.

Je rentre dans la maison ; je vais lui chercher mon caoutchouc, un pain de quatre livres qui est resté de notre dîner et je lui donne ma gourde avec quelque argent pour qu'il achète le lendemain une couverture ou une capote. Il s'ennuie, le pauvre garçon ; il est découragé ; il me dit qu'il ne reverra plus son pays, pas même son bataillon. Il regrette la Savoie ; il regrette ses parents et ses amis ; il me demande si je sais où est le 16ᵉ bataillon de chasseurs à pied.... jamais il n'aurait dû le quitter.... il ne dit pas cela pour moi, car je suis bon pour lui, mais à l'état-major il n'a pas ses camarades et il voudrait les revoir.....

Puis il me parle de Strasbourg, de notre départ, de ma femme et de mon enfant, de la Savoie et de ses parents. Tout en causant, il partage avec mon cheval le pain que je lui ai apporté : depuis la veille à Remilly, la pauvre bête n'a rien eu à manger.

Je ne me rends pas bien compte de ce que j'éprouve, mais je suis très ému par la tristesse de mon petit chasseur, surtout lorsque, voulant lui payer ses gages du mois d'août, il les refuse en disant :

— Ce n'est pas la peine, allez, Monsieur le Major, du reste nous ne sommes pas encore au premier.

— Allons, allons, Pierre, tout ça, c'est des bêtises ! Buvez un coup d'eau-de-vie, ma gourde en est pleine et ça passera.

— A votre santé, Monsieur le Major.

— A la vôtre, Pierre.

Je suis inquiet pour ce garçon-là.

A cheval avant le jour, nous suivons tous le général au haut du mont Tilleul où on est parvenu à monter une batterie de 12 ; et quand le soleil se lève, nous voyons au-dessous et autour de nous, tout notre corps d'armée fièrement campé en bel ordre de bataille. Mon voisin m'explique que les positions que nous occupons sont excellentes et bien gardées : on attend l'ennemi, on espère qu'il va déboucher par les points qu'il m'indique ; l'armée allemande nous attaquera avant 7 heures.

# VII

## SEDAN

A 9 heures, il est évident que nous ne serons pas attaqués ; le mouvement de retraite sur Sedan des autres corps d'armée a eu le temps de s'effectuer ; nous nous replions lentement et en bon ordre sur Mazancourt et Francheval en traversant Carignan. Le temps est magnifique ; les troupes marchent lestement et en bon ordre.

Je prends les devants avec le capitaine de Gaston ; en passant devant la briqueterie, il donne l'ordre aux ordonnances de se rendre à Sedan avec le fourgon qui contient les bagages de tout l'état-major ; je remarque qu'il ne leur indique pas la route qu'ils doivent suivre. Arrivés à Mazancourt, nous nous faisons servir un plantureux déjeuner ; nous fourrons dans nos fontes tout ce qu'elles peuvent contenir et nous prenons au pas la route de Villers-Cernay. Dix minutes plus tard, le général nous rejoint avec tout son état-major et nous distribuons nos provisions. Nous longeons la frontière de Belgique qui est à notre droite ; à notre gauche, c'est la vallée de la Meuse et la route directe qui mène de Carignan à Sedan par Douzy.

Les événements prouvèrent une fois de plus la sagacité de notre général : l'armée prussienne, en effet, s'avançait à ce moment-là dans la plaine vers Douzy; si nous y étions descendus, elle se serait trouvée entre nous et le reste de l'armée. Nous aurions été écrasés et jetés en Belgique [1]. Il fallait opérer cette retraite avec prudence, car, dans bien des points, nous n'étions séparés de l'ennemi que par quelques collines qu'il fallait occuper avant de tenter le passage. Nous entendions la canonnade et par moments même la fusillade que les Allemands dirigeaient contre les convois attardés des corps d'armée qu'ils avaient battus la veille. Plusieurs fois, quittant la route pour monter sur les mamelons qui à notre gauche dominaient la vallée, nous avons vu, au loin, l'encombrement sur toutes les routes et la fumée des coups de canon. Quelle conduite pour des convois! Il n'est pas difficile de se figurer ce qui s'y passe.

Pendant toute la journée, la division de cavalerie

---

1. Cette faute aurait sauvé la France ! le premier corps coupé, écrasé par des forces supérieures et jeté en Belgique le 31 août, la journée de Sedan n'aurait pas eu lieu; Mac-Mahon, privé de son corps d'armée le plus solide, n'aurait pas attendu les Prussiens pour leur livrer bataille ; il se serait retiré sur Mézières et de là, accompagné par Vinoy, sur nos places fortes du Nord à l'abri desquelles il aurait pu réorganiser son armée.

du général Margueritte fait sa retraite en échelons sur notre gauche ; elle est chargée de nous éclairer et de nous protéger contre les surprises de l'ennemi. Ses courses à travers champs sont magnifiques à voir ; les escadrons sont alignés comme à la manœuvre ; les régiments de chasseurs d'Afrique qui nous accompagnent sont brillants, propres et disciplinés comme au sortir de la caserne. Je ne m'explique pas pourquoi j'entends toujours crier contre cette belle cavalerie. A qui la faute, si elle ne nous rend aucun service ? Elle a bien montré à Frœschwiller qu'elle ne manquait ni de courage, ni de bonne volonté.

A peu près à moitié chemin de Sedan, la route nous fut coupée par une énorme colonne de fuyards venant des batailles de Beaumont et de Mouzon. La canonnade des Prussiens le long de la Meuse les avait rejetés vers nous. Ces hommes, appartenant à toutes les armes, marchaient ou chevauchaient pêle-mêle dans le plus grand désordre : fantassins, cavaliers, artilleurs, presque tous sans armes et sans sacs, abattus, fatigués, sales, les vêtements déchirés, à pied ou sur des mulets, sur des chevaux blessés, sur des chevaux d'attelages, sur des caissons, sur des charrettes, telle était la composition de cette étrange, honteuse et sinistre cohue. Pendant qu'elle passait, nous nous étions couchés dans un champ près de nos chevaux et nous suivions tristement des yeux ce résultat incompréhensible d'un seul jour de défaite et de fuite.

Des aides de camp partent au galop pour Sedan où se trouve Mac-Mahon ; d'autres viennent vers Ducrot avec les ordres du maréchal. Pendant toute la seconde partie de la route, il se fait un échange continuel d'avis, d'objections et de petits papiers entre notre général et le général en chef. Pour qui, comme moi, connaît l'homme, il est bien évident que Ducrot désapprouve les ordres qu'il reçoit. Il obéit en soldat, mais il cherche à faire revenir le maréchal sur les décisions qui lui sont communiquées.

Avant d'arriver à Sedan, il nous promène sur le plateau d'Illy et sur les hauteurs qui dominent Givonne : c'est là qu'il voudrait établir son corps d'armée : il fait remarquer à ses officiers que ces positions sont exceptionnellement belles et favorables à la défense. Elles dominent la plaine de la Meuse et forment au-dessus de Sedan une forteresse naturelle qui couvre en outre la route de Mézières... Il reçoit pour la seconde ou la troisième fois l'ordre de se porter en avant et de s'établir avec tout son corps d'armée entre Balan et Bazeilles ; nous y arrivons à la tombée de la nuit.

A peine nos troupes ont-elles le temps de s'orienter, que déjà il fait noir comme dans un four ; mais elles trouvent partout du bois, des pommes de terre et des légumes ; elles ont des vivres ; les feux s'allument ; les soupes se cuisent, et nous voyons se dessiner à perte de vue, dans la nuit, les innombrables bivouacs de l'armée française, enfin rassemblée et formant un tout compact, solide, appuyé sur une place forte et couvert par la Meuse. En traversant les campements de notre corps d'armée, je constate avec joie que les soldats sont pleins de courage : peut-être la journée de demain va-t-elle compenser pour notre pauvre France tous les désastres qui l'ont précédée. Le troupier est content ; c'est bon signe.

Notre quartier général fut établi ce soir-là dans une petite maison de paysan, à peu près au centre du corps d'armée, entre Balan et Bazeilles. Une bonne femme nous y fit une soupe maigre et une salade au lard ; du pain datant d'au moins huit jours et de la bière aigre complétèrent notre maigre festin pendant lequel les aides de camp et les officiers d'ordonnance envoyés successivement en mission, nous rapportèrent les nouvelles et les renseignements suivants : Toute l'armée allemande est devant Sedan[1]. — Pendant qu'elle cherchait à passer sur la rive gauche de la Meuse où nous étions, on avait pu, durant toute l'après-midi, la mitrailler et lui détruire des compagnies entières sur le pont du chemin de fer ; mais sans la faire reculer et sans pouvoir l'empêcher, la

---

1. C'était malheureusement bien faux. Elle nous débordait déjà dans tous les sens, sauf du côté de Mézières.

nuit venue, d'effectuer le passage de la rivière. — La bataille allait commencer dès le lever du jour, Mac-Mahon étant très décidé à l'accepter et renonçant d'une façon absolue à continuer à battre en retraite vers le Nord. — Les convois des corps d'armée battus à Beaumont et à Mouzon ont été enlevés par les Prussiens qui les ont poursuivis à coups de canon toute la journée.

Un des soldats d'ordonnance du général fait irruption dans la chambre où nous sommes : « Le fourgon des bagages de l'état-major a été pris au pont de Douzy ; tous ses camarades sont tués ou blessés, seul, il a pu s'échapper sur un des chevaux de main qu'il conduisait. — Je lui demande s'il sait ce qu'est devenu mon chasseur ? Il me répond qu'il a été tué par un éclat d'obus à la tête. — Mon pauvre petit chasseur !...

Ducrot envoie successivement tous ses aides de camp porter ou chercher des ordres ; à un moment donné, je me trouve seul avec lui. Sa carte est déployée sur la table où nous avons dîné ; il l'étudie ; il y fait des marques avec un crayon rouge, et à plusieurs reprises je l'entends s'écrier : « Nom de Dieu ! » Il n'a pas l'habitude de jurer : il faut qu'il soit bien ému. Je ne l'ai jamais vu aussi sombre, aussi mécontent. Cependant je me hasarde à dire, sans m'adresser à lui directement : « L'armée est pleine d'entrain, la voilà réunie autour d'une grande ville bien fortifiée ;

demain nous battrons les Prussiens ! » Le général ne me répond pas et n'a pas l'air de m'avoir entendu : je continue : « Ce n'est pas dommage ; enfin notre tour est venu ! »

J'étais assis auprès du feu que je regardais attentivement ; je sentis une main sur mon épaule : « Mais, mon pauvre docteur, vous n'y entendez rien ! Nous sommes dans un pot de chambre et nous y serons emmerdés ! Tenez, voilà où nous sommes, voilà Sedan, voilà Givonne, Balan, Bazeilles », et il m'indique avec son crayon les endroits qu'il me désigne, « voilà les positions occupées par l'armée française et voilà où est l'armée prussienne aujourd'hui ; demain elle sera là, là, là », et il me montre un fer à cheval qu'il a dessiné sur sa carte. « Comprenez-vous maintenant ? » Je réponds que oui, quoique la chose ne me paraisse pas très claire, mais je sens que cet homme doit avoir raison et que nous courons vers un nouveau désastre.

Il arpente fiévreusement la petite chambre où nous sommes et continue : — « La moitié de mon corps d'armée est campé à bonne portée des batteries prussiennes. S'ils ont l'idée d'ouvrir le feu cette nuit, il peut en résulter pour nous une débandade épouvantable... une panique de nuit !... Je vais aller avec mes aides de camp coucher au bivouac du 1er zouaves, afin d'avoir sous la main un régiment sur lequel je puisse compter pour arrêter la débâcle. »

Deux ou trois de ses aides de camp entrant en ce moment dans la chambre où nous étions, il leur dit de prendre leurs manteaux et de le suivre. — « Vous, docteur, vous allez coucher dans ce lit-là qui m'était réservé, et vous m'enverrez au 1er zouaves tous ceux qui viendront me demander et tous les officiers de mon état-major qui arriveront ici. »

J'étais à la veille d'un drame que je prévoyais terrible. Je sentais l'imminence d'une défaite, mieux même, d'une déroute désastreuse ; tout me criait : L'armée de Mac-Mahon est perdue! Jamais je ne me suis endormi plus vite et plus profondément!

Au petit jour, je suis réveillé en sursaut par l'irruption, dans la chambre où je dors si bien, de deux ou trois officiers de l'état-major qui viennent chercher les cartes, les sacoches, les manteaux qu'ils y ont déposés la veille au soir ; et le capitaine de Gaston me crie en courant : « Vite, docteur, debout! la bataille commence. »

J'entends au dehors le crépitement de la fusillade et le grondement du canon ; dans la cour, sous ma fenêtre, les officiers qui appellent, les ordonnances qui répondent, le piétinement des chevaux, le cliquetis des sabres, puis le galop de tout ce monde-là sur la route... Je saute à bas de mon lit et comme je suis tout habillé, je cours à mon cheval et je le bride pendant qu'un soldat le selle.

L'état-major est déjà loin ; je m'élance dans la direction qu'il a suivie. Je l'ai perdu de vue; je cours un moment au hasard, sans attendre les réponses qu'on fait aux questions que j'adresse à des gens aussi pressés et aussi agités que moi. Au bout de quelques minutes, je retrouve tout mon sang-froid; la folle du logis a disparu: c'est sur ma droite que le feu a le plus d'intensité; c'est là que je trouverai le général. Je monte au galop une pente assez escarpée; en arrivant sur le plateau, je me trouve au milieu d'une batterie d'artillerie; un coup de canon part sous le nez de mon cheval qui fait un bond de côté; la selle tourne et je suis projeté violemment sur le sol.

Deux artilleurs viennent à mon secours; l'un d'eux me relève et me croit blessé, car les obus allemands sifflent et éclatent autour de nous; l'autre remet la selle sur le dos de mon cheval; je vois à une petite distance l'escorte du général et son fanion vert et blanc; quelques minutes plus tard, je galope derrière lui.

Je suis l'état-major qui parcourt toute la ligne de bataille: souvent on s'arrête et ce n'est pas précisément dans les endroits que j'aurais choisis; les officiers de l'état-major vont et viennent alors dans toutes les directions, portant des ordres ou rapportant des nouvelles. Partout où nous sommes à découvert et bien exposés au feu, les chevaux sont mis au pas ou au petit trot, et lorsque nous nous trouvons à l'abri des projectiles, grâce aux vallonnements du terrain, ou grâce à la position, l'allure est des plus rapides. Jusqu'à sept heures du matin tout le bas de la vallée de la Meuse est dans le brouillard et dans la fumée, de ce brouillard et de cette fumée sortent des pluies de balles et d'obus; par places et un peu haut, on voit les coups de canon; je me demande sur quoi tirent nos troupes : c'est un bien curieux spectacle !

De temps en temps, le général m'envoie porter l'ordre aux ambulances de se replier en arrière. Elles sont là, follement placées au milieu du feu, réduites à l'inaction, et leur présence encombrante gêne les mouvements des troupes et de l'artillerie. L'une d'elles occupe un chemin creux dans lequel sont engagées des batteries, et comme elle s'y trouve mieux que sur le plateau, elle refuse d'en sortir. Le général me dit très tranquillement :

— Retournez leur dire, docteur, que si dans cinq minutes ils sont encore là, je fais ouvrir le feu sur eux.

Quel moyen de résister à de pareils arguments !

Ah ! je l'ai bien vu ce champ de bataille de Sedan : quelle épouvantable scène, quel vacarme ! Mon cheval, bien trop ardent pour moi, est comme affolé; il se cabre et bondit au milieu de tous ces bruits sinistres qu'il entend pour la première fois : je ne me croyais pas si bon cavalier. Quel curieux métier je fais là pour un médecin, pour un professeur à robe et à toque de la bonne Faculté de Strasbourg !

Nous arrivons du côté de Bazeilles : une brigade d'infanterie de marine y soutient victorieusement tous les efforts des Allemands. Elle a repoussé toutes les attaques dirigées contre elle et se bat sans faiblir sous une pluie d'obus. Ah ! les braves marsouins !

A gauche de Bazeilles, sur un petit mamelon qui domine cette partie-là du champ de bataille, nous voyons l'empereur à cheval, immobile, exposé à un feu assez vif. Personne n'est à ses côtés ; ses écuyers sont au pied de la butte où il est monté. Nous passons assez près de lui pour le saluer ; il nous rend notre salut. Je me demande pourquoi le général n'est pas allé vers lui ; il n'a même pas ralenti l'allure de son cheval. Peut-être qu'en voyant ce César inutile, triste et indécis sur ce champ de bataille, il l'a comparé comme moi à l'homme à la redingote grise.

Pour nous, ce n'est plus l'empire de Napoléon III qui est menacé, c'est notre vieille France : l'homme du 2 décembre disparaît devant la patrie[1].

---

1. Depuis, j'ai bien souvent pensé à cette apparition ; comment la caractériser ? C'est une scène de Dante : ce petit homme, spectateur inutile sur ce champ de bataille, ce César encombrant auquel on ne prête plus qu'une attention médiocre et que la mort elle-même semble négliger, c'est le successeur du grand gagneur de victoires. Ce Napoléon III que la France a choisi pour maître, qu'elle a acclamé, qu'elle a soutenu vingt ans, c'est lui. Il a été le chef d'orchestre de la longue sarabande qui a été dansée par tous les jouisseurs de France ; il a connu l'exil et la misère, puis une fortune inouïe pendant laquelle l'Europe n'a pas compté sans lui et il est là errant, malade, presque abandonné et cherchant la mort, sur un champ de

Nous retournons vers la gauche de nos positions; partout nos troupes ont bonne contenance; leur feu est vif et soutenu; le nombre des blessés me semble relativement peu considérable. Ducrot ordonne quelques mouvements et surveille lui-même, au-dessus de Givonne, l'exécution d'épaulements pour son artillerie qui ne peut pas, à découvert, lutter contre l'artillerie prussienne. Un commandant d'état-major vient à ce moment-là lui annoncer que Mac-Mahon, blessé par un éclat d'obus, lui abandonne le commandement de l'armée.

A cette nouvelle, le général lève les bras au ciel en s'écriant : « Que voulait-il faire ici, grand Dieu ! » — Sa bonne grande figure, jusque-là calme et froide, presque indifférente, exprime le découragement et le désespoir. L'écrasante mission qui lui est confiée bouleverse un moment l'âme de ce brave soldat; un moment de silence se fait autour de lui.

Cette poignante émotion qui semble le dominer ne dure qu'un moment; d'une voix ferme et décidée, il appelle bientôt ses aides de camp et leur dicte ses ordres.

Je les entends, clairs et précis, se succéder sans

bataille où se joue sa couronne, bien plus, la destinée du grand et beau pays qui s'est confié à lui. L'empereur Napoléon III, malgré sa gloire qui a été réelle, va devenir l'homme de Sedan!!! Nous avons déjà vu cela sur la scène : c'est, en plus grand, *Trente ans, ou la Vie d'un joueur.*

interruption pendant quelques minutes ; je n'en comprends pas tout d'abord la portée, mais je vois la consternation sur toutes les figures. Je demande à un capitaine qui est près de moi : « Que se passe-t-il donc ? » — Il me répond : « C'est la retraite, mon pauvre docteur ! » — Et un autre ajoute : « La déroute ! »

Une armée française de 100,000 hommes, battre en retraite dès 8 heures du matin ! Fuir honteusement devant les Prussiens dès les premiers coups de canon ! Quelle effroyable déroute nous attend ! Et c'est Ducrot qui donne ces ordres-là ! Me suis-je donc trompé sur le compte de cet homme ? La retraite ! quand partout les troupes se battent bien, et que rien ne semble donner raison aux craintes qu'il a manifestées la veille !

A côté de moi, le chef d'état-major, s'adressant à un capitaine qui est le plus vieil aide de camp du général, lui dit :

— C'est à vous de vous sacrifier ; c'est à vous de lui parler ; la retraite en ce moment, c'est la honte, c'est le déshonneur, c'est une affreuse déroute ! L'aide de camp obéit, mais Ducrot lui coupe la parole :

« Je n'ai pas de conseils à recevoir de vous, f..., obéissez. » — Et se retournant vers nous : « Oui, c'est la retraite ; c'est notre seule chance de salut. Nous allons immédiatement nous dégager » (puis viennent quelques explications techniques) « et rappelez-vous tous que la retraite est sur la route de Mézières ; c'est là que vous me rejoindrez. »

Je me rappelle alors le petit dessin qu'il m'a montré la veille au soir sur sa carte, et je me dis : — Si cependant cet homme se trompe ?... En tous cas, s'il exécute sa retraite, son nom restera attaché à la plus désastreuse défaite qu'ait jamais subie une armée française.

Ducrot nous ramène alors vers le 12ᵉ corps qui est à notre droite ; il communique ses ordres de retraite au général Lebrun qui le commande.

Nous retournons vers notre corps d'armée, où le mouvement des troupes commence à se dessiner, puis nous revenons vers Bazeilles. Ducrot et le général Lebrun conviennent des dernières dispositions à prendre. Je n'entends pas et je ne cherche pas à comprendre les mesures stratégiques auxquelles ils s'arrêtent ; mais on me dit que les braves soldats de l'infanterie de marine formeront le dernier échelon qui protégera la retraite de l'armée. C'est vraiment trop leur demander !

Un peu plus tard, pendant que nous sommes arrêtés à l'abri du feu sous un pli de terrain, je vois venir vers nous un aide de camp qui remet un papier à Ducrot, et nous retournons à toute bride dans la direction de Bazeilles. Nous trouvons près du commandant du 12ᵉ corps un général suivi de quelques officiers d'état-major. Il n'appartient pas à notre corps d'armée; je ne le connais pas... Il parle à Ducrot; la discussion est assez vive... de part et d'autre des gestes et des explications... Je m'approche et je lui entends dire : « Il nous faut une victoire; il nous faut une victoire! » — Ducrot lui répond : « Vous serez trop heureux, général, si ce soir vous avez une retraite! »

Que se passe-t-il encore? J'apprends que le nouveau venu est le général de Wimpffen. Il est arrivé la veille avec une commission du ministre de la guerre, Palikao, lui conférant le commandement de l'armée au cas où Mac-Mahon ne pourrait plus l'exercer : l'Empereur a ratifié cette nomination, et Ducrot s'est soumis en soldat à son nouveau chef, et va faire exécuter les ordres qu'il en a reçus.

Ainsi notre malheureuse armée, dès 8 heures et demie du matin, avait déjà passé sous les ordres de trois généraux et trois fois, sous le feu de l'ennemi, elle avait dû changer ses dispositions !

Ducrot rappelle ses divisions et sa réserve d'artillerie qui sont en marche vers Illy et vers les hauteurs qui dominent Givonne. Il a reçu l'ordre de se porter en avant avec toutes les forces dont il peut disposer; il obéit sans hésiter; mais son calme me semble de bien mauvaise augure.

Ordre, contre-ordre, désordre ! Les contremarches commencent avec confusion et indécision. Dès qu'on veut faire avancer les régiments qu'on peut à peine maintenir dans des positions où ils sont assez maltraités, la débandade commence; le courant s'établit vers Sedan. C'est un aimant irrésistible pour des troupes qui faiblissent que les murailles d'une ville. La bataille est perdue! Personne de nous ne le dit, mais tout le monde le sent!

En passant en avant du fond de Givonne, près d'une batterie qui ne répond plus que faiblement à un feu écrasant, je vois la plupart des artilleurs couchés au pied de leurs pièces, et je m'entends appeler par mon nom. C'est le capitaine d'artillerie Lévy, le frère d'un de mes collègues de Strasbourg, qui a la cuisse droite fracassée par un éclat d'obus; son cheval éventré est couché à côté de lui. Je mets pied à terre: la plaie est affreuse; on y peut faire entrer la main; l'os est brisé en éclats dans une grande étendue. Je trouve un cacolet sur lequel je fais lestement charger le blessé; un artilleur mourant lui fait contrepoids et je le ramène un peu en arrière, à l'abri du feu. Là, je lui applique, pour permettre son transport, un appareil que j'improvise avec des branches d'arbre, des bandes et des cravates et je donne l'ordre au soldat du train qui conduit le mulet de descendre ses blessés à Givonne, où j'ai vu flotter des pavillons d'ambulance. Il me sera possible d'y compléter le pansement du capitaine Lévy ou de l'opérer. Le pauvre garçon n'a plus de forces que pour me crier d'une voix suppliante: — « Oh! Sarazin, ne m'abandonnez pas! »

Givonne est presque à nos pieds, mais la descente pour y arriver est très escarpée. Je dis au soldat qui conduit le blessé : — « Faites pour le mieux ; je prends les devants, je vous attendrai dans l'église que vous voyez là. » — Je mets pied à terre et, soutenant de mon mieux mon cheval par la bride, je m'engage sur la pente. Je n'ai pas fait quatre pas que j'entends les balles me siffler aux oreilles. Elles viennent du versant opposé ; toute la lisière du bois qui en couronne le sommet est occupée par des tirailleurs ennemis ; je suis là, bien en vue, ils tirent sur moi comme à la cible, les maladroits ! Je presse le pas sans lâcher mon cheval, qui vingt fois risque de rouler au bas de la descente ; je me trouve enfin à l'abri des maisons ; je saute en selle et je cours à l'église. Givonne est désert ; à l'ambulance, on me dit, ce que je vois bien du reste, que les Prussiens avancent, qu'ils ne vont pas tarder à arriver ; et je me rends compte alors que je suis en avant des lignes françaises ; leur limite, à ce moment de la journée, est le haut du plateau que j'ai quitté et où j'ai laissé derrière moi un bataillon de zouaves dissimulé dans des bouquets de bois. Je recommande à mes collègues mon blessé que je ne vois pas arriver et pour rejoindre l'état-major du 1er corps, je repars au galop en suivant la route qui remonte vers Illy.

Je retourne sur le champ de bataille. Je le parcours rapidement de la gauche à la droite de notre corps d'armée, mais en arrière cette fois des positions que nous occupions le matin, puis je reviens vers Givonne et Illy. Je vois partout le désordre et la confusion ; les régiments se débandent ; la cavalerie, qui se replie vivement, ne trouve plus d'abri. Les obus pleuvent de tous les côtés à la fois ; ils font relativement très peu de victimes, car beaucoup d'entre eux s'enfoncent dans la terre molle et n'éclatent pas ; mais ils ont une influence psychologique énorme ; ils arrivent on ne sait d'où : le soldat en est ahuri. Ceux à qui je demande s'ils savent où est le général Ducrot ne me répondent même pas, tant les préoccupations les dominent. Où le trouver ? Que faire ?

Ah ! la route de Mézières ! N'est-ce pas celle qui sort de Givonne ? Elle est à quelques centaines de mètres du point où je suis ; j'y vais. Je la trouve encombrée de voitures, de caissons, de fourgons, de fuyards, de cavaliers : on y avance pas à pas ; bientôt on est arrêté. Le bruit court dans cette cohue que la route est coupée par l'armée prussienne. Un pauvre paysan est près de moi ; il traîne une brouette sur laquelle il a empilé quelques objets de mobilier. Il connaît le pays : « Il y a », dit-il, « en montant à travers bois, une autre route qui conduit à Mézières : c'est sur notre droite. » Nous la gagnons par un sentier peu praticable ; nous la trouvons encombrée comme la première ; mais là, ce sont les habitants du pays qui dominent. Ces pauvres gens traînent avec eux leurs enfants qui pleurent ; ils emportent sur des charrettes ou sur des brouettes tout ce qu'ils ont pu rassembler à la hâte.

Je cheminais tristement au milieu de ces misérables victimes de la guerre, n'ayant presque plus conscience de moi-même, lorsque derrière moi des cris et un grand tapage me font tourner la tête. Je vois arriver au galop, chargeant, sabrant, écrasant tout, une troupe de cavaliers allemands. Les malheureux qui m'entourent, soldats débandés, paysans, femmes et enfants, abandonnent tout ce qu'ils ont et grimpent aux talus de sable qui encaissent la route pour échapper à ces forcenés. Vivement je détourne mon cheval, je l'enlève de l'éperon et de la cravache ; en quelques bonds il est en haut et s'enfonce dans le taillis.

Sur la route, tout près de moi, j'entends les cris des malheureux, les hourrahs et le galop des cavaliers allemands, les cliquetis de leurs sabres et plus loin, vers Sedan, le grondement incessant et formidable du canon, le grincement des mitrailleuses, le roulement continu des feux d'infanterie, tout le fracas, en un mot, d'une bataille furieuse.

Ce que devient l'homme, lorsqu'il a perdu courage ! Il y avait sur cette route, à portée de ma vue, au moins deux ou trois cents soldats d'infanterie armés de chassepots et pourvus de cartouches ; si seulement dix d'entre eux avaient couronné les talus, à droite et à gauche de la route, les cavaliers allemands se trouvaient pris comme dans une souricière. On les aurait fusillés, presque à bout portant, sans qu'ils pussent se défendre, car les talus étaient trop hauts et trop escarpés pour des chevaux de troupe pesamment chargés, auxquels on aurait tiré des coups de fusil dans le nez. Ces hommes, qui dans d'autres conditions se seraient bravement battus, n'ont pas tiré un seul coup de feu contre les cavaliers qui les sabraient! Quel fait étrange !

J'avance, non sans peine, à travers un fourré presque impraticable, courbé sur l'encolure de mon cheval qui au bout d'une centaine de mètres se prend les pieds dans des ronces et tous deux nous roulons sur le sol. Je suis vite debout ; nous n'avons de mal ni l'un ni l'autre. Je visite les genoux de ma pauvre bête, je resserre ses sangles, je la caresse avec reconnaissance, car depuis huit jours elle n'a eu avec moi que misères, fatigues et privations ; pendant six heures je l'ai tenue exposée aux balles et aux boulets et elle vient de me sauver la vie. La guerre n'est pas tout plaisir pour les hommes, mais pour les chevaux!...

Il faut prendre un parti. Je me dirigerai à travers bois vers le Nord pour atteindre Mézières ou Givet. Il est midi : l'ombre des arbres m'indiquera la direction à suivre. Je m'aperçois bientôt que cette idée, qui m'a paru très simple, est d'une exécution très difficile : le bois est peuplé de fuyards appartenant à toutes les armes ; par moments, le bruit du canon sur ma gauche est très rapproché. Au bout d'une heure environ, je trouve une route ; je remonte à cheval, j'arrive à un village rempli de soldats français ; où suis-je ? En Belgique !

Bientôt 10, 20, 200 cavaliers arrivent derrière moi et me dépassent à un galop furieux. Je vois des officiers de tous grades, un peloton de chasseurs à cheval avec son lieutenant-colonel, des dragons, des cuirassiers, des gendarmes, des hommes de toutes les armes qui ont trouvé des chevaux ou des mulets, la plupart sans selles et même sans brides : cette cavalcade échevelée fuit en désordre dans une course folle. Je les suis de loin ; un jeune lieutenant du génie me rattrape et trotte un instant à mes côtés ; son cheval, blessé, fait peine à voir ; lui-même est désespéré : tous les hommes de la section qu'il commandait ont été pris ou tués ; grâce à son cheval, il a pu s'échapper ; les Prussiens l'ont poursuivi à coups de fusil. Un cheval de gendarme trotte devant nous sur la route ; il a son harnachement d'ordonnance et le mousqueton de l'homme qui le montait est encore pendu à l'arçon de la selle. Je le saisis et j'aide mon compagnon à lui mettre sa selle et sa bride, puis nous repartons à une allure plus vive, abandonnant sur le chemin la pauvre bête blessée qui cherche un moment à nous suivre.

Je n'ai plus qu'une idée : arriver le plus tôt possible à une station télégraphique pour prévenir ma femme que je suis sain et sauf, avant qu'elle apprenne, par la voie des journaux, le désastre de notre armée. Coûte que coûte, je veux lui éviter les inquiétudes qu'elle a eues après Frœschwiller.

Nous nous arrêtons et nous nous séparons dans un village. Un brave paysan belge donne à boire et à manger à mon cheval, lui lave les jambes et les naseaux et m'apporte pour moi un morceau de pain et une jatte de lait. Il m'apprend que j'ai encore sept lieues à faire pour atteindre Paliseul, qui est la station télégraphique la plus proche. Un peu plus loin, je traverse encore un village où se trouvent des soldats et des officiers belges ; deux pièces de canon sont braquées devant l'église. On me crie de m'arrêter, mais je montre mon brassard et je passe au grand trot. En me retournant, je vois un moment un soldat qui court après moi avec la prétention de me rattraper.

J'arrive à Paliseul à six heures du soir. Comment rédiger une dépêche qui ne soit pas arrêtée à la frontière ? Si j'en dis trop, ma femme ne la recevra pas ; et cependant je désire la mettre au courant de ma situation ; je m'arrête à la rédaction suivante :

« De Sedan j'ai pu fuir en Belgique. Suis sain et sauf, quel malheur[1] !

« *Sarazin.* »

---

1. Cette dépêche est une des premières qui ait annoncé le désastre. A neuf heures du soir, M. H. Chevreau, ministre de l'intérieur, fit appeler mon beau-frère qu'il avait connu à Lyon ; il lui

Ma dépêche expédiée, j'entre dans une auberge; je commence par faire soigner mon cheval; puis je me fais servir à souper et je me couche, espérant que le sommeil me fera oublier la sinistre journée où j'ai vu succomber notre armée; mais, si j'ai bien dormi la veille de Sedan, le soir même je ne peux pas fermer les yeux. Toutes les poignantes péripéties de cette terrible bataille me reviennent une à une et la nuit les rend plus aiguës, plus insupportables. Il me semble que j'ai assisté à l'effondrement de ma patrie; oui, cette canonnade qui me bourdonne dans la tête, ce sont les derniers soupirs de la France! J'ai vu l'enfer et j'en suis sorti; mais j'en ai emporté le désespoir avec moi! Je cherche à penser à ma femme, à mon enfant, à la certitude que j'ai de les revoir, et je suis ramené sur le champ de bataille de Sedan au milieu de nos régiments mitraillés et débandés... Je me reporte à Strasbourg, en Alsace, à la Faculté de médecine, et je vois la déroute de notre armée, ses drapeaux dans la boue et dans le sang, partout l'humiliation et le désespoir... Je me réfugie dans la chirurgie, dans les opérations, dans les émotions violentes de ma profession, mais j'ai devant moi la France vaincue et mutilée, partout la ruine, l'incendie et la mort... Cette

demanda si j'étais à l'armée de Mac-Mahon et lui montra ma dépêche qui n'arriva à Calais qu'à deux heures du matin. Mon beau-frère put dire au ministre que, si j'avais fui en Belgique, c'était que l'armée française avait été battue.

sinistre apparition me poursuit et me domine ; tout s'évanouit devant elle ; il m'est impossible de la chasser pour trouver un peu de repos. Dieu ! que je suis malheureux ! Si j'avais de l'eau-de-vie sous la main, je me griserais ; car je ne saurais obtenir autrement ni calme, ni consolation. Plusieurs fois je rallume ma bougie dans l'intention de mettre ce projet de misérable à exécution ; mais chaque fois la lumière chasse cette idée délirante et me rappelle à moi-même. Après l'avoir trois fois éteinte dans l'espoir de dormir, je me résigne à l'insomnie et je la laisse brûler jusqu'au jour, écoutant les bruits du dehors. Un peu avant le lever du soleil, une grosse mouche vient bourdonner autour de moi et voler autour de ma bougie. Je la suis avec attention, je la perds, je la retrouve, je ne pense plus qu'à elle et elle me fait grand bien. Lorsqu'elle se jette sur les carreaux, le jour se lève ; je vais lui ouvrir la fenêtre et l'air froid du matin me calme un peu et me rend du courage. Il me semble que je viens d'échapper aux griffes de la folie[1] !

Quelle journée pour la France que celle du 1er septembre 1870 ! Et cependant ayant quitté le champ de bataille vers midi, je ne connaissais pas encore toute l'étendue du désastre qui allait accabler de honte et de misère notre pauvre pays !

---

1. Le nombre de nos officiers de tous grades réformés pour aliénation mentale après la dernière guerre a été très notable.

# VIII

## EN PAYS AMI

Les Belges avaient mobilisé une partie de leur armée pour protéger leur territoire : Paliseul était occupé militairement. Dès que je sortis de l'auberge où j'étais descendu, je reçus l'ordre d'aller me présenter au commandant de place qui me prévint fort poliment que je devais me considérer comme prisonnier de guerre, que je ne devais pas m'éloigner sans son autorisation et qu'il avait reçu l'ordre de diriger sur Hasselt et sur le camp de Beverloo les officiers et les soldats français qui s'étaient réfugiés en Belgique. Je lui fis remarquer qu'étant neutralisé par la convention de Genève, je ne pouvais pas me considérer comme son prisonnier et je lui annonçai que j'avais l'intention de retourner immédiatement à Sedan où mes services, comme chirurgien, pouvaient être nécessaires à nos nombreux blessés. Il s'y opposa, me disant que les ordres qu'il avait reçus ne comportaient pas d'exceptions et qu'il ne pouvait pas m'autoriser à retourner en France. Je pourrais, ajouta-t-il, faire valoir mes droits une fois rendu à la destination désignée par le ministre de la guerre de Belgique ; il faudrait du reste des médecins pour soigner les 10,000 soldats français qui avaient passé la frontière. Paliseul en contenait déjà 1,500 à 1,800 ; je ferais partie du premier convoi qu'il dirigerait, à midi, sur Saint-Hubert. Je pouvais compter sur tous les égards dus à mon grade, mais les ordres qu'il avait reçus étaient formels et il entendait les exécuter à la lettre.

Je lui répétai qu'il violait la convention de Genève à laquelle la Belgique avait souscrit et je rédigeai, séance tenante, une protestation réclamant ma liberté et le droit de me rendre en France. Il la reçut, me promit de la faire parvenir sans délai et de m'adresser la réponse à Hasselt ; puis il m'annonça que toute l'armée de Mac-Mahon était prisonnière, que l'empereur lui-même avait signé la capitulation et qu'on pouvait considérer la guerre comme terminée.

— Ah ! permettez ! m'écriai-je, la France n'est pas encore par terre !

— Vous vous trompez, Docteur, Bazaine est enfermé dans Metz et n'en sortira plus ; le reste de votre armée vient d'être pris à Sedan : vous n'avez plus un seul régiment à mettre en ligne et tous vos généraux sont prisonniers. Vouloir continuer la guerre dans ces conditions-là, ce serait une folie.

— J'espère bien, commandant, que la France fera cette folie-là !

— J'espère pour elle que non, Docteur ; en attendant, soyez prêt à partir à midi.

Je salue et je sors fort mécontent. Ce Belge, Dieu me pardonne, nous traite en vainqueur ; nous sommes ses prisonniers ! C'est un peu fort ! Et ces maudites nouvelles qu'il m'a communiquées, comme chose toute naturelle, et cette leçon de sagesse : « J'espère bien que la France ne fera pas cette folie-là ! » ...... Après tout, il a peut-être raison, et c'est pourquoi j'enrage.... Allons, cette fois-ci nous y sommes, sous la botte des caporaux prussiens !

On nous forme en convoi vers midi ; nous sommes une quarantaine d'officiers et cinq ou six cents soldats appartenant à toutes les armes. La moitié de ces derniers sont à pied, ce qui nous force à marcher tout le temps au pas. Trois ou quatre officiers belges conduisent la colonne ; arrivés à moitié chemin, ils nous arrêtent et nous font aligner devant une maison de campagne où habite un général ; on va nous passer en revue ; cela devient tout à fait agaçant. Heureusement, ce général a le bon goût de s'abstenir ; il nous fait parvenir ses excuses et nous continuons. Nous arrivons à Poix-Saint-Hubert à 8 heures du soir ; on nous sert à la gare un dîner acceptable qu'on nous fait payer très cher, puis on garnit la salle d'une bonne couche de paille sur laquelle nous nous couchons. J'ai pris comme ordonnance, parmi les prisonniers, un soldat d'infanterie qui aura soin de mon cheval et qui le conduira, par étapes, au camp de Beverloo.

Les officiers et tous les soldats non montés quittent Saint-Hubert en chemin de fer, le 3, à 9 heures du matin. Les populations, prévenues de notre passage, nous attendent dans toutes les gares et nous regardent comme des bêtes curieuses, tout en nous témoignant de la sympathie. Cette pitié mêlée de curiosité m'agace horriblement. Mais je constate que mes compagnons de route sont dans une disposition d'esprit très différente de la mienne : ils rient, ils plaisantent et semblent pleins d'insouciance ; à les voir, on croirait qu'ils viennent d'assister à une manœuvre indifférente. Ont-ils tort, ont-ils raison ? La gaieté est une force ; elle n'a, dit-on, jamais abandonné nos pères et elle les a aidés dans leurs plus rudes épreuves ; mais le 3 septembre, pour les soldats de l'armée de Sedan, c'est un peu tôt ! Pour moi, je me sens triste et honteux et la première chose que je fais en arrivant à Hasselt, à 4 heures du soir, c'est de quitter mon uniforme dans un magasin de confections. J'obtins le lendemain, du commandant de place, l'autorisation d'aller à Tongres où j'avais été reçu comme collégien et comme étudiant dans la famille d'un de mes camarades, E. de Bellefroid. Je revoyais cette petite ville dans des conditions bien différentes de celles où j'y avais vécu ; l'hospitalité fut la même, simple, franche et cordiale.

. Le 5 septembre au matin, de Bellefroid entre dans ma chambre un journal à la main en criant :

— La France est en république.

Un cri me sort du cœur : Vive la France ! et il me répond : Vive la France ! en se jetant dans mes bras. Nous avons tous deux les larmes aux yeux. Le brave garçon ! il est aussi ému, aussi agité que moi !

— Que vas-tu faire maintenant ?

— Ce que je vais faire ? Je vais d'autant plus me presser de rentrer en France, et puisque l'autorisation que j'ai demandée n'arrive pas, je vais aller moi-même la chercher à Bruxelles. Je pars par le premier train. Tu comprends bien que la guerre va continuer plus sérieusement que jamais. Rappelle-toi les volontaires de 92 ; les 1,200,000 hommes que Carnot a su trouver pour chasser l'étranger. La France va se réveiller ; elle est riche ; elle ne manque pas d'hommes ; elle a la mer pour elle et elle refera en quelques jours son armement. Cette idée de République va électriser tout le monde et je parie qu'avant huit jours Bazaine sera sorti de Metz avec toute son armée. Ah ! tous nos généraux sont pris ! eh bien, tant mieux ! nous aurons des généraux de vingt-cinq ans qui nous mèneront à la victoire ! Allons, mon ami, vive la République ! puisque c'est elle qui doit sauver la France ! Vive la République ! puisqu'elle doit chasser les Prussiens !

— Tu t'emballes, Sarazin, tu t'emballes !

— Je m'emballe, c'est possible, mais la France aussi va s'emballer ! Il ne s'agit plus maintenant de sauver la dynastie des Napoléons ; c'est la patrie qui est en danger ! Tu verras l'élan que cela va donner à nos vieilles races gauloises. Il nous manquait le nombre et la discipline : nous mettrons un million d'hommes sous les armes et quant à la discipline, c'est le régime impérial qui l'a perdue dans notre armée, où il ne fallait pas mécontenter des soldats qui étaient électeurs. Et puis le désordre et le gâchis vont cesser ; la bande des incapables et des paresseux que la faveur a placés partout va disparaître pour faire place à des hommes jeunes, actifs, intègres, dévoués au salut de la France. Nous allons nous régénérer ; il en était grand temps ; la France était énervée sous ce régime démoralisant. La guerre et nos défaites auront amené une crise qui nous rappellera à nous-mêmes ; nous voilà rajeunis ; à quelque chose malheur est bon. Allons, crie : Vive la République ! puisqu'elle va sauver la France.

— Vive la France ! tant que tu voudras ; mais vive la République ! jamais. Tu sais bien que votre première République a aux trois quarts ruiné ma famille : tu ne me feras pas mourir dans la peau d'un libéral ! Dans notre Limbourg, grâce à Dieu, ils sont et resteront en minorité.

— Oui, mais aujourd'hui nous n'avons plus à craindre les excès de notre première Révolution. Les massacres de septembre, les guillotinades de 93 ne seraient plus possibles.

— Qui sait ? Tu veux emprunter à la première République tout ce qui te convient et laisser de côté le revers de la médaille. Qui vivra verra.

— Mais, cher ami, vois cette révolution du 4 septembre : y a-t-il eu un seul coup de fusil ? Partout le calme, l'ordre, je dirais presque la dignité ; et cela à Paris ! C'est à ne pas y croire.

— Le fait est que tout s'est bien passé, mais moi, veux-tu que je te dise mon opinion ? Tu me promets de ne pas te fâcher ?

— Dis toujours.

— Eh bien, vous auriez mieux fait de garder provisoirement votre gouvernement impérial pour qu'il fasse la paix avec la Prusse, quitte à vous en débarrasser ensuite.

— Allons donc ! la paix ; une paix honorable sera bien plus facilement accordée à la République qu'à l'Empire. C'est aux Napoléons que la Prusse a fait la guerre ; elle n'a aucun intérêt à la continuer contre un gouvernement impersonnel comme celui de la République. Elle nous fera des conditions plus acceptables et si elle est sage et raisonnable dans ses prétentions....

— Sage et raisonnable dans ses prétentions ! ah ! vous êtes bien tous les mêmes, vous autres Français ! vous croyez que tout le monde vous aime parce que vous vous imaginez aimer tout le monde. Tu crois à la modération des Allemands parce qu'elle ferait ton affaire; mais sois persuadé que Bismarck est très décidé à tirer tout le parti possible de ses victoires. Il ne sera content que quand il vous aura ruinés et écrasés. Ces gens-là ont un appétit dont vous ne vous doutez même pas.

— Alors, la guerre va continuer et c'est une raison de plus pour que je rentre en France le plus tôt possible. Viens-tu avec moi à Bruxelles?

— Oui, je pourrai peut-être t'y être utile : je connais plusieurs officiers employés au ministère de la guerre. Descendons déjeuner, nous partirons à 10 heures.......

Pendant que nous causions, j'avais achevé ma toilette. Avant de monter dans le train, j'envoyai une dépêche à ma femme pour qu'elle vienne me rejoindre à Bruxelles afin de passer avec elle le plus de temps possible.

En débarquant du train, je me fais conduire au ministère de la guerre et je demande à parler au chef du cabinet du Ministre en lui faisant passer ma carte. A mon grand étonnement, je suis reçu immédiatement et je trouve un parfait gentilhomme qui me reçoit de la façon la plus aimable. — Il a déjà connaissance de ma demande de rapatriement, datée de Paliseul. Mon retour en France ne peut souffrir aucune difficulté; il me rédige immédiatement, sur papier libre, un laisser-passer pour moi, mon ordonnance et mon cheval. Puis il m'adresse quelques questions sur l'armée de Mac-Mahon, sur Sedan, sur la façon dont j'ai été reçu en Belgique ; il m'assure de toutes sa sympathie pour la France et me serre la main en me souhaitant meilleure chance pour l'avenir.

Il ne m'a pas fallu dix minutes pour régler toutes mes affaires ; j'en suis émerveillé et mon ami de Bellefroid, qui m'a attendu dans ma voiture, en est tout triomphant, et me dit :

— Tu vois, cher ami, comme notre ministère de la guerre est bien organisé ! Combien t'aurait-il fallu de temps à Paris ?

— Je ne sais pas.

— Je suis sûr qu'il t'aurait fallu trois ou quatre jours.

— Sous l'Empire, oui, mais maintenant que nous sommes en République tout va marcher rondement.

— Espérons-le, Sarazin, mais j'ai peur que tu ne te fasses des illusions.

— Ta prétendue sagesse m'agace ; parlons d'autre chose.

Ma femme arrive à Bruxelles avec 4 heures de retard ; elle a eu à subir des temps d'arrêt interminables à Lille et à la frontière. Nous repartons pour Hasselt le 8 au matin, dans l'espoir de rentrer en France le jour même, mais mon cheval, qui fait la route par étapes, n'est pas encore arrivé au camp de Beverloo.

Je suis forcé de l'attendre jusqu'au 10 et, après avoir serré la main de mes amis de Tongres, je repars pour Calais.

Je ne pourrai jamais assez me louer du bon accueil que j'ai reçu partout en Belgique ; les employés des chemins de fer surtout se sont montrés pour moi d'une complaisance excessive. A la gare du Nord, à Bruxelles, le chef de gare me fait rembourser les cinquante et quelques francs que j'ai payés pour le transport de mon cheval. Il sait, me dit-il, qu'il ne reverra plus avant la fin de la guerre le wagon-écurie qu'il met à ma disposition ; c'est un wagon perdu pour lui, mais il ne regrette qu'une chose, c'est de ne pas pouvoir faire plus pour la France. Il met fort gracieusement son cabinet à ma disposition jusqu'au départ du train et me fait délivrer un billet militaire ; puis il recommande au conducteur de me laisser seul avec ma femme dans le compartiment où je monte.

Arrivé à la frontière française, la scène change : j'ai d'abord à subir un long interrogatoire de la part du commissaire de police qui me demande mes papiers ; je suis forcé de lui ouvrir mon sac et de lui montrer mon uniforme ; il n'est qu'à moitié convaincu et me prend, Dieu me pardonne, pour un espion prussien. Puis vient mon cheval : à qui le cheval ? Pourquoi voyager avec un cheval ? Comment m'a-t-on permis de le ramener en France ? J'obtiens non sans peine de faire atteler au train mon wagon-écurie, mais arrivé à Lille, on refuse de lui laisser continuer sa route par le train qui m'a amené et je suis obligé d'attendre quatre heures dans la gare de Lille. Enfin, comme je n'ai pas de feuille de route, on me fait payer une place entière pour moi, pour mon cheval et pour mon ordonnance que j'ai habillé de vêtements bourgeois afin de faciliter sa sortie de Belgique.

J'arrive à Calais le 11 au soir : c'est la seconde fois que j'y reviens depuis le début des hostilités et deux fois pour y arriver j'ai traversé la Belgique après avoir assisté à deux défaites ou plutôt à une sanglante bataille perdue et à un désastre irréparable.

Les Prussiens marchent sur Paris ; c'est là que va se décider le terrible drame dont j'ai vu les premiers actes. Sans doute, à l'appel de la République la France entière va se soulever ; elle écrasera les armées allemandes contre les puissantes lignes de l'enceinte et des forts de la capitale républicaine. En tous cas, c'est là que vont se concentrer tous les efforts de nos ennemis, c'est là, que le devoir m'appelle.

J'apprends en arrivant à Calais qu'on doit s'attendre à voir, d'un moment à l'autre, la ligne coupée dans les environs de Paris. C'est probablement le lendemain que partiront les derniers trains ; je n'ai pas de temps à perdre. Le 12, dès la première heure, je cours chez le commandant de place et à l'intendance pour me faire délivrer les feuilles de route qui me sont nécessaires pour moi, mon ordonnance et mon cheval.

J'ai beaucoup de mal à les obtenir : ma position n'est pas régulière !.... je le crois bien !.... Pourquoi m'envoyer à Paris plutôt qu'ailleurs ?.... Il faudrait en référer à quelqu'un ; à qui ? L'un opine pour le général qui commande la subdivision territoriale ; l'autre préférerait s'adresser directement au ministre !.... Enfin j'obtiens l'autorisation de partir, mais je voyagerai à mes frais jusqu'à Paris ; là le ministre avisera ! Muni de mes papiers, je me rends au chemin de fer. Le dernier train qui partira pour Paris quittera Calais à midi et demi ; c'est un express, il ne peut pas se charger de mon cheval ! J'ai beau plaider ma cause, crier, protester, je ne peux rien obtenir. Je me décide à laisser à Calais mon cheval et mon ordonnance et, après avoir embrassé ma femme et mon enfant, je quitte ma famille pour la troisième fois. L'express ne contient avec moi qu'une vieille Anglaise et un groom anglais.

Seul dans mon compartiment, j'ai tout le temps de réfléchir à ce que j'ai vu et à ce qui m'attend. Cette troisième séparation m'a été plus pénible que les deux autres et je sens s'ébranler, sans trop savoir pourquoi, ma confiance dans la République. Je suis irrité par les difficultés de toute nature que j'ai rencontrées depuis que j'ai passé la frontière et je ne constate nulle part cet admirable élan sur lequel je comptais. J'ai vu le matin même les bourgeois de Calais faisant l'exercice sous mes fenêtres sur l'Esplanade de la ville : ce sont de fort braves gens, que j'aime beaucoup, mais si ce sont ces hommes-là qu'il s'agit de mettre en ligne contre l'infanterie prussienne, je doute fort qu'ils puissent la reconduire de l'autre côté du Rhin.

Mon frère m'a remis en me quittant toute la collection des journaux anglais ; leur hostilité est manifeste ; ils parlent du voyage de M. Thiers dans toutes les cours d'Europe et lui prédisent l'insuccès le plus complet ; au fond, ils sont très heureux de pouvoir nous plaindre de nos malheurs, car nos revers sont tout à l'avantage des Anglais. Et c'est pour eux que nous avons fait la guerre de Crimée !... Je froisse ces journaux avec colère, puis je les reprends pour avoir des nouvelles d'Alsace. J'y trouve bien des détails sur le siège de Strasbourg : un bombardement épouvantable détruit la malheureuse ville ; les incendies y sont permanents ; il n'en restera plus, bientôt, qu'un monceau de cendres ; le feu de la place se ralentit d'une façon sensible ; la capitulation est imminente et toute l'Alsace, dans quelques jours, sera entre les mains des Allemands. Évidemment, tout ce que j'ai laissé à Strasbourg a été détruit ; quel bonheur que ma femme et ma famille n'y soient pas enfermées ! Eux au moins sont à l'abri de tout danger et si le malheur veut que les Prussiens s'approchent de Calais, ils partiront pour Douvres et de là pourront gagner la Belgique si le séjour en Angleterre leur semble trop difficile.

Qu'est devenu Ducrot? Je vois dans le *Daily Telegraph* qu'il vient de quitter Sedan avec les officiers de son état-major pour se rendre en captivité. Mon pauvre général ! Avait-il assez prévu le désastre !... Dire que j'ai douté de lui, que tous nous avons douté de lui sur le champ de bataille lorsqu'il donnait ses ordres de retraite ! Le voilà maintenant en captivité : ce n'est pas ainsi qu'il comptait passer le Rhin !

Arrivé à Amiens, j'apprends que le train ne peut pas continuer sur Paris; la ligne vient d'être coupée à Creil ; nous rétrogradons sur Rouen pour gagner Paris par la ligne du Havre. Nous marchons si lentement, que nous n'arrivons à Rouen qu'à 11 heures du soir; nous en repartons à minuit et il est 7 heures du matin lorsque nous nous arrêtons dans la gare Saint-Lazare.

# IX

## PARIS AVANT L'INVESTISSEMENT

C'est le 13 septembre au matin que j'entre dans Paris : si j'étais superstitieux, cette date du 13 ne me dirait rien qui vaille. Le premier journal que j'ouvre en sortant de la gare contient un long article signé de mon nom : c'est une protestation que j'ai adressée à M. H. de Pène, dont la bonne foi a été surprise. Il a donné asile dans le *Paris-Journal* à un récit calomnieux intitulé : *Un Bal à Carignan*. Un monsieur qui se disait témoin oculaire y racontait un bal donné à Carignan par Ducrot et son état-major le jour même de Beaumont et de Mouzon. J'ai écrit à M. de Pène ce que j'avais vu ce jour-là et il a fait insérer ma lettre dans son journal, dès qu'il l'a reçue.

Je me fais conduire à l'École militaire où se trouve l'aîné de mes frères. Le 4 septembre au soir, après le départ de l'Impératrice, les cent-gardes ont reçu l'ordre de s'y rendre. Il a accompagné son escadron qui a pu évacuer la caserne de la rue de Bellechasse sans être molesté. On a formé un régiment de cava-

.lerie de marche avec les dépôts des cuirassiers et des carabiniers de la garde, les cent-gardes y ont été versés et mon frère en a été nommé le médecin-major. Un peu découragé, il part dans une heure pour Mont-rouge avec ce régiment bariolé : ce n'est pas autour de Paris qu'il comptait faire campagne. Il m'apprend que le bruit court que Ducrot s'est échappé des mains des Prussiens et qu'il est dans Paris.

Je n'en crois rien, mais je vais rue Auber, chez le beau-frère du général, pour savoir si on a de ses nouvelles ; et le concierge auquel je m'adresse m'affirme qu'il est à Paris depuis la veille au soir et qu'il est logé chez son ami Louis Rambourg, nº 14, rue Abbatucci. C'est à dix pas, j'y cours : avec quel bonheur je le retrouve !

Pendant qu'il expédie rapidement son frugal déjeuner, je lui raconte comment je me suis échappé de Sedan et en quelques mots il me dit comment il a pu quitter Pont-à-Mousson. Les officiers de son état-major particulier ont réussi comme lui à éviter la captivité ; ils sont avec lui dans Paris.

La malveillance et la calomnie se sont attachées à presque tous les actes de ce brave et loyal soldat et on peut se demander si le moment est venu où on lui rendra la justice qui lui est due ; cependant les rancunes politiques devraient désarmer devant cette tombe si prématurément ouverte. On a prétendu qu'il s'était sauvé étant prisonnier sur parole ; on a même dit qu'il avait signé le revers, c'est-à-dire qu'il avait accepté sa liberté en s'engageant à ne plus servir contre la Prusse pendant toute la durée de la guerre ; et bien des gens, à l'heure qu'il est, supposent qu'il vaut mieux ne pas parler de cette évasion où tout n'a pas été conforme aux lois de la guerre et de l'honneur. C'est ce qui me décide à résumer rapidement le récit que je tiens de la bouche même du général et qui m'a été confirmé vingt fois pendant les longues veillées du siège de Paris par ses compagnons d'évasion.

Après la capitulation de Sedan, Ducrot accompagne d'abord son corps d'armée dans la presqu'île de Glaire formée par une boucle de la Meuse, à l'ouest du champ de bataille. Il la quitte au bout de quatre jours, en acceptant de l'autorité militaire allemande un sauf-conduit aux termes duquel il s'engage, lui et tous les officiers de son état-major particulier, à aller par étapes à Pont-à-Mousson pour se constituer prisonnier entre les mains de l'officier prussien qui y commande. Il arrive à Pont-à-Mousson et reçoit l'ordre de se rendre dans la cour de la gare où le commandant de place le reconnaîtra comme prisonnier et lui rendra sa parole. Le Prussien y arrive peu de temps après lui et reçoit le sauf-conduit des mains du capitaine d'état-major qui en est chargé ; il compte ses prisonniers, s'assure qu'aucun d'eux n'a manqué à sa parole, puis il établit autour d'eux un cordon de factionnaires auxquels il fait charger les armes en leur donnant l'ordre de tirer sur le premier qui tenterait de s'évader. Le général et ses compagnons entrent dans la gare et vont sur le quai attendre le premier train qui se dirigera vers l'Allemagne. Ducrot était décidé à éviter la captivité. Il avait le projet de sauter en bas du train dans le premier tunnel après Pont-à-Mousson ; il avait caché dans une sacoche qu'il portait en bandoulière une blouse, un pantalon de toile et une casquette ; débarrassé de son uniforme et vêtu comme un ouvrier, il espérait pouvoir sortir du tunnel et gagner la campagne sans exciter les soupçons des factionnaires allemands.

Un train arrive : il est bondé d'officiers qui vont en captivité, impossible d'y trouver une seule place ; deux ou trois heures se passent ; un second train s'arrête tout aussi rempli que le premier. Le général et ses officiers continuent à se promener de long en large sur le quai de la gare ; au bout de quelque temps, on s'est habitué à leur présence, on ne fait plus attention à eux ; les factionnaires qui ont reçu pour mission de les surveiller ont été changés. Il y a à la gare un buffet qui donne d'un côté sur le quai, de l'autre sur la rue ; il est rempli de soldats allemands qui boivent de la bière. Ducrot y entre avec un de ses aides de camp, il va au comptoir, se fait servir un verre de bière, le vide lentement et sort tranquillement par la porte qui donne sur la rue. Il est dehors ! Il s'éloigne de la gare sans presser le pas, tourne un coin de rue et court se réfugier dans une maison de bonne apparence dont il ferme la porte derrière lui. Sa bonne étoile l'a mené chez un homme de cœur qui, apprenant qui il est, et au risque d'être fort malmené lui-même par les Prussiens, l'aide à se déguiser en paysan et lui confie un cheval et une charrette pleine de paille sur laquelle le général s'étend de tout son long, tandis que l'aide de camp, à pied et le fouet à la main, fait pour la première fois le métier de roulier. Nos deux fugitifs sont arrêtés longtemps à la porte de Pont-à-Mousson par des régiments allemands qui arrivent. Si on s'est aperçu de leur évasion, ils sont perdus, car on va les reprendre et, leur identité sommairement constatée, ils seront fusillés sans autre forme de procès. Les régiments allemands passent lentement devant eux ; la porte est enfin libre et les voilà dehors !

Nous ne les suivrons pas plus loin, quoique leur course jusqu'à la ligne de Paris à Mulhouse qui est restée française soit pleine de péripéties. Les aides de camp du général avaient suivi son exemple ; un seul d'entre eux, Favrot de Kerbrec, n'avait pas vu par où ses compagnons étaient sortis. Se trouvant seul et très décidé à ne pas faire moins que les autres, il sort crânement dans la cour de la gare, s'arrête devant un factionnaire allemand qui lui présente les armes, et, après l'avoir inspecté de la tête aux pieds, il s'éloigne en allumant un cigare. Puisque ce n'est pas plus difficile que cela, l'idée lui vient de retourner chercher sa sellerie et une petite valise qu'il a laissée dans la salle des bagages. Il avise un soldat prussien qui se promène par là, lui met quelques pièces de monnaie dans la main et lui fait signe de venir. Il rentre avec lui dans la cour de la gare, lui charge sur le dos sa sellerie et sa valise et le conduit au bureau de la diligence de Nancy. Là il prend les papiers et les habits d'un instituteur et il sort de Pont-à-Mousson sans le moindre embarras.

On comprendra facilement le plaisir que j'ai eu à retrouver ces hommes-là. Ils doivent partir le soir même pour Châtillon avec le général. J'irai les y rejoindre le lendemain, après avoir refait mon équipement qui a été perdu la veille de Sedan. Trochu a mis à la disposition de l'état-major de Ducrot les chevaux de chasse des écuries impériales de Compiègne. Ils sont au Louvre ; le capitaine Favrot de Kerbrec, qui les connaît tous, se charge de m'en choisir un de main de maître. Allons, mes braves amis, encore un effort pour l'honneur et le salut de la France ! Ce sera le dernier.

X

LE SIÈGE DE PARIS

Ce sera plus tard une étrange légende que celle du siège de Paris par les armées du roi Guillaume et déjà, à l'heure qu'il est, il faut un certain courage pour l'aborder avec sang-froid et vérité. Dès les débuts, surtout pour ceux qui ont leurs entrées dans les coulisses, ce dernier acte du drame est un véritable chaos à débrouiller. On y trouve de tout, des citoyens, des soldats, des généraux en petit nombre, des imbéciles, des nigauds, des badauds, surtout des badauds, des écervelés, des fous, des hommes de cœur, des braillards, des lâches, des ambitieux, des égoïstes, des voleurs, des menteurs, beaucoup de menteurs, des comédiens, des légitimistes, des orléanistes, des bonapartistes, des républicains, des démocrates, des socialistes, des communistes, des zouaves, des spahis, des soldats de la ligne, des gardes mobiles, des gardes nationaux en nombre incalculable, des francs-tireurs, des gendarmes, des marins, des porte-galons, trop de galons, les uns vrais, les autres faux. Tout cela enfermé coude à coude, allant, venant, se heurtant, intriguant, luttant, guerroyant, souffrant, riant, pleurant, chantant, blasphémant, espérant, désespérant, conspirant. On y trouve aussi la richesse, l'abondance, le luxe, le gaspillage, la misère, le froid, la faim et la mort et de plus le courage, l'héroïsme, l'abnégation, le dévouement, l'énergie, l'activité, la foi, le devoir et l'honneur avec l'insouciance, l'imprévoyance, l'impéritie, l'ineptie, l'ignorance, l'indiscipline, la couardise, la flatterie, la trahison. Il est temps de m'arrêter, je n'en finirais pas si je voulais énumérer tous les éléments de ce chaos.

Et comme tout le monde se trompait sur ce que devait être ce siège de Paris !

J'ai déjà dit ce que j'espérais : je croyais à la République et aux soldats qu'elle allait enfanter. Moi qui n'avais vu jusque-là que des sanglantes défaites, j'étais accouru de Belgique pour assister au réveil de la France et au triomphe des armées républicaines ; j'allais voir le grand mouvement guerrier de 92 et de 93 ! Résumons quelques-unes des opinions qui avaient cours, elles sont vraiment curieuses à énumérer.

Les Prussiens n'oseraient pas attaquer Paris ; ils seraient enchantés d'accepter une indemnité de guerre et de rentrer chez eux épuisés par leurs succès mêmes. « Ni un pouce de notre territoire, ni une pierre de nos forteresses. »

Les Russes, les Anglais, l'Autriche, les États-Unis et l'Italie imposeraient la paix à la Prusse et garantiraient l'intégrité de la France nécessaire à l'équilibre européen. Il suffisait de tenir assez dans Paris pour leur donner le temps de se coaliser.

Les Russes mobilisaient 500,000 hommes et forceraient les Prussiens à courir défendre Berlin. Jamais ils ne permettraient l'unification de l'Allemagne et l'abaissement de la France.

Paris était imprenable ; jamais l'armée allemande ne pourrait ni l'enlever d'assaut ni en faire le blocus d'une façon effective.

Dès que l'armée de Paris serait organisée, elle battrait successivement les corps d'armée prussiens dispersés sur un périmètre trop étendu, les lignes d'investissement devant occuper au moins 25 lieues de longueur.

Une révolution républicaine ne tarderait pas à éclater en Allemagne, renversant Guillaume et Bismarck ; on ferait la paix et on s'embrasserait en vrais frères et amis.

Voilà pour les optimistes, voyons les pessimistes.

La prétention de défendre Paris était une folie ; les Prussiens, grâce à leur armement supérieur, allaient y entrer presque sans coup férir.

Les Prussiens n'avaient pas besoin de faire le siège de Paris pour s'en emparer ; il leur suffirait d'enlever deux forts et de faire une brèche à l'enceinte. Ce serait l'affaire de 15 jours à 3 semaines.

Paris tiendrait peut-être jusqu'au bombardement ;

mais capitulerait dès que les bombes et les obus viendraient y jeter la mort, l'incendie et la terreur.

Paris demanderait à ouvrir ses portes dès que le beurre frais manquerait sur les marchés.

Les Bellevillois, communistes et communeux, renverseraient le Gouvernement et se jetteraient sur les quartiers riches pour les piller; on serait alors bien heureux de faire entrer les Prussiens pour les mettre à la raison.

Il n'y avait pas dans Paris pour quinze jours, un mois, six semaines de vivres; les plus généreux allaient jusqu'à deux mois et bien timidement jusqu'à deux mois et demi.

Ce sont là quelques-unes des opinions les plus généralement admises; j'omets, et à dessein, les plus extraordinaires qui toutes avaient leurs partisans. Personne ne prévoyait alors ni la durée, ni la marche des événements auxquels nous devions assister.

Qui va gouverner la grande ville pendant cette crise si énervante, si difficile et si douloureuse? Un conseil d'avocats présidé par un général qui parle mieux qu'eux, des hommes qui se sont décerné le titre de gouvernement de la Défense nationale et un soldat mystique qui pactise avec eux et qui se croit appelé à sauver sa patrie, tout prêt du reste à sacrifier pour elle la dernière goutte de son sang; une dictature composée de révolutionnaires sceptiques et athées présidée par un Breton qui va à la messe et qui fait des neuvaines à sainte Geneviève. N'est-ce pas étrange?

Comment Trochu, ce soldat catholique et Breton, s'est-il allié à ces usurpateurs de rencontre? N'est-ce pas eux qui, dans nos assemblées, se sont toujours opposés à l'organisation de notre armée? Ne sont-ils pas la cause première de nos désastres? Qui ne se rappelle leurs longs discours verbeux? J. Favre avec sa politique d'abandon et de fraternité des peuples, J. Simon avec ses filandreuses tirades sur la liberté qui fait la force des nations et qui doit remplacer les armées permanentes, Picard, Gambetta et leurs attaques contre nos armements et contre nos soldats qu'ils traitent de prétoriens[1]? Pour préparer le triomphe de leur parti, ils n'ont pas hésité à désarmer la France; pour faire tomber l'Empire, ils ont sacrifié le pays; aujourd'hui, au lieu de demander pardon à genoux de leur trahison qui n'a d'excuse que leur ignorance, ils vont jusqu'à se poser en sauveurs de la patrie! On leur permet de s'emparer du pouvoir; les uns les subissent sans révolte, les autres les acceptent avec indifférence. Ils sont même acclamés avec enthousiasme par de nombreux partisans!

Il y a huit jours, en Belgique, je ne me serais jamais douté que j'allais trouver à Paris, sous l'étiquette de

---

1. Voir les discours prononcés à la Chambre des députés par ces mêmes hommes lors des discussions des budgets de la guerre.

République, un Conseil de 8 à 10 usurpateurs portés au pouvoir par quelques milliers d'émeutiers. Grâce à ces derniers, nos Décemvirs ont confisqué Paris et par sa capitale la France entière. Ils affichent impudemment la prétention de rester les maîtres des destinées de notre grand pays tant que durera la guerre. Ils ne convoqueront pas d'Assemblée; leur bon plaisir nous fera la loi. Voilà bien certainement une République d'un genre tout à fait nouveau; et ce qu'il y a de plus étonnant, c'est que tout le monde accepte sans sourciller ce gouvernement sans précédents dans l'histoire! Ses mandataires se sont imposés partout et n'ont rencontré nulle part la moindre résistance dans ce pays qui se croit, qui se dit républicain! Je ne croyais pas la France assez naïve, assez docile aux ambitieux pour s'abandonner ainsi. A quoi devons-nous nous attendre?.... Si ce sont ces gens-là qui doivent nous sauver, nous sommes, je le crois, bien malades; car il ne s'agit pas aujourd'hui de faire de grandes phrases creuses, sonores et vides de sens: les badauds s'en contentent, mais les Prussiens ne se sauveront pas devant les discours de ces pseudo-jacobins.

Qui va réorganiser la province privée de l'impulsion qui en toutes choses lui vient de Paris — depuis la révolution du 4 septembre, tout y est à remettre sur pied —? Crémieux et Glais-Bizoin!

Qui va lever des armées, créer des généraux, des

officiers, des cadres, une stratégie nouvelle? C'est un vieil amiral! O Génie de la guerre, comme tu dois rire!....

Je suis forcé de passer à Paris toute la journée du 14 pour refaire mon équipement et pour me procurer des instruments de chirurgie et quelques objets de pansements. L'ambulance du grand quartier général, que je dois diriger, ne sera organisée que plus tard et au ministère on m'invite à l'attendre dans Paris : je vois que la République n'a encore rien changé dans les bureaux de la guerre. Je me refuse à accepter le petit congé qu'on me propose en m'appuyant sur l'ordre formel du général ; je tiens à rejoindre mon poste le plus tôt possible ; l'ennemi est signalé sous les murs de Paris ; la lutte peut commencer d'un moment à l'autre.

Jusqu'au 15 au matin, je cours dans Paris ; rien n'est changé dans son aspect habituel. La grande machine marche encore par sa vitesse acquise et il faudra du temps pour arrêter son mouvement. Il me semble même qu'il y a dans les rues plus d'animation et plus d'entrain que d'habitude. Cette population mobile, avide de nouveauté et de changement, est encore sous le charme de la révolution qu'elle a faite, et l'arrivée des Prussiens va lui permettre de jouer au soldat. Si elle prend ce jeu-là au sérieux, quelle armée nous allons avoir sous la main !

On rencontre dans les rues beaucoup de gardes

nationaux et de gardes mobiles. J'apprends que tous les officiers qui commandent ces derniers vont être soumis à la réélection le 19 septembre ; on les soupçonne d'avoir des tendances impérialistes parce qu'ils ont été nommés sous l'Empire. Quelle faute ! Comment Trochu, qui est un soldat et qui sait ce que c'est qu'une armée, a-t-il pu souscrire à une insanité pareille ? Comment n'a-t-il pas éclairé les avocats qu'il préside ? Les officiers devant à leurs soldats l'autorité absolue dont ils sont investis, quel contresens ! Les soldats appelés à discuter et à juger leurs chefs ! Comment sauver la discipline qui est la première vertu guerrière, surtout après cette révolution du 4 septembre qui l'a fortement ébranlée et qui a sapé la base de tout principe d'autorité ? Des soldats appelés aux urnes lorsqu'on devrait les conduire au feu ou à l'exercice !.. Au lieu de donner les grades à l'élection dans la mobile, ne devrait-on pas supprimer l'élection dans la garde nationale, si on a l'intention de la faire marcher à l'ennemi ?

# X

## CHATILLON.

J'arrive à Châtillon le 15 au matin; c'est là que derrière Paris se forme une partie de l'armée qui doit défendre la capitale. Ducrot s'est installé avec son état-major dans un pensionnat abandonné situé au milieu de Châtillon. Il passe son temps à organiser les troupes qu'on lui a confiées et dirige des reconnaissances de cavalerie conduites par ses aides de camp dans la vallée de la Bièvre, dans les bois de Verrières et sur la route de Choisy-le-Roi à Versailles. Étant libre de mon temps, je passe les journées du 16, du 17 et du 18 à parcourir nos campements et à étudier en même temps que le pays, l'état moral et matériel de notre armée.

Le 14e corps confié à Ducrot comprend deux fortes divisions d'infanterie, une brigade de cavalerie et une artillerie de 100 bouches à feu; son effectif est d'environ 30,000 hommes; il occupe les hauteurs qui dominent la gauche de la vallée de la Bièvre, à Bagneux, Fontenay-aux-Roses, Plessis-Piquet, Châtillon,

Clamart et Meudon, en s'appuyant sur les forts de Bicêtre, de Montrouge, de Vanves et d'Issy et sur une redoute qu'on a eu l'intention de construire sur le plateau de Châtillon et dont les fondations sortent à peine de terre. Les ouvriers qui y étaient employés ont déserté les chantiers depuis le 4 septembre et le génie n'a pas su remplacer ses interminables travaux de pierre et de maçonnerie par des fortifications de campagne. J'apprends du reste que le général Trochu avait l'intention d'abandonner toutes ces défenses extérieures et de concentrer toutes les forces dont il dispose dans les forts et dans l'enceinte. Ducrot a obtenu de lui l'autorisation de chercher à défendre le plateau de Châtillon qui domine les forts d'Issy et de Vanves et qui n'est qu'à trois kilomètres de l'enceinte.

J'ai dit que le 14ᵉ corps comprenait environ 30,000 hommes, je n'ai pas dit 30,000 soldats ; il est formé par des régiments de marche composés de réservistes qui n'ont aucune instruction militaire, qui n'ont jamais vu le feu et qu'on vient d'appeler sous les drapeaux. Je ne les avais guère admirés dans notre marche sur Sedan ; ceux-ci ont de plus subi la malfaisante influence d'une révolution à laquelle ils se sont mêlés ; ils n'ont pu qu'y perdre au point de vue de la discipline et de la solidité. Ils n'ont et ne peuvent avoir aucun esprit de corps, ce puissant levier des troupes en campagne et, sentant leur insuffisance, ils n'ont aucune confiance en eux-mêmes. Au point de vue moral, ils sont sous l'influence de Sedan. Quant aux officiers qui les commandent, ils n'ont pas la moindre confiance dans leurs hommes ; ils ne les connaissent pas, ne se connaissent pas entre eux et ne sont ni connus ni obéis. Un lieutenant-colonel commandant un de ces régiments de marche m'a dit le 17 : « Si nous livrons bataille aux Prussiens, j'espère tout au plus rallier mon régiment entre les forts et l'enceinte. Il me faudrait encore au moins un mois pour former mes hommes avant de les conduire au feu. »

Les bataillons de mobiles sont, si c'est possible, plus ignorants et plus indisciplinés que les régiments de marche. Ils sont, il est vrai, bien armés et bien équipés, mais c'est à peine s'ils savent se mettre en rangs et tirer un coup de fusil ; comme ils doivent dans quelques jours nommer leurs officiers et que ceux qui les commandent actuellement dépendent de leur bon plaisir, ils seraient vraiment bien bons de les respecter. Les sous-officiers ne diffèrent pas de leurs hommes sous le rapport de leur instruction militaire et quant aux officiers, pleins de bonne volonté et de courage, mais pour la plupart absolument nouveaux dans le métier des armes, ils ont à remplir une tâche trop difficile et trop immédiate à laquelle ils ne sont pas préparés ; si c'est là de la chair à canon, elle demande à être façonnée.

Un ramassis de zouaves formant un régiment de

marche dont le noyau a quitté le champ de bataille de Sedan de trop bonne heure, une artillerie dont les hommes sont braves et disciplinés, les officiers distingués et intelligents, le matériel insuffisant et mal monté, enfin quelques compagnies de francs-tireurs qui sont pour la plupart braillards, pillards et indisciplinés, complètent le 14e corps d'armée.

Plus j'étudie la situation, plus je sens ma confiance s'ébranler; mon niveau moral baisse sensiblement; cependant les officiers qui m'entourent ont encore bon espoir. Ils sont infatigables; à cheval du lever au coucher du soleil, ils suivent le général qui parcourt le pays et dirige lui-même les reconnaissances qu'il leur fait faire depuis la Seine jusqu'à Versailles et Saint-Germain.

Le soir, tard, nous nous retrouvons pour dîner dans la maison que nous occupons à Châtillon, puis nous nous couchons dans les dortoirs où heureusement les matelas sont restés sur les couchettes destinées aux jeunes filles.

Le 17 au soir j'apprends que les Prussiens passent la Seine à Choisy-le-Roi; ils vont marcher sur Versailles par la route qui passe à Petit-Bicêtre et à Villacoublay. C'est le cercle d'investissement qui se forme devant nous. Comme nos ennemis présenteront le flanc aux positions que nous occupons, le général prend ses dispositions pour les attaquer dès que leur mouvement sera assez dessiné.

Le 18, ils occupent devant nous Petit-Bicêtre et Villacoublay et ils enlèvent presque sans coup férir, dans la ferme de Dame-Rose, un avant-poste de zouaves d'une soixantaine d'hommes. Ces soldats-là, des zouaves ! ils n'en ont que le costume ; on se demande s'ils ont tiré un coup de fusil pour défendre le poste qu'on leur avait confié.

Toutes les dispositions sont prises pour la bataille du lendemain. Les ordres ont été donnés, soulignés, commentés et expliqués sur le terrain et par écrit à tous les généraux et à tous les chefs de corps. L'armée marchant sur deux colonnes, reliées entre elles par la cavalerie et l'artillerie, doit se jeter sur cette partie des lignes allemandes qui s'étendent de Choisy-le-Roi vers Versailles, et si elle parvient à les rompre, elle les repoussera jusqu'à la Seine, et empêchera ainsi, pour le moment du moins, l'investissement de Paris. Il suffirait d'un succès, quelque minime qu'il fût, pour relever le moral de nos jeunes troupes et pour les discipliner. Qui sait si notre armée s'appuyant alors sur ces défenses extérieures qu'on voulait abandonner, ne parviendra pas à user en détail les forces de l'armée prussienne éparpillée sur l'immense périmètre de la capitale. Telles sont les espérances que formulent autour de moi les officiers de l'état-major et je cherche à les partager.

Nous allons passer la nuit dans une maison abandonnée située à gauche de la redoute de Châtillon, afin d'être au milieu des troupes dès le début de la bataille.

Le mouvement commence au lever du jour ; les troupes s'ébranlent en bon ordre, à gauche la division de Caussade marchant sur Dame-Rose et Villacoublay, à droite la division d'Hugues qui se dirige sur Petit-Bicêtre, entre les deux la brigade de cavalerie qui soutient de nombreuses batteries d'artillerie. Quoi de plus émouvant que de voir mener au feu ces jeunes troupes par le général d'Hugues qui a plus de 70 ans et qui est lui-même sous les ordres de Renault qui en a 74, Renault de l'arrière-garde ! déjà légendaire dans l'armée de Crimée. Pauvres vieux braves, rappelés à l'activité par nos désastres, ils ont l'air tout joyeux d'être encore trouvés bons pour des balles prussiennes. C'est le premier effort de la France républicaine ; le succès va relever tous les cœurs ; nous n'aurons pas la honte d'être enfermés derrière nos murailles. Le succès aujourd'hui, c'est le salut de la France à peu près assuré. Tout le monde le sent et ces hommes qui marchent à l'ennemi ont chanté sur tous les tons qu'ils étaient prêts à mourir pour la patrie !

Grâce aux écuries impériales je suis admirablement monté ; j'ai un cheval de chasse, pur sang, docile comme un mouton ; mais au premier coup de canon il s'affaisse sur ses jarrets et après une ou deux pirouettes, il me ramène à fond de train vers la redoute. Je reviens vers l'état-major, on rit de mon équipée et le général me donne l'ordre de me rendre dans la maison où nous avons passé la nuit ; c'est là qu'on m'amènera les blessés et, par le fait, rien n'est moins rationnel qu'un médecin à cheval faisant de la haute école sur un champ de bataille.

Je retourne vers la redoute, sottement mortifié de ne pas suivre l'état-major, pendant qu'une vive fusillade s'engage derrière moi sur toute la ligne ; la canonnade augmente rapidement d'intensité, mes dispositions prises dans la maison qui m'a été désignée, je retourne vers la redoute qui est occupée par un bataillon d'infanterie ; huit pièces de 12 y sont en batterie derrière des épaulements de terre qu'on n'a pas eu le temps d'achever.

La bataille est à peine engagée et déjà la débandade commence ! Les pseudo-zouaves, malgré quelques braves officiers qui les commandent, se replient en désordre et fuient en poussant des cris pour trois ou quatre obus qui sont tombés au milieu d'eux. Ébranlée par ce triste exemple, la division de Caussade ne tarde pas à reculer et toute la droite est en pleine déroute. Puis l'aile gauche lâche pied à son tour et je la vois bientôt regagner, à côté de la redoute, les positions d'où elle est partie le matin. Cependant quelques groupes tiennent bon au centre ; la fusillade continue vers Plessis-Piquet et nos nombreuses batteries font un feu formidable tout autour de nous, reculant lentement et en bon ordre et soutenant jusqu'au bout la retraite de nos régiments affolés. L'artillerie supporte presque seule tout l'effort de cette triste journée ; à peine engagée, la bataille est déjà perdue.

Le général revient dans la redoute vers 10 heures; il fait ajouter quelques mitrailleuses à son armement et donne des ordres pour la défense du plateau de Châtillon qu'il ne veut pas abandonner à l'ennemi. De nombreuses batteries prussiennes forment un cercle autour de nous et leurs obus éclatent jusque dans le village de Châtillon. Cette pluie de projectiles ne fait pas grand mal ; c'est tout au plus si on m'amène cinq ou six blessés que j'évacue sur Paris après les avoir pansés et j'ai tout le temps de bien suivre les péripéties de la journée.

Vers le milieu du jour, je retourne dans la redoute près du général ; il me donne l'ordre de descendre au village de Châtillon, de rassembler les ordonnances, les bagages et les chevaux de main de l'état-major et de rentrer avec eux dans Paris. Je dois aller l'attendre au n° 14 de la rue Abbatucci. J'apprends alors que la division de Caussade, au lieu de rester sur le plateau, est rentrée tout entière dans Paris. Par le large vide qu'elle a laissé, les Prussiens peuvent contourner la redoute, et faute d'eau il est impossible de songer à y soutenir un siège.

Rien ne peut mieux donner l'idée de la journée de Châtillon que les chiffres suivants : sur 30,000 hommes qui ont été engagés il y a eu environ 700 hommes tués, blessés ou faits prisonniers[1]. Comme nous sommes loin des chiffres de Wissembourg, de Frœschwiller et même de Sedan! Il faut avoir le courage de dire ces choses qui blessent si profondément notre amour-propre national. Il faut les dire et les répéter pour imposer silence à ceux qui parlent de supprimer l'armée permanente et de la remplacer par des levées en masse. La levée en masse, c'est notre infanterie le jour de Châtillon, et encore elle comptait dans ses rangs quelques vieux soldats et beaucoup d'excellents officiers. On ne pouvait pas, on ne devait pas compter sur elle et la mener au feu. Aurons-nous le temps avant la fin du siège de l'organiser, de la discipliner et de lui donner le moral qui lui manque?

Je rentre dans Paris à la tête de la petite colonne que je suis chargé de conduire; à quelles scènes j'assiste! L'inquiétude, l'agitation, la méfiance étaient extrêmes et souvent le burlesque se mêlait à la tristesse de la situation. Les soldats débandés qui s'étaient jetés dans Paris dès huit heures du matin étaient insultés et maltraités par les uns, fêtés comme des héros et grisés chez les marchands de vin par les autres. Souvent aussi on les prenait pour des espions

---

1. Le chiffre exact est 723 officiers ou soldats tués, blessés ou disparus. Les Allemands ce jour-là n'ont perdu que 405 hommes et nous avons tiré pour notre part plus de 6,000 coups de canon.

prussiens ; on se jetait sur eux et on les traînait chez les commissaires de police qui ne savaient plus à quels saints se vouer en face du peuple souverain en délire. Les gardes nationaux les plus exaltés parlaient de fusiller tous ces hommes comme déserteurs, voulant prouver ainsi leur ardent amour pour la patrie : que d'autres hésitent à mourir pour elle, c'est ce qui les exaspère. Ce qui m'est arrivé à moi-même ce jour-là représente assez bien l'état d'esprit dans lequel se trouvait la population et surtout la garde nationale de Paris.

Je ramenais avec moi de Châtillon le domestique civil d'un des officiers de l'état-major ; il était chargé d'une petite valise contenant les vêtements de son maître, capitaine de mobiles, et conduisait en main un cheval blessé d'une balle dans les poumons et marchant difficilement. Cet homme laid, mal tenu, borgne et inintelligent, était resté un peu en arrière de la petite colonne que je conduisais ; en passant aux Champs-Élysées, il parut suspect à des gardes nationaux qui lui trouvèrent des allures d'espion. Arrêté par eux, il se défendit, fut bousculé, battu et conduit prisonnier avec son cheval et sa valise à la mairie de la rue d'Anjou où se trouvait un poste nombreux de soldats-citoyens.

Arrivé là, on l'interroge, ses réponses confirment tous les soupçons ; on le conduit au logement de son maître, M. de Louvencourt, qui demeure rue Montalivet ; le valet de chambre le reconnaît, il est arrêté, lui aussi, comme espion prussien ; le portier de la maison veut répondre de ces deux hommes, il est emmené avec eux comme leur complice.

On vint me prévenir de cette stupide arrestation, rue Abbatucci où je venais d'arriver. Croyant qu'il me serait très facile de faire remettre ces hommes en liberté, je me rendis immédiatement à la mairie de la rue d'Anjou.

J'arrive, j'entre dans une grande salle du rez-de-chaussée où se trouvent une quarantaine de gardes nationaux ; officiers, sous-officiers et soldats y sont entassés pêle-mêle, dans une promiscuité toute confraternelle. Ils parlent, crient, discutent et s'agitent tous ensemble ; un caporal et un adjudant sont assis à une petite table devant mes prisonniers : c'est le bureau, quel bureau ?... les officiers ont baissé pavillon devant lui ; on me dit : Adressez-vous au bureau..... Allons, adressons-nous au bureau.

La scène qui s'ensuit mérite d'être conservée ; je l'ai transcrite le soir même aussi fidèlement que possible.

Je me présente donc devant le bureau :

— Je viens réclamer cet homme, la valise qu'il portait et le cheval qu'il conduisait. J'ai reçu l'ordre de mon général de le ramener dans Paris ; je réponds de lui.

— Qui êtes-vous ?

— Vous le voyez bien à mon uniforme : je suis médecin-major de 1re classe, je m'appelle Sarazin, et je suis attaché à l'état-major du général Ducrot que j'ai accompagné partout depuis le début de la guerre.

L'adjudant dit au caporal : « Écrivez la réponse de Monsieur qui se dit *capitaine de santé* (sic) », puis m'adressant la parole :

— D'où venez-vous ?

— De Châtillon. Je vous ferai remarquer, Adjudant sous-officier, que vous n'avez pas le droit de m'interroger.

— Pardon, Citoyen, je suis président du bureau du 12e arrondissement.

— Qu'est-ce que c'est que votre bureau du 12e arrondissement ?

— C'est le bureau, Monsieur, je n'ai pas d'explications à vous donner, répondez à mes questions.

Un garde derrière moi m'apostrophant :

— Pourquoi garde-t-il son képi sur sa tête pendant qu'on l'interroge ?

— Vous êtes tous couverts : du reste vous n'êtes que des sous-officiers ou des soldats, c'est vous qui devez vous découvrir devant moi.

Et l'adjudant, s'adressant à son secrétaire : Écrivez qu'il a refusé de se découvrir devant le bureau ; puis reprenant son interrogatoire :

— Que se passe-t-il à Châtillon ?

— Je ne suis pas chargé de vous l'apprendre ; et

puisque vous portez l'uniforme, vous devriez savoir que dans l'armée on ne répond pas à ces questions-là.

— Écrivez qu'il a refusé de répondre. Comment connaissez-vous cet homme?

— Je vous ai déjà dit que je l'ai ramené avec moi de Châtillon.

— Depuis quand le connaissez-vous?

— Depuis trois jours.

Un garde national intervenant :

—Comment se fait-il, Major, que vous répondiez d'un homme que vous ne connaissez que depuis trois jours?

— C'est le domestique d'un officier nouvellement attaché à l'état-major, M. de Louvencourt.

A ces mots de M. de Louvencourt, cinq ou six gardes nationaux prennent la parole en même temps.

—Il doit être de la bande — il faut l'arrêter — c'est un faux major — on devrait le fusiller, etc.

L'adjudant parvient à rétablir un peu d'ordre et continue à m'interroger.

— Pourquoi cet homme conduisait-il un cheval blessé?

— Parce que l'officier auquel appartient ce cheval a été au feu ce matin.

.Écrivez cette réponse, dit l'adjudant à son secrétaire et derrière moi on crie :

— Ce sont des espions sur qui on a tiré.

— Que contient cette valise, me demande mon adjudant?

— Ma foi! je n'en sais rien, je n'ai pas l'habitude de visiter les bagages de mes amis.

— Vous l'entendez, s'écrie-t-il, en s'adressant à la galerie. Eh bien, je vais vous le dire ce qu'elle contient, elle contient un uniforme de capitaine de mobiles !

— M. de Louvencourt est, en effet, capitaine de mobiles.

— Toujours M. de Louvencourt, ça ne prend pas, ce jeu-là, je vous en préviens ! Avec un uniforme de mobiles on s'introduit dans Paris et on espionne tout à son aise pour le compte des Prussiens. Au nom de la loi je vous arrête.

Il a bien dit au nom de la loi !

Pendant que les gardes nationaux applaudissent, crient et délibèrent sur ce qu'ils vont faire de leurs prisonniers, je m'adresse à un capitaine qui est près de moi.

— C'est idiot, ce que vous faites-là ! Si c'est une plaisanterie, le moment est mal choisi ; donnez l'ordre à vos hommes d'en finir.

— Oh moi, ça ne me regarde pas : je vous conseille d'obéir, car ils pourraient vous flanquer un coup de fusil ou un coup de baïonnette.

— Mais enfin, vous êtes capitaine, ou plutôt vous en portez les galons, vous devez vous faire obéir, c'est vous qui êtes responsable de ce qui se passe ici.

— Je ne suis pas du bureau, je n'ai pas d'ordre à

leur donner, du reste ils ne m'écouteraient pas. Sur ces derniers mots le capitaine s'éloigne.

Il est décidé que nous serons menés sous bonne garde d'abord chez le commissaire de police.

Me voilà donc conduit à travers les rues de Paris entouré par les baïonnettes de ces imbéciles et tous les badauds de dire en nous voyant passer : « Voilà encore des espions prussiens qu'on vient d'arrêter. »

Arrivé au commissariat, la scène recommence : l'éternel adjudant et son secrétaire s'installent à un bureau et veulent rédiger un procès-verbal.

— Votre nom ?

Mais à la fin je perds patience et je traite ces cuistres comme ils le méritent. On parle alors de nous mener tous les quatre à la préfecture de police.

Le commissaire qui voit de suite de quoi il s'agit, m'exhorte au calme et à la patience et en même temps il prévient les gardes nationaux de la gravité des arrestations arbitraires et illégales.

Tout à coup, les ordonnances de l'état-major que j'ai ramenés de Châtillon entrent dans la salle où nous sommes : ils sont sept ou huit. L'un d'eux campé devant moi tire son sabre de cavalerie (un excellent argument) en criant :

— Montrez-moi, Monsieur le Major, le jean-foutre qui vous a arrêté !

Et tous en chœur, sabre à la main :

— Oui, montrez-le, Monsieur le Major !

L'adjudant, son caporal et le commissaire ont disparu ; quelques gardes nationaux se retirent ; les autres, une douzaine au moins, reculent vers la porte et veulent parlementer pendant que mes hommes crient : « Voulez-vous que nous leur f....... des coups de sabre ? » Les rôles sont intervertis.

Je déclare alors aux soldats-citoyens que pour cette fois je leur pardonne ; qu'ils peuvent se retirer et que s'ils avaient moins peur, ils ne seraient pas si bêtes. Croirait-on qu'un de ces gaillards-là a eu l'impertinence de venir vers moi en me déclarant qu'il me rendait son estime et en me tendant la main. Si je lui avais donné la mienne, il l'aurait reçue sur la figure et bien appliquée, j'en réponds !

Pendant qu'on se bat à Châtillon les mobiles de la Seine, auxquels on a confié le mont Valérien, se révoltent contre leurs officiers, abandonnent le fort et rentrent en désordre dans Paris en criant à la trahison ! En passant au pont de Courbevoie ces fuyards cherchent à entraîner avec eux le bataillon qui en a la garde. On les remplace au poste d'honneur qu'ils n'étaient pas dignes de défendre.

Le lendemain, les gardes nationaux veulent faire sauter le pont de Courbevoie et le pont du chemin de fer d'Asnières. Ducrot n'obtient que difficilement de conserver cette seule voie de communication entre Paris, le mont Valérien et la presqu'île de Gennevilliers.

Pour comprendre la stupidité de cette mesure que

seule pouvait dicter la peur, il faut se rappeler que la presqu'île de Gennevilliers, fermée à sa gorge par le mont Valérien, est tout entière sous le canon des forts ou de l'enceinte ; à aucun moment les Prussiens n'ont cherché à y prendre pied. D'un autre côté, le pont de Courbevoie et le pont d'Asnières sont absolument nécessaires à la défense : ce sont les seuls qui restent au nord de Paris ; sans eux il est impossible de rien tenter dans toute cette partie du périmètre qui s'étend depuis Versailles jusqu'à Saint-Denis.

Le blocus de Paris se complète le 19, mon brave ami, le comte de Chabannes, capitaine d'état-major, y entre un des derniers, déguisé en paysan : encore un échappé de Sedan. Il a longé les lignes allemandes pendant la bataille de Châtillon et il est entré à Versailles en même temps que les Prussiens. Le général Ducrot l'attache à son état-major ; c'est une bien bonne acquisition, car il est aussi calme qu'instruit dans les choses de la guerre et aussi brave que dominé par le sentiment du devoir [1].

_______

1. Mort comme lieutenant-colonel en Afrique en 1875.

# XI

## COMBAT DE LA MALMAISON, PRISE DU BOURGET.

Le 20 septembre, Ducrot se transporte avec tout son état-major hors la porte Maillot. Il a pour mission de défendre avec le 14ᵉ corps tout le nord de Paris, et pendant qu'il cherche à donner un peu de cohésion à ses troupes et à discipliner les régiments de marche et les bataillons de mobiles qu'il a sous ses ordres, il fait construire de nombreux ouvrages de défense et des batteries de position dans la presqu'île de Gennevilliers et dans le bois de Boulogne. Son but n'est pas de repousser une attaque de vive force devenue de jour en jour moins probable, mais de favoriser et de préparer l'assaut des lignes prussiennes et la sortie de l'armée de Paris.

Quel séjour que celui que nous faisons à la porte Maillot où nous sommes installés dans le restaurant Gillet ! Nous y subissons tous les petits ennuis, toutes les petites vexations imaginables : mal logés, mal et chèrement nourris, l'automne avec ses pluies, l'hiver avec ses soirées interminables, les jours succédant aux jours indéfiniment, rien de décidé ni au point de vue stratégique, ni au point de vue politique, pas de nouvelles du dehors, si ce n'est quelques rares dépêches concernant les armées embryonnaires de province.

On m'a formé une ambulance dite du grand quartier général ; j'y ai fait attacher mon frère que j'ai enlevé, non sans peine, à son régiment de cavalerie de marche, pauvre régiment qui meurt d'ennui sous la tente, dans la boue et dans l'inaction, au fond du polygone de Vincennes. J'ai installé mon personnel et mon matériel dans l'enclos des Ternes ; j'y ai trouvé d'excellentes familles pleines d'humanité, de dévouement et de patriotisme ; elles font des sacrifices énormes pour loger et pour nourrir mes quelques blessés ou opérés. Mme Monduit, à elle seule, met huit lits à ma disposition et devient rapidement la sœur de charité la plus habile ; elle est secondée par son mari, un grand industriel et un artiste des plus distingués doublé d'un homme de cœur. Émile Doré et sa famille mettent toute leur maison à notre disposition, ils nous comblent de prévenances et nous aident par leur charmante société à ne pas périr de spleen pendant ces sombres mois d'octobre et de novembre. D'autres encore nous facilitent notre tâche, bien insuffisante du reste pour occuper nos longues heures d'inaction.

Chaque fois que je veux rentrer dans Paris je suis forcé d'exhiber un laissez-passer aux gardes nationaux qui sont de faction à la porte Maillot. Comme j'y vais au moins deux fois par jour pour le service de mon ambulance, je suis continuellement en butte à leurs mesquines tracasseries : ces gens-là voient des espions ou des Prussiens partout. Ils viennent en grandes bandes passer leur journée au rempart ; ils y jouent au bouchon, se grisent, font de la mauvaise politique, tracassent les soldats et les officiers qui ont affaire à Paris ; ils entravent le service et s'imaginent sauver la patrie. Peut-on rien rêver d'aussi absurde que ce rôle de la garde nationale chargée de défendre un rempart que personne ne songe à attaquer. Ils sont là par bataillons entiers, l'arme au bras et le fusil chargé, prennent leur mission très au sérieux et se considèrent comme des héros. On leur a même installé sur les bastions un système d'éclairage électrique pour leur permettre de repousser les assauts de nuit ! Il est vrai que c'est la nuit qu'ils se livrent de bastion à bastion à des fusillades qui fort heureusement ne blessent personne. Notons que toute l'armée et la mobile sont campées loin en avant de l'enceinte que les forts à eux seuls suffiraient pour protéger. Comment le peuple qui se dit le plus spirituel du monde se contente-t-il du rôle de nigauds qu'on lui fait jouer ?

Ce qui me frappe aussi, c'est l'esprit ridiculement tyrannique, tracassier, soupçonneux et paperassier de ces hommes qui n'ont à la bouche que le mot de liberté : les laissez-passer, les visas, les cartes d'identité ont pour eux une importance de premier ordre. L'un d'eux me dit un jour : « On devrait forcer tous ceux qui entrent dans Paris à avoir leur photographie sur leur laissez-passer » ; je lui demande : « Monsieur est photographe ? » Il me répond que non, fort sérieusement.

Et comme le métier est bon, surtout au début, les enrôlements atteignent rapidement des chiffres invraisemblables. On parle de 320,000 gardes nationaux ; il est vrai que dans le nombre se trouvent plus de 30,000 repris de justice [1]. A côté de ces derniers on trouve des hommes de cœur et de dévouement, des vieillards, des professeurs, des membres de l'Institut, des artistes, et même d'anciens ministres. Comment utiliser toutes ces bonnes volontés ?... La sélection va se faire toute seule : on demande des volontaires à la garde nationale ; les engagements sont reçus dans toutes les mairies et pour chauffer le patriotisme on ressuscite les vieux oripeaux de 93, l'autel de la patrie avec ses drapeaux, ses tambours et toute sa mise en scène. Mon Dieu, comme c'est peu sérieux, et quelle opposition entre la tragique situation de notre pauvre France et toutes ces mascarades ! Mais ce qui est sérieux c'est le nombre des enrôlements : on en trouve

---

1. Ce chiffre qui peut paraître exagéré est en quelque sorte officiel, il nous est donné par le général Trochu. C'est celui que rapporte Ducrot dans sa *Défense de Paris*, vol. I, p. 99. Il fait remarquer qu'il convient d'y ajouter 6,000 sectaires aux ordres des Flourens, des Blanqui, des Delescluze.

6,000. — 6,000 sur 320,000! rien n'est brutal comme les chiffres : encore une illusion de moins.

J'apprends fort heureusement que la loi va remplacer la bonne volonté qui fait défaut. On parle de créer des bataillons de gardes nationaux mobilisés et ce n'est que justice, car la garde nationale a donné asile à un grand nombre d'hommes qui tombent sous le coup de nos lois militaires, et qui s'y sont réfugiés pour échapper au recrutement.

Je rentre souvent dans Paris et je vois s'éteindre lentement la vie et l'agitation de la grande ville. La circulation s'y ralentit de jour en jour ; peu à peu les halles et les marchés se vident ; les boutiques de comestibles n'ont plus leurs approvisionnements habituels, tout y coûte fort cher. Dès le mois de novembre on fait queue devant les boucheries et devant les boulangeries ; il faut des cartes pour obtenir des vivres et les rations sont insuffisantes. La viande de cheval a remplacé le bœuf et le mouton, et cette population si délicate et si difficile l'accepte sans se plaindre. La grande, la vraie misère s'est emparée de Paris, misère triste et froide, misère de vaincus et d'écrasés. Elle est supportée stoïquement, et jusqu'au bout elle n'arrachera pas une plainte, même aux femmes et aux enfants qui n'ont pas la ressource de boire et de se griser comme l'ouvrier dont l'atelier s'est fermé. C'est là que la population s'est montrée héroïque, et si elle ne fait pas preuve des vertus guerrières auxquelles elle prétend, elle donne au moins aux générations futures des exemples de fermeté, de patience et d'énergie dans la souffrance qui sont vraiment admirables. Paris, pour sauver la France, a consenti à mourir de faim tranquillement et sans se plaindre ; Paris a senti sa vie s'en aller lentement sans pour cela désespérer du salut de la patrie. La mortalité hebdomadaire augmente rapidement. Cet héroïsme passif semble une contradiction des reproches que je viens d'adresser plus haut à la population de Paris : cette contradiction existe dans les faits que nous sommes appelés à constater.

De temps en temps la canonnade des forts réveille la capitale engourdie. Ce sont comme des accès convulsifs qui débutent et s'arrêtent brusquement. Les grosses pièces de marine résonnent lourdement au milieu du fracas des canons de bronze qui arment nos forts et nos bastions. C'est la seule musique qu'on entend encore ; bientôt on n'y fera plus attention ; vienne un bombardement et il passera inaperçu. Faut-il croire ce sceptique général d'artillerie qui prétend qu'on tire le canon en l'air pour avoir l'air de tirer le canon ?

Le 25 septembre nous voyons brûler le château de Saint-Cloud. Il y a deux mois seulement que Napoléon III l'a quitté pour se rendre à l'armée de Metz : que d'événements en deux mois ! Le palais était occupé par un état-major prussien qui y aurait mis le feu, dit-on, pour cacher ses larcins. On dit aussi que l'incendie a été allumé par les obus du mont Valérien; j'aime mieux cette seconde version; je voudrais voir le feu dans toutes les maisons qui abritent les Allemands, à commencer par la mienne, s'ils entrent à Strasbourg.

L'armée tout entière campée hors des murs s'organise lentement et sérieusement. Les régiments de marche et les bataillons de mobiles commencent à se bien tenir sous les armes; petit à petit ils prennent confiance en eux-mêmes et de temps en temps on les mène au feu pour éprouver leur moral. La première tentative du 14e corps est malheureuse, on charge une colonne d'un millier d'hommes d'enlever, la nuit, un poste prussien qui occupe Bois-Préau près de la Malmaison; un coup de feu part par accident au milieu des rangs, une panique s'ensuit. Il faut encore attendre avant de rien entreprendre avec ces hommes-là.

Le 30 au soir nous apprenons les combats livrés le jour même, au sud de Paris, par le corps d'armée du général Vinoy. Partant des redoutes des Hautes-Bruyères et du moulin Saquet dont ils ont chassé les Prussiens quelques jours auparavant et appuyés par les forts d'Ivry et de Bicêtre, dix à douze mille hommes se sont jetés sur les lignes allemandes de Thiais, Chevilly et l'Hay. Malgré la force des positions occupées par l'armée ennemie, nos troupes les ont très bravement abordées et elles s'y sont maintenues quelque temps sous un feu meurtrier. Forcées de battre en retraite, elles se sont repliées en bon ordre sur leurs anciennes positions. L'artillerie, comme toujours, a été admirable de sang-froid et de dévouement, mais tout l'honneur de la journée revient à deux régiments, le 35e et le 42e de ligne, deux vrais régiments de notre vieille armée, les deux seuls malheureusement que nous ayons dans Paris. Par leur exemple, ils ont entraîné les régiments de marche et les mobiles qui combattaient à côté d'eux. L'honneur est sauf !

Les pertes ont été cruelles : plus de 2,000 hommes sont tombés sur le champ de bataille. Le 35e de ligne à lui seul a perdu 24 officiers et 759 hommes. C'est 60 hommes de plus que toute notre armée au combat de Châtillon, et il n'a pas eu plus de 2,000 hommes engagés. Voilà ceux que le Bellevillois, devenu garde national, appelle des capitulards !

Et malgré le néant du résultat obtenu, ce combat du 30 septembre nous fait presque autant de plaisir qu'une victoire, il nous donne un peu de confiance dans ce ramassis d'hommes armés qui forment les 13e et 14e corps : il sera peut-être possible d'en faire des soldats !

C'est le 21 octobre que le 14e corps essaie à son tour ses forces. Mieux vaudrait encore attendre, mais le temps presse et il faut satisfaire l'impatience de la garde nationale de Paris qui brûle du désir de voir l'armée engager la lutte. Il s'agit uniquement de savoir comment les troupes soutiendront le feu et de reconnaître les positions de l'ennemi à l'entrée de la presqu'île de Gennevilliers. Ducrot avec tous les officiers de son état-major étudie pendant plusieurs jours et dans ses moindres détails le combat qu'il va livrer. C'est une reconnaissance offensive forte de 10,000 à 12,000 hommes soutenus par une nombreuse artillerie ; elle occupera Rueil, Bois-Préau, la Malmaison et visitera les bois de Longboyau et de Buzenval. J'ai pris connaissance des ordres et du terrain où se passera l'action ; j'emmène avec moi une section de mon ambulance et deux voitures de l'ambulance américaine et j'attends au rond-point des Bergères la fin de la canonnade qui est le prélude du combat. Dès qu'elle cesse, je descends sur Rueil et je m'établis près de la caserne pendant que nos troupes se portent en avant. Bientôt la fusillade commence, les mitrailleuses et le canon se font entendre ; nous ne savons pas ce qui se passe devant nous, mais il y de la confiance dans l'air.

Puis des blessés nous arrivent et, par les renseignements qu'ils nous donnent, nous apprenons que les troupes marchent bien et qu'elles sont sérieusement engagées. La lutte continue très vive jusque vers cinq heures du soir ; la nuit arrive ; la retraite commence ; les Américains partent chargés de blessés et je ne tarde pas à les suivre après m'être assuré qu'il ne nous en viendra plus. S'il y en a encore sur le terrain, ce qui est peu probable, ils sont dans les lignes que les Prussiens ont réoccupées après la retraite de nos bataillons.

Il est sept heures et demie quand je rentre à la Porte Maillot et je m'empresse de demander des nouvelles de la journée, car occupé à soigner mes blessés, je ne sais qu'une chose, c'est que tout c'est passé conformément au programme tracé par le général. Nos troupes ont bien marché, mieux même qu'on n'osait l'espérer; les zouaves surtout se sont très bien montrés et ils ont racheté leur débandade de Châtillon : c'est eux qui ont supporté l'effort de la journée, aussi ont-ils perdu beaucoup de monde et surtout beaucoup d'officiers. Le terrain coupé de murs, de chemins, de villas, de parcs et de bois était très difficile; il en est résulté à un moment un peu de confusion et des surprises. Notre marche en avant avait été si rapide que sur certains points les Français et les Prussiens se trouvaient mélangés et se rencontraient à brûle-pourpoint au détour d'un chemin, dans un parc, dans une maison; sur d'autres points ils n'étaient séparés que par un mur, par une porte, par une haie. Deux pièces de 4 qui s'étaient aventurées avec une remarquable audace jusqu'au mur du Longboyau ont été enlevées par l'ennemi. Somme toute, on est content de la journée, de l'esprit et de l'entrain des troupes; on peut dorénavant tenter un effort sérieux pour dégager Paris[1]. C'est bien le cas de dire que les malheureux se contentent de peu.

Et comme il est curieux de voir ces zouaves, si médiocres à Châtillon, se bien conduire au feu moins d'un mois après. On dit que l'habit ne fait pas le moine, c'est vrai lorsqu'il n'est pas porté longtemps; mais à la longue il déteint sur celui qui le porte. Voilà des hommes qui ont fini par entrer dans la peau des zouaves dont on leur a donné le costume.

Après l'affaire de la Malmaison, les locaux que j'occupe dans l'enclos des Ternes étant devenus insuffisants pour y loger mes blessés et mes opérés, j'en fais transporter la moitié dans le magnifique hôtel de Michel Chevalier sur l'avenue de l'Impératrice, devenue avenue Uhrich. Un grand drapeau blanc à croix rouge l'offrait au service des ambulances et le propriétaire avait eu le soin de le faire démeubler et de donner au concierge des ordres conformes à la nouvelle destination de sa maison. J'ai fait respecter cet immeuble, et quelques semaines après, quand je l'ai quitté, pas le plus petit dégât n'y avait été commis. Dans la même rue, un peu plus loin du boulevard, se trouve un hôtel plus petit pourvu, lui aussi, d'un drapeau d'ambulance; je vais le visiter pour y loger mon personnel médical. Dès que la porte s'ouvre, je

---

1. Les pertes des Français ont été ce jour-là de 541 hommes tués, blessés ou disparus, les Allemands ont perdu 414 hommes.

me sens en pays étranger : des statues de marbre blanc devant des transparents de soie rose, des lanternes multicolores, des rideaux et des portières de toutes provenances aux couleurs les plus criardes, des bibelots médiocres partout, dans tous les coins, des tableaux mêlés à des chromolithographies dans des cadres ébouriffants depuis la cave jusqu'au grenier, et des meubles ! quelle profusion de meubles rouges, verts, bleus, jaunes, dorés, laqués, capitonnés, un vrai magasin, on peut à peine entrer dans les chambres. J'apprends que je suis chez une grande dame prussienne : aussi j'ai eu du mal à me faire ouvrir la porte. Voyez-vous cela ? Un beau drapeau d'ambulance, la porte bien fermée, et un petit voyage en Allemagne en attendant la fin de la guerre, ce n'est vraiment pas mal imaginé.

Je recommande à mes aides-majors de respecter tout ce qui se trouve dans la maison de cette femme, mais d'y prendre leurs aises. J'ai vu dans l'écurie deux grands mecklembourgeois qu'on ne fait pas sortir par crainte des réquisitions ; ils sont gras comme des cailles : ceux-là je les note et si un jour nous mourons de faim..... Que feraient des Allemands à ma place ? En ce moment ils brûlent tout ce que j'ai à Strasbourg : mais nous ne sommes pas des Allemands.

En face de l'hôtel de Michel Chevalier, de l'autre côté de l'avenue, se trouve l'ambulance américaine organisée par M. Evans avec l'aide de la colonie américaine de Paris. Elle est établie sur un terrain vague et le drapeau étoilé flotte sur les grandes tentes bien chauffées et bien ventilées où sont commodément installés plus de 50 blessés. Le personnel est jeune, actif et intelligent ; il est uniquement composé de volontaires recrutés dans toutes les classes de la société américaine. Un banquier y fait des pansements comme un vrai carabin, entre un photographe et une fille de couleur. J'ai beaucoup de plaisir à fréquenter ces braves gens et j'ai des relations très cordiales avec eux et surtout avec leur chirurgien en chef, le Dr Swimburn, dont la pratique chirurgicale est réellement remarquable.

Ce n'est pas un homme érudit, mais il guérit ses blessés pendant qu'une effrayante mortalité ravage les ambulances de nos savants chirurgiens de la Faculté de Paris. Je constate que son secret ne m'est pas inconnu : c'est une propreté rigoureuse et absolue des blessés, de leur literie, de leurs pansements, des mains et des instruments qui les touchent et de l'air qu'ils respirent. C'était alors chose nouvelle dans la pratique chirurgicale.

Le 27 octobre nous apprenons que le général Carré de Bellemare a fait enlever et occuper le Bourget. C'est d'après ce que disent les officiers qui m'entourent, un grand village, très en flèche, situé à deux kilomètres en avant du fort d'Aubervilliers, sur la route de Lille.

L'acquisition est jugée fort médiocre au point de vue de la défense et les sacrifices qu'entraînera sa conservation ne seront pas compensés par les avantages qu'on peut en tirer. Cependant, dès le lendemain, cette prise du Bourget est présentée aux badauds de Paris comme une grande victoire. On devrait bien charger les Bellevillois de garder cette brillante conquête; cela les rendrait beaucoup plus calmes.

Le 29, en allant déjeuner à l'état-major, on me dit que le Bourget vient d'être repris par l'armée allemande. Elle a déployé pour s'en emparer des forces considérables; la résistance de notre côté a été très vive et le combat très meurtrier. Les mêmes hommes qui ont déclaré la prise du Bourget inutile sont aujourd'hui très désolés qu'on nous l'ait enlevé : ils prétendent que puisqu'on avait tant fait que de s'en emparer, il fallait s'arranger de façon à y rester. Dans l'après-midi, n'ayant rien de mieux à faire, je monte à cheval et muni de tous mes laissez-passer, je visite intérieurement l'enceinte de Paris depuis la porte Maillot jusqu'à la porte de Pantin. Je m'introduis de temps en temps au milieu des groupes de gardes nationaux, on y discute avec animation l'échec du Bourget et on y parle de trahison : j'essaie d'expliquer à ces hommes le peu d'importance de cette position au point de vue stratégique; on me regarde de travers et je vois le moment où l'on va m'arrêter comme espion.

## XII

## LA JOURNÉE DU 31 OCTOBRE

Le lendemain, 31 octobre, le général nous annonce que Thiers est entré dans Paris. Sa mission ayant pour but de décider l'Europe à intervenir en faveur de la France a complètement échoué. Il vient de Versailles ; il a vu M. de Bismarck et il est porteur de propositions d'armistice ; on réunira hors Paris une Chambre régulièrement élue et qui sera chargée de faire la paix avec les Prussiens. A quelles conditions pourra-t-on l'obtenir ? Le général ne le sait pas ou ne veut pas nous le dire. Au moment où je passe à la porte Maillot pour faire à mon ambulance la contre-visite du soir, je vois sortir dans un coupé Thiers qui retourne à Versailles. Il s'arrête un moment, sans descendre de voiture, devant le restaurant Gillet et part suivi de son escorte. A mon ambulance j'apprends qu'il y a une manifestation de gardes nationaux sur la place de l'Hôtel-de-Ville. C'est une manie qu'ils ont depuis le commencement d'octobre ; je n'y attache aucune importance. On ferait bien mieux de les envoyer manifester aux avant-postes.

A sept heures et demie du soir, nous sommes tous à table, aussi tranquilles que d'habitude, lorsque le commandant Franchetti des éclaireurs à cheval entre, s'approche de Ducrot et lui dit quelques mots à l'oreille. Le général se lève aussitôt et s'écrie : « Messieurs, tout le monde à cheval ; nous allons entrer dans Paris », puis il donne des ordres pour se faire accompagner par deux brigades d'infanterie, du canon et des mitrailleuses. Diable ! ça se gâte, Ducrot a l'air de bien mauvaise humeur. Je m'approche de lui :

— Aura-t-on besoin de mon ambulance, mon général ?

— Parbleu ! et dépêchez-vous, nous n'avons pas de temps à perdre. Amenez-la au Carrousel.

Mon frère rentre dans Paris pour la conduire au lieu désigné et je monte à cheval avec l'état-major. Ducrot ne nous dit rien et cependant le bruit court que tous les membres du Gouvernement sont prisonniers à l'Hôtel-de-Ville. On se demande s'ils n'ont pas été fusillés. Les bataillons de Belleville et de Montmartre ont nommé un gouvernement insurrectionnel ; la *Commune de Paris,* c'est-à-dire quelques milliers de gredins, s'est emparée du pouvoir. Elle ne le gardera pas longtemps cette fois-ci !

Sur la place de la Concorde le capitaine de Néverlée, envoyé en avant par le général, arrive vers nous à fond de train. Trochu n'est pas prisonnier; il est au Louvre et donne l'ordre à Ducrot d'arrêter son mouvement sur l'Hôtel-de-Ville : les troupes resteront sous les armes à la porte Maillot. Nous nous rendons dans la cour du Louvre. Le général descend seul de cheval et va trouver le gouverneur. Nous assistons pendant de longues heures à un va-et-vient auquel nous ne comprenons rien. L'impatience nous gagne, nous qui attendons dehors à la pluie ; pour passer le temps nous critiquons la conduite de nos chefs : de deux choses l'une, ou l'insurrection est maîtresse de l'Hôtel-de-Ville et il faut la déloger à coups de fusil, ou l'ordre est rétabli et alors nous n'avons qu'à rentrer chez nous.

Le brave Chabannes se charge de nous rappeler à l'ordre ; il nous dit :

— Mais cela ne nous regarde pas ce qui se passe, nous n'avons qu'à obéir aux ordres du général. Il sait bien que nous sommes ici ; allons-nous nous mettre nous aussi en insurrection ?

Pour venger l'état-major admonesté, je lui dis, connaissant son vigoureux appétit :

— Oui, mais notre dîner sera froid. Quel malheur, un cheval à la mode incomparable !

Il me répond : « Il sera tout aussi bon froid », et tout le monde se met à rire...

Des gardes nationaux en passant nous apprennent que tout s'arrange pour le mieux, que ce n'est qu'un simple malentendu, et Chabannes, toujours un peu grognon, les interpelle :

— Vous appelez cela un simple malentendu, vous autres? des soldats sous les armes qui se révoltent contre leur Gouvernement ! Pour un malentendu comme celui-là, on devrait vous fusiller.

Nous continuons à attendre ; je m'endors sur mon cheval ; enfin bien avant dans la nuit Trochu sort du Louvre avec un ou deux aides de camp et nous l'accompagnons jusqu'à l'Hôtel-de-Ville aux cris de vive Trochu, vive le Gouverneur! C'est à n'y rien comprendre ! Évidemment les émeutiers sont allés se coucher ; ce sont les bataillons de l'ordre qui encombrent la place. On entend par-ci par-là quelques retardataires crier vive la Commune. Après une petite station sur la place nous rentrons à la porte Maillot ; il est cinq heures du matin quand nous nous mettons à table pour achever de dîner.

Au fond, quelle triste journée que celle du 31 octobre ! Quelle confiance pouvons-nous accorder à un gouvernement assez faible, assez indécis, pour se laisser renverser par cinq ou six mille drôles conduits par Flourens, ce fantoche tout galonné, par Blanqui, Félix Pyat, Ledru-Rollin, ces insurgés relaps, et par des hommes qui ne cherchent qu'à pêcher en eau trouble[1]. Quelle sera devant l'ennemi l'énergie de ce

_______

1. On retrouve plus tard ces derniers dans la Commune de Paris

-gouvernement, issu lui-même de l'émeute et trem-blant devant elle  Il n'a même pas le courage d'employer pour se défendre la force dont il dispose, et dans les moments difficiles il ne sait s'arrêter à aucune décision et se contente de faire des discours ! Quel espoir pouvons-nous fonder sur ces politiciens stupides qui ont voulu opposer des raisonnements à la violence irréconciliable lorsqu'ils avaient des fusils et des canons sous la main. Et ils triomphent en disant : « Il n'y a pas eu d'effusion de sang. » C'est justement la raison pour laquelle l'insurrection recommencera et pour chacun de ceux qui aujourd'hui ont été épargnés, des honnêtes gens par centaines perdront la vie[1]. Si c'est ce gouvernement-là qui doit reconduire les Prussiens tambour battant au delà du Rhin, pauvre France, tu n'en seras pas de sitôt débarrassée.

Après tout pourquoi nos gouvernants prétendent-ils conserver le pouvoir ? Leurs adversaires du 31 octobre y ont à peu près autant de droits qu'eux. La révolution du 4 septembre s'est faite dans des conditions identiques à celles de l'insurrection du 31 octobre, en face de l'ennemi, après un échec militaire dont l'émeute n'a pas rougi de profiter ; d'une part, Sedan; de l'autre, le Bourget et les insuccès sous Paris, de

---

pour ne citer que quelques noms, Eudes, Millière, Ranvier, Jules Vallès, Mégy, Vermorel, Razoua, etc., etc.

1. Le 1er novembre, Jules Ferry fait mettre en liberté tous les prisonniers et avec eux les chefs de l'insurrection !!!

part et d'autre, le pouvoir a été escamoté au mépris des lois par un coup de surprise, de part et d'autre aussi, nous trouvons un gouvernement qui hésite, tâtonne, discute et ne demande qu'à s'effondrer. Au point de vue du droit, Ferry, Picard, Favre et consorts sont sur le même niveau que Delescluze, Blanqui, Félix Pyat et leurs amis, Rochefort flotte entre les deux. Le personnel qui a fait le 4 septembre est le même que celui qui a tenté le 31 octobre; l'intelligence et le patriotisme sont à peu près égaux dans les deux camps, et quant à l'énergie, je crois, ma foi, qu'il y en a plus du côté de l'insurrection. En somme, tout cela ce sont des œufs sortis du même panier.

Sentant où le bât les blesse, les membres du gouvernement de la Défense nationale se soumettent à un plébiscite. Ils demandent à la population de Paris si elle consent oui ou non à leur conférer les pouvoirs qu'ils ont usurpés, et parce que plus de 300,000 citoyens honnêtes, n'ayant pas du tout l'embarras du choix, leur répondent que *oui*, ils s'imaginent que les 60,000 insurgés qui ont voté *non* vont se tenir tranquilles. Je me demande si Napoléon Ier, enfermé dans Paris, se serait amusé à envoyer aux urnes l'armée et la garde nationale. C'est stupide tout cela, et la stupidité est un crime quand il y va du salut de la France.

Le plébiscite a lieu le 3 novembre, le 5 au matin le général Ducrot reçoit l'ordre d'accompagner Jules

Favre au pont de Sèvres où Thiers doit se présenter porteur des propositions prussiennes concernant l'armistice. Au déjeuner, le général nous annonce que les conditions proposées par M. de Bismarck au nom du roi de Prusse ont été rejetées. Nous avons encore des vivres et des armes et nous ne pouvons pas nous soumettre à l'humiliation qu'on veut imposer au pays sans avoir tenté un dernier, un suprême effort, pour sauver l'honneur de la France.

Nous demandons au général s'il peut nous dire les prétentions de la Prusse. Il nous répond qu'elle demande l'Alsace et deux milliards. D'après Thiers, le roi Guillaume était disposé à nous accorder un armistice de 3 semaines avec ravitaillement proportionnel à sa durée pour permettre la convocation, hors Paris, d'une assemblée chargée de négocier la paix ; mais la nouvelle de l'insurrection du 31 octobre lui étant parvenue pendant les négociations, avait notablement changé ses dispositions et celles de son ministre. Refuser le ravitaillement de Paris c'était refuser l'armistice, car au bout de trois semaines, nos vivres étant épuisés, nous aurions été forcés de subir la loi du vainqueur. Quels ennemis implacables ! profiter de nos dissensions intestines pour nous forcer à continuer la guerre, ruiner, écraser sans pitié un ennemi vaincu afin de pouvoir ensuite lui imposer des conditions telles qu'il ne puisse plus se relever. Quelle politique de grande route !

M. Thiers, en effet, n'a pas caché au général qu'après la prise de Paris, outre l'Alsace, on nous prendrait la Lorraine et que l'indemnité exigée serait alors plus que doublée! Il n'a qu'une très médiocre confiance dans les armées qui s'organisent en province et nous prédit le sort de l'armée de Metz, sort qu'il est venu confirmer dans tous ses navrants détails. Son avis est qu'il faudrait accepter les conditions de la Prusse, quelque dures et humiliantes qu'elles soient, afin d'en éviter de plus cruelles. Il faudrait même d'après lui accepter l'armistice sans ravitaillement, car de deux choses l'une, ou nous avons pour plus de trois semaines de vivres et alors le ravitaillement est inutile, ou nous ne les avons pas et alors Paris sera forcé de capituler avant que la France soit prête à délivrer sa capitale : ces raisonnements sont d'une sagesse déshonorante.

L'avis du général est qu'il y aurait lâcheté à se soumettre ainsi au bon plaisir de nos ennemis tant qu'il nous reste du pain et des armes : notre devoir est de nous battre, et puisque nous sommes menacés de tout perdre, il faut au moins sauver l'honneur. C'est exprimer les sentiments de tous ceux qui l'entourent.

Mais ce ne sont pas là les raisons qui ont décidé les membres du gouvernement de la Défense nationale à repousser l'armistice : ils ont peur d'une nouvelle insurrection qui les chasserait du pouvoir et qui ébranlerait la République. Pour continuer la lutte ces messieurs se placent, comme on le voit, à un point de vue fort différent du nôtre : la défense nationale, c'est le pouvoir pour eux et la France n'existe à leurs yeux qu'en tant que République.

Après ces quelques jours d'émoi la vie recommence pour nous monotone et froide et les jours succèdent aux jours avec une régularité désespérante. Nous n'avons pour nous distraire que la procession des inventeurs qui viennent proposer à Ducrot des moyens infaillibles pour faire lever le siège de Paris. L'un, c'est un pharmacien, a trouvé le moyen d'asphyxier et d'empoisonner toute l'armée prussienne et il est très étonné d'entendre le général lui répondre que si ce moyen existait, il se refuserait à l'employer ; l'autre propose de faire par centaines de mille des canons en papier cerclés avec de la ficelle : tous les clubs, auxquels il a proposé son artillerie, en ont été émerveillés. Un troisième présente un plan de sortie torrentielle ; c'est une idée qui commence à trotter dans tous les cerveaux creux. Celui-ci veut se servir des ballons pour écraser d'en haut tous les soldats prussiens et celui-là veut construire sur la Seine une flottille de guerre à laquelle rien ne pourra résister. Puis viennent les inventeurs des cuirasses, de boucliers, de blindages portatifs, de paraballes en soie, en papier, en feutre, en tôle, en acier, etc., etc. Ceux-ci sont très faciles à éconduire : on leur propose de les mener aux avant-postes pour faire eux-mêmes l'essai de leur invention. Pendant que l'officier chargé de les accompagner va chercher son cheval, ils disparaissent et on ne les revoit plus.

Un type curieux aussi à noter nous est fourni par les femmes. Des dames, de vraies dames, armées de carabines de précision, viennent demander l'autorisation d'aller aux avant-postes pour tirer sur des soldats prussiens. On prend les premières qui se présentent pour des aventurières, mais elles remettent vertement à leur place tous ceux qui se montrent entreprenants. Par ordre du général c'est à moi qu'on les adresse : je suis chargé de leur expliquer que la guerre n'est pas une tuerie inutile et de leur offrir un emploi dans mon ambulance. Je n'arrive pas à les convaincre et pas une d'elles n'accepte de servir nos blessés.

Mais ce que j'ai vu de plus étrange pendant ces tristes jours, fut un évêque *in partibus*, camérier du pape, du nom de Bauer. De vieux généraux l'appelaient monseigneur gros comme le bras, monseigneur Bauer ! (*Bauer* veut dire paysan). Il s'était attaché à la fortune des ambulances de la Presse et désirait la croix de la Légion d'honneur. C'était un beau petit juif, plus ou moins converti, musqué, pommadé, tiré à quatre épingles, l'homme le plus aimable et le plus prévenant du monde, frais, grassouillet et frisé, toujours de sémillante humeur, plein de bienveillance, d'indulgence et de bénédictions. Il montait à cheval, en bottes à l'écuyère vernies, sur une magnifique petite bête docile comme un agneau et se faisait suivre d'un jeune gentleman irlandais, catholique, armé d'un énorme étendard blanc à croix rouge.

Mon ami Demarquay, qui le connaissait de longue date, refusait de le prendre au sérieux et M. de la Grangerie, du *Gaulois,* nous racontait ses succès auprès des dames de la cour impériale. Il est vrai que M. de la Grangerie aimait beaucoup à rire et manquait absolument de révérence [1].

Cependant de jour en jour l'armée s'organise et complète son matériel d'artillerie ; elle se masse vers Courbevoie et la presqu'île de Gennevilliers ; des batteries de position sont établies entre le mont Valérien et Saint-Denis. Le général travaille du matin au soir et souvent toute la nuit ; ses aides de camp et ses officiers d'ordonnance sont continuellement en route ; le moment approche où nous allons tenter un effort sérieux. Il ne nous fait part de ses projets que lorsqu'il est forcé de les abandonner. Nous devions sortir par la presqu'île de Gennevilliers, passer la Seine vers Bezons et nous diriger vers Rouen et la basse Seine. Là seraient venus se joindre à nous Bourbaki avec l'armée du Nord et d'Aurelle de Paladines avec l'armée de la

---

1. C'est probablement le même homme dont parle Drumond dans la *France juive.* Il aurait depuis qu'il nous donnait sa bénédiction jeté le froc aux orties pour se marier.

Loire. Les Prussiens auraient été forcés de lever le siège de Paris pour marcher contre nous.

La victoire de Coulmiers, la reprise d'Orléans et surtout l'impérieuse intervention de Gambetta, doublé de l'ingénieur de Freycinet, ont forcé le général à renoncer au plan de campagne qu'il avait si sérieusement préparé. Le gouverneur de Paris, les membres du gouvernement de la Défense nationale et jusqu'à l'opinion publique, tout lui impose la sortie dans la direction d'Orléans [1].

Les succès de l'armée de la Loire ont électrisé tous les courages ; l'espoir renaît dans tous les cœurs ; l'armée est prête ; l'artillerie est au complet ; il est plus que temps d'en finir : on va se battre et on se battra bien. Peu importe après tout le point qu'on choisira pour se jeter sur les lignes allemandes. Si le général regrette sa sortie vers Rouen, c'est question d'amour-propre d'auteur, il conduira ses troupes tout aussi bien dans n'importe quelle autre direction et tout le monde fera son devoir.

Je reçois l'ordre le 27 d'évacuer tous les blessés

---

1. Quand on songe, dit M. Chaper, que c'était un avocat aidé d'un ingénieur, Gambetta et M. de Freycinet, aussi profondément ignorants l'un que l'autre des éléments les plus simples de l'art de la guerre, qui jugeaient de la valeur des plans de nos généraux *sans même en faire l'objet d'une véritable discussion* et qu'ils y substituaient leurs combinaisons personnelles, on ne peut se défendre d'un sentiment de surprise, de douleur et d'indignation ! Comment, livré à de telles mains, notre pauvre pays n'eût-il pas achevé de succomber !

de mon ambulance et de la tenir prête à marcher. Je les cède, avec les locaux que j'occupe, à l'ambulance américaine. Le personnel et le matériel dont je dispose sont dirigés vers le Champ de Mars, qui est le rendez-vous de toutes les ambulances et du convoi de l'armée de Ducrot. Le jour de la bataille qu'on va livrer sous Paris, le service sera confié aux ambulances civiles afin que, la trouée une fois faite, les ambulances militaires puissent rapidement suivre l'armée, ce qui leur serait impossible si elles étaient chargées du service du champ de bataille.

Je remets entre les mains de mon frère la direction de mon personnel et je retourne à l'état-major de Ducrot. Tout notre corps d'armée quitte ses cantonnements et traverse Paris pour se rendre du côté de Charenton, Vincennes, Joinville-le-Pont et Nogent. Nous partons nous-mêmes de la porte Maillot le 28 pour nous rendre à Nogent. Le soir seulement j'apprends que notre armée, forte de 100,000 hommes, va passer la Marne et marcher sur Fontainebleau. Le mouvement doit s'exécuter au point du jour : le secret a été bien gardé.

Tous ceux qui, parmi nous, n'ont pas une mission à remplir s'arrêtent pour dîner chez Bignon. C'est très curieux le besoin qu'on a de s'étourdir un peu la veille d'une bataille. Le dîner est très gai, très cordial, et cependant je suis sûr que tous ceux qui m'entourent ont fait comme moi : j'ai écrit pour ma femme mes dernières volontés; je les ai déposées chez mon beau-frère avec quelques centaines de francs dont je puis me passer. Quoique je ne sois pas un combattant, je sais par expérience ce que vaut sur un champ de bataille le brassard de Genève. L'effort de demain sera désespéré, car si nous ne passons pas à travers les lignes prussiennes, c'en est fait de Paris.

Nous avons reçu la proclamation de Ducrot; tout le monde la trouve admirable, et je suis seul à m'élever contre la dernière phrase, où je ne retrouve pas sa manière habituelle.

— Oui, il a bien fait de le dire, s'écrie l'un.

— C'est ce qui fera le plus d'effet sur les troupes, dit un autre, et le brave de Néverlée ajoute :

— Moi, je n'aurais mis que cette phrase-là et j'aurais supprimé tout le reste. C'est la seule chose que comprendra le soldat.

— Tout le reste c'est du discours français, reprend Chabannes, mais cette phrase-là nous vaut dix mille hommes.

Et un vieux colonel dit philosophiquement :

— C'est avec ces machines-là qu'on fait marcher les hommes ; qu'ils soient tous persuadés que demain il faut passer ou crever et ils passeront. Ce n'est pas plus le moment de peser ses mots que de marchander sa peau, aujourd'hui tous les moyens sont bons, tous! Elles ne seront déjà pas si faciles à enlever, nos troupes!.....

Je leur réponds :

— Oui, mais si vous ne passez pas ?

— Nous passerons, docteur, nous passerons ! A la santé de Ducrot !

Et tous, de tout cœur, nous buvons à la santé du brave homme qui nous commande.

Je sais, moi personnellement, combien ce passage de la Marne était bien préparé. Depuis le 15 novembre, Ducrot y travaillait nuit et jour. Il connaissait par cœur le terrain qu'il allait aborder, la nature des obstacles qu'il aurait à vaincre, ceux qu'il pourrait opposer à l'ennemi. Il avait pesé minutieusement la valeur de tous ses régiments et des officiers qui les commandaient pour ne leur demander que ce qu'ils étaient capables de faire. Il avait épelé en quelque sorte à tous ses divisionnaires le rôle qu'ils auraient à remplir. Il s'était fait donner pour son artillerie les généraux Frébault et Boissonnet en qui il avait toute confiance ; pour son génie, le vieux général Tripier, un des plus braves soldats qu'il m'ait été donné d'admirer. Il avait fait établir tout le long de la Marne, dans la presqu'île de Saint-Maur et depuis Joinville-le-Pont jusqu'à Nogent, des batteries formidables qui devaient appuyer ses troupes pendant le passage de la rivière et préparer le terrain qu'elles allaient aborder. Il avait tout étudié, tout calculé, tout prévu, tout, sauf une crue de la Marne. Elle eut lieu dans la nuit du 28 au 29, juste au moment où les équipages de pont, traînés par des bateaux à vapeur, débouchaient du canal dans la Marne.

Le général, accompagné de son état-major particulier, venait d'arriver au fort de Nogent; on vint le prévenir que les remorqueurs, suivis de leurs pontons, ne pouvaient pas remonter le courant sous le pont de Joinville qu'on avait fait sauter au début du siège. On eut beau forcer la vapeur, charger les soupapes de sûreté au risque de faire tout sauter, diminuer le nombre des pontons remorqués et allonger les amarres; on ne réussit qu'à faire chavirer les bateaux et à jeter à l'eau leurs équipages. Deux des arches étant obstruées par les débris du pont, le courant, grâce à une crue de près d'un mètre, avait une force irrésistible sous celle par laquelle on devait s'engager.

Il fallait renoncer à passer la Marne et attaquer les lignes prussiennes sur un autre point, ou remettre au lendemain une tentative dont le succès dépendait surtout de la surprise de l'ennemi. Dans le premier cas, la bataille, annoncée et si impatiemment attendue par tous ceux qui ne devaient pas y prendre part, se trouvait différée de plusieurs jours et l'armée rentrait dans Paris sans coup férir pour se porter sur un autre point de l'enceinte. Que dirait alors la population de Paris? Je parle bien entendu de sa partie turbulente et tapageuse, toujours prête à crier à la trahison et à renverser ceux qu'elle a acclamés la veille. Pour la maintenir dans l'ordre, on lui a promis monts et merveilles, on l'a adulée ; on ne lui a parlé que de son héroïsme et on lui a caché la situation du pays et le peu de confiance qu'on a dans ses prétendues vertus guerrières. Depuis plus d'un mois on l'a abusée par des rapports mensongers, et, pour lui faire prendre patience, on lui a donné la consolante habitude de crier victoire, victoires en province, victoires autour de Paris, victoires partout ! Tirez-vous de là maintenant, vous les fortes têtes de la Défense nationale. Si l'armée rentre dans Paris, ce qui serait le parti le plus sage, l'insurrection vous attend, et les honnêtes gens, dégoûtés de tous vos mensonges et de toutes vos faiblesses, ne vous éviteront pas le châtiment qui vous est réservé.

Le général Trochu n'ignore pas qu'un retard de 24 heures compromet le succès de la sortie par la Marne, mais il insiste pour qu'elle ne soit pas abandonnée, et, le soir du 29, il préside, dans le fort de Nogent, un conseil de guerre ou plutôt une conférence militaire sur la journée du lendemain. Quelle éloquence enthousiaste et persuasive ! Quel charmant causeur ! Il parle d'abondance avec une précision, une facilité et une correction vraiment remarquables. Quel malheur qu'il ne suffise pas de faire de beaux discours pour battre les Prussiens !

# XIII

## CHAMPIGNY

Le 30 novembre, dès le lever du soleil, l'armée tout entière passe la Marne sur huit ponts à la fois. Il fait un temps splendide; les troupes arrivent de toutes les directions avec un ordre et une précision admirables; elles marchent avec entrain, et pendant qu'elles convergent vers la presqu'île de Champigny, derrière nous, de toutes les hauteurs, depuis la presqu'île de Saint-Maur jusqu'à l'extrémité du plateau d'Avron, un immense cercle de feu couvre de ses obus toutes les positions occupées par les Allemands, et la grosse voix des canons des forts domine encore le vacarme infernal de toutes nos batteries. Quel spectacle! Quel décor! Quelle musique! Jamais je ne verrai plus rien d'aussi grandiose et d'aussi émouvant. C'est la France qui est l'enjeu de la partie qui commence.

En moins de deux heures, l'armée tout entière s'est jetée dans la presqu'île de la Marne; elle enlève rapidement à l'ennemi Champigny, le bois du Plant, la ligne du chemin de fer de Mulhouse et Bry-sur-Marne. Les batteries prussiennes commencent à nous cribler d'obus dès que nous abordons le plateau de Villiers. Le général qui accompagne les premières colonnes est atteint à la nuque, très légèrement du reste ; presque en même temps, le vicomte Berthier, petit-fils du maréchal, est frappé par un éclat qui lui fracasse le maxillaire supérieur. Je le fais porter dans une petite maison de campagne, sur le bord de la route de Bry, en avant de la voûte du chemin de fer ; il supporte avec un courage admirable l'opération très douloureuse que je suis obligé de pratiquer pour régulariser la plaie et pour la débarrasser des nombreuses esquilles de l'os que le projectile a fracassé. Combien je regrette de ne pas avoir là mon ambulance : pas de chloroforme, en fait d'instruments ma trousse, et comme linge ce que j'ai pu emporter dans mes fontes ! De pauvres petits mobiles blessés arrivent bientôt en grand nombre ; au moment où mes ressources sont épuisées, deux jeunes médecins de la mobile viennent me retrouver avec leurs sacs d'ambulance : nous sommes bientôt tous trois très activement occupés. Tous les coups de feu ont deux trous ; les balles traversent, donc on s'aborde de près.

Bientôt on m'apporte le cadavre de mon pauvre ami de Néverlée : une balle lui a traversé le corps, elle a coupé l'aorte et brisé la colonne vertébrale. A la tête d'une compagnie de volontaires, il s'est jeté sur le parc de Villiers : malgré un feu infernal, il est resté à cheval pour entraîner ses hommes qui hésitent. Ce maudit parc résiste à tous nos efforts ; notre artillerie ne peut l'atteindre, et dès que nos troupes dépassent la crête qui l'abrite, elles sont balayées par un double étage de feu d'infanterie et par une artillerie formidable. Les Wurtembergeois qui le défendent sont abrités derrière des créneaux et derrière des épaulements ; nos hommes sont forcés de se battre à découvert. J'apprends que le corps d'armée du général d'Exea doit passer la Marne à Noisy-le-Grand, tourner le parc et faire tomber presque sans coup férir cette terrible ligne qui résiste victorieusement à toutes nos attaques de front. On l'attend avec impatience et il n'arrive pas.

Le capitaine de Gaston qui me donne ces détails en m'amenant le cadavre de Néverlée, me quitte pour rejoindre l'état-major de Ducrot. Il revient me trouver pour son propre compte au bout de quelques minutes : un éclat d'obus lui a entamé le mollet et la face externe de la jambe. Tout en le pansant, je le félicite ; la blessure est sans danger et le bout de ruban rouge qu'il désire tant facilitera la cicatrisation. Pour être plus sûr de l'obtenir, il veut remonter à cheval et retourner près du général. « Essayez, mon ami, mais je n'y crois pas. »

Il est en effet forcé, après une tentative inutile, d'accepter une place dans les voitures des ambulances de la presse qui ont amené sur le champ de bataille mon vieux maître Ricord et son ami Demarquay. Ces voitures emmènent rapidement tous nos blessés et je monte à cheval pour rejoindre l'état-major.

Les médecins des ambulances de la presse et l'ambulance américaine sont sur le champ de bataille et secondent activement les médecins des régiments qui ont supporté seuls tout le poids du service pendant la première partie de la journée. Bien plus loin que tous les autres et, à la lettre, sous le feu de l'ennemi, je trouve Ricord, en grande tenue d'inspecteur, pansant tranquillement un blessé. J'ai bien du mal à lui faire comprendre que pour son blessé comme pour lui-même, un peu plus d'abri ne serait pas inutile.

On me montre vers la droite du champ de bataille le parc de Cœuilly et le plateau de Chennevières dont nous n'avons pu nous emparer. L'artillerie prussienne y est établie derrière des épaulements qui la protègent ; elle couvre de ses obus tout le champ de bataille. Notre artillerie, forcée de combattre à découvert, lutte contre elle avec acharnement, et, malgré des pertes énormes, elle gagne du terrain. Vers le milieu de la journée, quand je rejoins le général, la bataille est devenue un duel d'artillerie formidable. Nos pertes sont déjà considérables, car l'effort sur Cœuilly et sur Chennevières a été tenace, énergique et renouvelé plusieurs fois. Si le parc de Villiers n'est pas tourné, on ne passera pas.

Un peu plus tard, les Prussiens, après une canonnade prolongée, reprennent l'offensive. Ils attaquent avec vigueur les hauteurs de Villiers et la tête de Champigny et réussissent à s'en emparer. Nos troupes, épuisées par leurs efforts réitérés et par les pertes cruelles qu'elles ont faites, résistent un moment, puis hésitent et reculent : si l'ennemi soutient son mouvement, il va nous jeter dans la Marne.

Ducrot tire son épée et, entraînant tout son état-major et ses cavaliers d'escorte, il se jette en avant sur les tirailleurs ennemis qui déjà poussent les hourras que j'ai entendus à Frœschwiller et à Sedan. Je retiens mon cheval qui veut suivre les autres et je vois bientôt tous mes braves camarades au milieu des Saxons ; quelques éclaireurs de la Seine et Franchetti, leur commandant, ont suivi l'état-major ; ce sont de hardis cavaliers, l'élite de la population parisienne. Entraînée par l'exemple que lui donne le général en chef, l'infanterie, officiers, sous-officiers et soldats, se porte rapidement en avant et l'ennemi, culbuté sur toute la ligne, recule plus vite qu'il n'a avancé [1].

—————

1. Depuis j'ai souvent entendu discuter cette conduite d'un général en chef chargeant l'ennemi comme un simple cavalier et brisant son épée dans le corps d'un tirailleur saxon. Ceux qui ne se trouvaient pas près de lui à ce moment de la journée n'ont pas le droit de juger. S'il n'avait pas entraîné par son exemple ses régiments

Maître encore une fois du plateau de Villiers, Ducrot y fait creuser immédiatement des tranchées pour abriter les troupes chargées de sa défense. Le jour baisse ; l'artillerie continue la lutte, mais l'action de l'infanterie se ralentit peu à peu. Villiers, Cœuilly, Chennevières ont résisté à nos attaques réitérées ; demander à nos troupes un nouvel effort serait compromettre le succès obtenu dans la matinée. L'armée entière, après 10 heures d'une lutte acharnée, campe sur le champ de bataille.

Elle ne passera pas.....

Les pertes sont énormes ; l'artillerie surtout a souffert dans cette lutte inégale où elle combat tout le temps à découvert contre un ennemi abrité par des épaulements. Elle a perdu plus de 500 chevaux, ses munitions sont épuisées, ses pertes en hommes et en officiers sont énormes. L'infanterie est très éprouvée ; nos deux vieux régiments, le 35e et le 42e de ligne, qui ont soutenu l'aile droite, ont été décimés devant Chennevières et devant Cœuilly, après avoir fait des prodiges de valeur : c'est bien le cas de dire que ce sont toujours les mêmes qui se font tuer. Les zouaves, qui se sont bien battus, ont laissé le quart de leur effectif sur le champ de bataille. Les régiments de

---

ébranlés, l'armée tout entière était jetée dans la Marne. Il fallait coûte que coûte arrêter ce retour offensif de l'armée allemande et courir bravement vers une mort qui semblait certaine ou se décider à une retraite qui serait rapidement devenue une déroute.

marche et les régiments de mobiles ont beaucoup souffert, et, sauf quelques rares moments de faiblesse, on n'a qu'à se louer de la bonne contenance de ces jeunes troupes pendant une lutte aussi meurtrière ; mais j'entends dire autour de moi : « Ils ont vidé le fond de leur sac. » Il faut leur laisser le temps de se refaire avant de songer à de nouvelles batailles.

En somme, si cette journée du 30 novembre est une victoire puisque nous sommes restés les maîtres du champ de bataille, c'est une victoire bien chèrement achetée et absolument stérile, car nous ne sortirons pas de Paris : nous ne ferons jamais mieux qu'aujourd'hui ; nous sommes incapables de rompre le cercle d'investissement. Le 30 novembre au soir l'expérience est faite.

On ne passera pas, et si les armées de la province ne réussissent pas à délivrer la capitale, Paris capitulera.

On s'habitue à tout, même au malheur et aux défaites. Hélas ! j'en suis arrivé là.

Vers la fin de la journée, le vent souffla du nord, le froid devint très vif : à une température jusque-là très douce succédaient brusquement toutes les rigueurs de l'hiver et cela juste au moment où nos pauvres soldats étaient forcés de bivouaquer sur les positions conquises, sans feu ni abri. Ils souffrirent horriblement cette nuit-là. Quant à nous, notre quartier général fut établi à Polangis dans la propriété de M^me Chapsal, la veuve du grammairien. Les francs-tireurs avaient passé par là; ils n'avaient respecté que deux chambres, occupées probablement par leurs officiers; tout le reste avait été saccagé, pillé, brûlé; toutes les fenêtres avaient des carreaux cassés, les panneaux des portes étaient brisés; tous les meubles étaient en morceaux; les débris des glaces, des tableaux, des livres, des papiers couvraient le sol; tous les objets de literie avaient été enlevés. Quel campement! quelle nuit! Heureusement que ces nuits-là ne sont guère plus longues que les autres.

Le 1^er décembre, on ne se battit pas. De part et d'autre, les pertes avaient été sérieuses; les deux armées se trouvaient également incapables de prendre l'offensive : il fallait se refaire avant de recommencer la lutte. Pendant que je vais à la recherche de mon ambulance et que je l'installe en avant de la fourche de Champigny, dans des maisons abandonnées, Ducrot, suivi de tout son état-major, se rend aux avant-postes et passe toute sa journée à faire creuser des tranchées, couvrir des batteries et élever des barricades dans tous les points menacés; il fait aussi fortifier solidement les villages de Bry, de Champigny, et les abords des fours à chaux à droite de la ligne de Mulhouse : bien lui en prit.

Le 2 décembre, au petit jour, tous nos chevaux

sellés nous attendent dans la cour de Polangis; je
compte accompagner aux avant-postes le général et
son état-major particulier. La campagne est couverte d'un brouillard glacé, il fait très froid. Tout à
coup éclate le fracas d'une bataille, d'abord du côté
de Champigny, bientôt devant nous vers Villiers et
presque en même temps au-dessus de Bry. En un
instant, et sur toute la ligne, de la droite à la gauche
de nos positions, les coups de canon se mêlent au
crépitement continu de la fusillade, et plus près de
nous, dans toutes les directions, nous entendons les
sonneries du clairon : nul doute, c'est une attaque
sérieuse des Allemands; pourvu que nos jeunes soldats, si inexpérimentés, ne se soient pas laissé surprendre ! Et je pense au Bourget.

Pendant que deux ou trois officiers partent au galop
porter les ordres que leur donne le général, nous sortons de Polangis. Nous trouvons les routes de Villiers
et de Champigny encombrées, à perte de vue, par une
masse compacte de fuyards qui courent vers la Marne :
beaucoup d'entre eux ont jeté leur sac et leurs armes; des prolonges, des voitures vides, un convoi de
vivres se replient rapidement et augmentent le désordre. Ni les bonnes paroles, ni le bon exemple des
officiers, ni les coups de plat de sabre des gendarmes
et des cavaliers ne peuvent arrêter ces malheureux
que la panique domine : ils se seraient fait tuer plutôt que de retourner au feu. Les ponts, fort heureu-

sement, étaient solidement gardés, sans quoi, en s'y précipitant, ils les auraient rompus et coulés : Dieu sait ce qui alors serait arrivé.

Ainsi, dès le début de la journée, le tiers à peu près de l'armée se rejette en désordre vers la Marne ; la position devient très critique. Les deux autres tiers, fort heureusement, tiennent bon et le tir rapide et soutenu de notre artillerie, se mêlant à la fusillade, nous apprend que tout n'est pas perdu.

Nous avançons lentement, au pas, au milieu de la cohue des fuyards, leur barrant la route autant que possible, et le général, que je n'ai jamais vu aussi calme, aussi rassurant, force lui-même ces malheureux à se jeter dans les champs à droite et à gauche de la chaussée. Il leur criait : « Voyons, mes enfants, dégagez la route pour laisser avancer les réserves..... Allons, faites place pour l'artillerie..... Les renforts vont arriver ; faites-leur place ; laissez-les passer..... etc., etc. » La colonne ainsi rompue se dispersa dans les champs et suspendit sa fuite vers la Marne[1]. Der-

―――――

1. J'ai entendu en 1886 un capitaine d'artillerie raconter devant moi qu'on lui avait dit que, ce jour-là, Ducrot, en arrivant sur la route de Champigny, s'était jeté sur un artilleur qui conduisait une prolonge et l'avait traversé de son épée. Et il ajoutait : « Le pauvre diable allait chercher des munitions. » Comment de pareilles calomnies peuvent-elles prendre naissance ? Que tous les disciples de l'émeute, que tous les mauvais soldats cherchent à ternir la mémoire de Ducrot, cela s'explique : il était pour eux d'une violence excessive ; mais que des honnêtes gens attaquent celui qui au dire des Allemands eux-mêmes s'est toujours le mieux battu, voilà ce

rière nous des officiers d'artillerie barrent la route avec des caissons et des prolonges vides, et du côté de la rivière on entend battre et sonner la charge. C'est le colonel Lambert, de la gendarmerie, qui a fait occuper par ses hommes les ponts de Joinville et qui, réunissant des clairons et des tambours, ramène les fuyards sur le champ de bataille. Il est bientôt suivi par une nombreuse colonne.

Un peu en avant de la fourche de Champigny, je rencontre sur le bord de la route mon frère qui a réuni tout le personnel et tout le matériel de mon ambulance. Je préviens le général que je vais la porter en avant. Après un moment d'hésitation, je me décide à former deux sections; j'en conduis une vers le bois du Plant, où un officier d'ordonnance de Trochu me dit qu'il y a beaucoup de blessés et je donne l'ordre à l'autre de s'établir dans la petite maison abritée par la levée du chemin de fer de Mulhouse, sur la route qui mène à Villiers et à Bry. Nous sommes bientôt tous occupés, et les blessés nous arrivent en grand nombre.

Installée à gauche de Champigny, derrière les fours à chaux, la section que je dirige est parfaitement abritée, malgré la proximité de la fusillade; et la route pour arriver vers nous et pour évacuer nos

---

que je ne puis m'expliquer. Quand cesserons-nous en France de dénigrer nous-mêmes tous ceux qui nous relèvent aux yeux de l'étranger?

blessés vers la Marne, grâce aux arbres et aux murs des jardins qui nous entourent, est aussi sûre que possible ; quelle trouvaille j'ai faite là ! Aussi les blessés abondent. On m'amène le général Paturel, une balle lui a traversé le pli du coude ; il perd beaucoup de sang, quoique l'artère n'ait pas été lésée. C'est un bien brave soldat, mais un blessé bien peu commode : impossible de le décider à monter sur un cacolet. Puis vient le général Boissonnet ; il a l'avant-bras cassé par un éclat d'obus ; dès qu'il est pansé, il veut retourner au feu ; mais sa faiblesse est telle qu'il ne peut pas se tenir debout, je le fais coucher dans une voiture Masson et on l'emmène vers Paris. Le nombre des officiers blessés, surtout dans la mobile, n'est pas en proportion de celui des hommes ; ils ont évidemment beaucoup à payer de leur personne.

Vers le milieu de la journée, la lutte semble se calmer du côté des fours à chaux, mais dans Champigny la fusillade est toujours des plus vives. Le nombre des blessés qui nous arrivent diminue rapidement ; puis brusquement cinq ou six obus éclatent autour de la maison que nous occupons. Je ne sais pas ce qui se passe, mais comme il est évident que les Allemands ont changé la direction de leur tir, il est inutile de rester là. Je fais rapidement charger sur mes voitures les blessés qui sont encore autour de nous, et nous allons rejoindre l'autre section de mon ambulance pendant que les obus tombent comme grêle sur l'emplacement que nous occupions et où il ne se trouve plus âme qui vive.

Au moment où j'arrive à la voûte du chemin de fer, les Allemands viennent d'être chassés du plateau de Villiers ; je pousse en avant et je vais m'installer dans la maison que j'ai occupée dans la matinée du 30. A cent pas de là un chemin creux monte vers le plateau de Villiers ; on s'y croirait à l'abri, mais il est enfilé par les batteries allemandes de Cœuilly ; c'est un mauvais endroit. Franchetti s'y engage porteur d'un ordre du général ; il est renversé par un éclat d'obus qui lui fracasse la hanche droite. On me l'amène, je lui propose de lui pratiquer immédiatement la résection, il refuse très résolument ; il veut avoir affaire à Nélaton. Je n'ai qu'à m'incliner et je me contente de lui faire un pansement provisoire en recommandant bien qu'on le bouge pas du brancard où il est couché avant qu'il soit rendu à destination. Pauvre garçon, il est perdu : il vient de refuser l'opération immédiate qui est sa meilleure chance de salut ; il est vrai qu'elle est si faible que je n'ai pas cru devoir beaucoup insister.

Enfin, vers deux heures de l'après-midi, le feu se ralentit partout d'une façon très sensible ; on nous dit que les Allemands ont été repoussés de toutes nos positions. Ils ont fait des pertes considérables, surtout dans Champigny, où la lutte a été acharnée ;

pendant des heures entières, on s'y est fusillé à bout portant par les portes, par les fenêtres, par les murs crénelés à la hâte, la largeur d'une rue séparant seule les combattants. A un moment donné, l'ennemi s'était emparé de la moitié du village et il avait tourné toutes les barricades. Il a fallu reprendre une à une toutes les maisons qu'il occupait. Grâce à l'obscurité et au brouillard, il avait pu le matin enlever nos avant-postes sans coup férir. Malgré toutes les recommandations qui leur avaient été faites, nos jeunes soldats, engourdis par le froid, s'étaient laissé presque partout surprendre : c'est ce qui explique la panique du début de la journée.

Jusqu'au coucher du soleil, je parcours le champ de bataille pour ramasser nos derniers blessés ; chaque fois que nous nous aventurons en avant de nos positions, nous sommes reçus par des coups de fusil, malgré nos brassards et nos brancards. Je cherche à me faire précéder sans plus de succès par un drapeau d'ambulance. Des Frères de la Doctrine chrétienne, bien faciles à reconnaître de loin avec leur robe noire, veulent s'avancer au delà de nos tranchées, les Allemands tirent sur eux. Nous sommes forcés de renoncer à explorer toute la zone qui s'étend entre les deux armées ; les malheureux blessés vont y mourir sans secours, de froid, de souffrance et de misère ; fort heureusement, il doit s'y trouver plus d'Allemands que de Français.

Rien ne saurait mieux prouver la rage et la colère de nos ennemis ; ce seul fait indique clairement des pertes assez considérables. Les nôtres, hélas ! sont bien sensibles. L'artillerie, mal soutenue au début de la journée, a comme toujours beaucoup souffert ; bon nombre de généraux et d'officiers de tous grades ont été tués ou blessés en faisant noblement leur devoir. Quant à notre pauvre infanterie, plus de 6,000 blessés ont été évacués sur Paris dans les deux journées du 30 novembre et du 2 décembre, ce qui doit correspondre à plus de 3,000 morts : l'armée tout entière, en deux batailles, a été littéralement décimée[2]. Le froid est très vif, un vent glacé du nord balaie tout le champ de bataille, la misère du soldat est extrême ; on sent chez lui le découragement et le désespoir. Pauvres enfants ! vous ne passerez pas ; vous vous êtes cependant bien battus pour des conscrits ; maintenant campez sur le sol glacé, sans feu, sans abri et presque sans pain. Les bataillons de marche de la garde nationale qui sont venus assister à la bataille, sur les hauteurs de Nogent, vont rentrer tranquillement chez eux.

Le 3, au lever du jour, je retourne avec mon ambulance sur le champ de bataille ; nous ramassons des malheureux, blessés par les obus que les batte-

---

1. Les chiffres exacts fournis par la statistique sont : officiers 429, sous-officiers et soldats 9,053, ensemble 9,482 tués, blessés ou disparus.

ries de Cœuilly continuent à lancer sur tous les postes que nous occupons; nous recueillons aussi quelques cas de congélation. Le ciel est gris et triste; la campagne est couverte d'une brume glacée; l'aspect de nos pauvres soldats est lamentable; ils grelottent de froid et de misère, accroupis dans les tranchées ou serrés les uns contre les autres, partout où ils trouvent un abri contre le froid qui les engourdit; leur découragement saute aux yeux. Pourquoi prolonge-t-on leurs souffrances? Peut-on demander à ces hommes d'aborder pour la troisième fois les lignes devant lesquelles les plus braves d'entre eux ont trouvé la mort? Il faudrait être fou pour tenter dorénavant de sortir de Paris par la presqu'île de la Marne. Alors, pourquoi rester? pour exposer l'armée à une nouvelle attaque, à une nouvelle surprise comme celle du 2 décembre? Si on renonce à passer dans cette direction, l'occupation de la presqu'île de Champigny n'est qu'un embarras inutile.

Ducrot parcourt les campements de son armée et les tranchées occupées par ses troupes; il cause avec les chefs de corps et avec les généraux, rentre à Polangis et fait repasser la Marne à toute son armée qui va reprendre les cantonnements qu'elle avait le 28 novembre. Ce mouvement de retraite s'exécute sous ses yeux, en bon ordre, sans perdre un homme ou une pièce de canon, et l'armée allemande, qui nous surveille et nous suit pas à pas, ne trouve pas l'occasion de nous attaquer. Une brigade d'infanterie reste sur la rive gauche en face de Joinville et à Polangis.

Le général me donne l'ordre de conduire mon ambulance à Vincennes et de la tenir prête à marcher dans les 48 heures. Il arrive lui-même dans le fort à 8 ou 9 heures du soir ; le grand état-major de l'armée et son état-major particulier s'installent tant bien que mal dans les grandes salles vides et froides de la vieille forteresse qui nous sert d'hôtellerie.

Le 4, au matin, un des jeunes gens de l'ambulance américaine vient me donner la copie d'une dépêche qui m'est adressée et qui m'annonce que ma femme et toute ma famille sont rentrées à Strasbourg ; puis il me charge de prévenir le général que son frère, colonel du génie, a été tué par un obus dans la citadelle de Strasbourg, et que son beau-frère est mort dans un des combats livrés autour de Metz. Je m'acquitte de mon mieux de cette pénible mission et je suis encore auprès de Ducrot quand arrivent les généraux de division qui commandent sous ses ordres, avec leurs chefs d'état-major et leurs chefs de service. Ignorant que c'est un conseil de guerre qui a été convoqué, je ne crois pas devoir sortir ; je me retire dans l'embrasure d'une fenêtre, où personne ne fait attention à moi.

Quelle scène !.....

Quand ils furent tous sortis, Ducrot s'affaissa sur son fauteuil, et, les coudes sur la table, la tête dans

les mains, il ne m'entendit pas m'approcher de lui
Je crus devoir lui parler.

— Comme c'est triste, mon général!

— Ah! vous étiez là, docteur?

— Oui, mon général, j'ai tout entendu.

— Vous n'en parlerez jamais à personne, entendez-vous? Vous ne deviez pas être ici.

— Je regrette d'être resté, mon général, c'est ce que j'ai vu de plus triste pour notre pauvre pays depuis le commencement de la guerre[1].

Les Allemands nous préviennent qu'un grand nombre de cadavres de nos soldats sont restés sans sépulture en avant des lignes que nous occupions. Je suis chargé de m'entendre avec le directeur des ambulances de la presse, M. de la Grangerie, pour les faire enterrer. Les Frères de la Doctrine chrétienne se mettent à notre disposition, et nous partons le lendemain matin, accompagnés du commandant Vosseur qui est chargé d'assurer les détails techniques de l'armistice.

Nous descendons dans la presqu'île de la Marne, et précédés d'un trompette, porteur d'un drapeau blanc, nous arrivons à la bifurcation des routes de Bry et de

---

1. J'ai tenu et je tiendrai parole. Le général lui-même du reste n'a jamais raconté cette scène qui s'est renouvelée le même jour dans l'après-midi. Il n'y fait qu'une allusion très discrète à la page 110 du vol. III de la *Défense de Paris*.

Champigny où nous attendons quelque temps le coup de clairon allemand qui nous permet d'avancer. Un peu avant la voûte qui passe sous le chemin de fer, deux officiers wurtembergeois viennent au-devant de nous, et, après l'échange des pourparlers d'usage, ils nous invitent, M. de la Grangerie et moi, à venir nous rendre compte par nous-mêmes de l'état des choses. Au moment où nous arrivons en avant des fours à chaux, un obus de gros calibre, parti de la redoute de la Faisanderie, vient éclater près de nous.

— C'est une honte ! C'est une trahison ! s'écrient les Allemands qui nous accompagnent.

— Pardon, Messieurs, répond M. de la Grangerie, c'est un malentendu.

Et j'ajoute en riant :

— Du reste, vous le voyez, ça ne fait de mal à personne.

Mais presque en même temps un second, puis un troisième obus tombent à très peu de distance du groupe que nous formions.

Sur l'ordre de leurs officiers, des soldats se jettent sur nous et nous prennent au collet ; un moment il est question de nous fusiller, ou tout au moins de nous emmener prisonniers. Fort heureusement le feu de la Faisanderie s'est arrêté et personne n'a été atteint par les malencontreux projectiles qui ont failli nous coûter si cher. Je fais remarquer que nous y avons été exposés comme les autres et que, par conséquent, on ne peut voir là qu'une regrettable erreur.

Après une discussion assez vive et assez brutale, les officiers allemands ordonnent qu'on nous lâche; mais ils refusent de prolonger l'armistice et ils nous disent de revenir mieux en règle, le lendemain à dix heures du matin. En même temps, ils nous préviennent qu'on ne nous permettra plus de franchir la voûte du chemin de fer: nous devons leur amener des voitures vides, leurs soldats seront chargés de les conduire, de les charger et de nous les ramener pleines au bord des fosses que nous aurons fait creuser.

Fidèles au rendez-vous qui nous est donné, nous nous présentons le lendemain devant leurs avant-postes. Nous choisissons un emplacement convenable à gauche de la route de Bry, en avant de la fourche de Champigny, et, pendant que les Frères et les terrassiers commencent à creuser une large tranchée, les omnibus qui les ont amenés partent conduits par des soldats allemands.

Un seul officier est venu au-devant de nous; il est très supérieur sous tous les rapports à ceux que nous avons vus la veille et s'exprime en français très correctement. Il nous annonce la bataille d'Orléans et la défaite de l'armée de la Loire.

— C'est pour vous, nous dit-il, une grande défaite... La bataille que vous avez livrée ici avait pour but d'aller au-devant de l'armée de la Loire; maintenant vous ne pouvez plus compter sur elle... Pourquoi prolonger inutilement la résistance de Paris et livrer de sanglantes batailles qui ne peuvent mener à rien?

Mon voisin lui répond :

— Pour pouvoir dire plus tard : tout est perdu fors l'honneur !

— Oui, oui, je sais bien, dit-il en souriant, c'est très joli, mais ce sont des mots; cela n'est pas sérieux. C'est comme envoyer Jules Favre à Ferrières! Jules Favre n'est bon qu'à faire des révolutions. Choisir un tel homme pour négocier la paix, c'était déclarer que vous vouliez continuer la guerre.

— Le fait est qu'il n'a pas réussi.

— Si en ce moment le général Trochu s'adressait directement au roi de Prusse, il obtiendrait certainement de lui des conditions fort honorables, car le roi l'estime personnellement comme honnête homme et comme soldat.

— J'ai peine à croire, lui répondit le commandant Vosseur, que la chose soit si facile à arranger.

— Mais si vraiment, je vous affirme que si le général Trochu s'adressait au roi de Prusse, la paix serait bientôt faite. Du reste, vous n'avez plus que ce parti à prendre, car votre armée de la Loire n'existe plus, et, après ces deux sanglantes batailles que vous venez de livrer, vous devez bien voir que vous ne pouvez pas sortir de Paris.

Je lui réponds assez vivement :

— Cela, c'est encore à démontrer ! nous avons encore des ressources énormes dans Paris. La garde nationale, par exemple, n'est pas entrée en ligne.

— Oh ! la garde nationale ! Monsieur le Professeur, on voit bien que vous n'entendez rien aux choses de la guerre.

Un peu mortifié par cette observation, dont je sens toute la justesse, je me retire de la conversation qui continue entre ce diable d'Allemand, qu'on interroge sur la défaite d'Orléans, et MM. Vosseur et de la Grangerie.

Chaque fois qu'on lui posait une question de quelque importance, le parlementaire allemand allait au delà de la voûte du chemin de fer et revenait avec une réponse de son général. M. de la Grangerie lui demanda quel pouvait être le général qui se tenait si près de nous ; l'officier wurtembergeois l'emmena au delà de la voûte et lui montra un soldat portant sur le dos un appareil télégraphique d'où se déroulait un fil conducteur.

— C'est de Versailles que me viennent les réponses, lui dit l'officier.

Malgré l'activité déployée par nos travailleurs, à 4 heures et demie, les Wurtembergeois nous déclarèrent que la moitié de la besogne était à peine terminée. Quatre cent quatre-vingt-cinq cadavres avaient déjà été alignés dans la grande fosse qu'on avait creusée ; il fallait en faire une nouvelle. La nuit arrivant rapidement, en même temps qu'une rafale de neige, rendez-vous fut pris pour le lendemain à 10 heures du matin.

En arrivant au fort de Vincennes, mon premier soin fut de rendre compte au général de ce que j'avais appris concernant la défaite de l'armée de la Loire. Trochu venait de lui communiquer la lettre suivante qu'il avait reçue pendant que j'étais dans la presqu'île de la Marne.

« Versailles, le 5 décembre 1870.

« Mon Général,

« Il pourrait être utile d'informer Votre Excellence que l'armée de la Loire a été défaite près d'Orléans, et que cette ville a été réoccupée par les troupes allemandes.

« Si toutefois Votre Excellence juge à propos de s'en convaincre par un de ses officiers, je ne manquerai pas de le munir d'un sauf-conduit pour aller et revenir.

« Agréez, mon Général, l'expression de la haute considération avec laquelle j'ai l'honneur d'être votre très humble et très obéissant serviteur.

« *Le Chef d'état-major,*
« Signé : Comte DE MOLTKE. »

Après m'avoir lu la copie de cette lettre, le général

ajouta : « Montez à cheval, docteur, courez au Louvre, et racontez au gouverneur tout ce que vous venez de me dire ; ayez soin de n'omettre aucun détail. Je crois que les Allemands, malgré leurs victoires récentes, sont fatigués de la guerre. Ce serait le moment d'entrer avec eux en pourparlers et j'ai peur que le général Trochu ne s'y refuse. Il veut rejeter l'invitation du comte de Moltke. Ce serait cependant le seul moyen de savoir au juste ce qui s'est passé à Orléans, car, par ce temps froid, les pigeons n'arrivent pas. Du reste, dans les dépêches que Gambetta nous envoie de Tours, les faits sont toujours si drôlement présentés que nous ne savons pas si nous devons y croire. »

J'arrive au Louvre ; on m'introduit immédiatement dans un petit cabinet fort modeste où le gouverneur me reçoit avec sa bienveillance et son affabilité habituelles. Je ne suis pas un étranger pour lui, il m'a vu plusieurs fois sur le champ de bataille de Champigny et, plus récemment encore, au fort de Vincennes, qu'il a habité quelques jours pendant nos luttes sur la Marne. Je lui expose rapidement, mais sans omettre aucun détail, l'objet de ma mission. Il m'écoute jusqu'au bout sans m'interrompre, et au lieu du « Merci, docteur, vous pouvez vous retirer », formule toute militaire, à laquelle je m'attends, il développe devant moi, avec cette attrayante facilité que j'ai souvent admirée, ses idées sur la communication de l'état-major allemand et sur la situation politique et militaire de la France et de Paris en particulier. Je l'écoute avec attention, afin de porter fidèlement au général Ducrot la réponse qu'il veut bien me faire :

Ma communication le confirme dans l'opinion qu'il s'est faite sur la victoire des Allemands à Orléans. C'est une victoire comme celles que nous avons remportées dans la presqu'île de la Marne : ils ont repris Orléans, mais, épuisés par leurs succès mêmes, ils sont pressés de traiter pour mettre fin à une guerre qui les ruine. Ce qui prouve leur empressement, c'est l'habileté avec laquelle ils cherchent à circonvenir le gouverneur de Paris. Pendant qu'on lui annonce officiellement la victoire d'Orléans, on le fait prévenir indirectement que le roi Guillaume est tout disposé à traiter avec lui. Qui sait, du reste, si Bismarck n'espère pas provoquer ainsi un soulèvement dans Paris. Non, il ne tombera pas dans le piège qui lui est tendu. La nouvelle qu'il a accueilli la proposition de M. de Moltke, et qu'un de ses officiers est parti pour Orléans, suffirait pour renouveler la journée du 31 octobre. Il a prévenu son gouvernement, car il a un gouvernement, qu'il ne tiendra aucun compte de la communication de l'état-major allemand ; il remplira jusqu'au bout la terrible mission qu'on lui a confiée et il s'attend pour récompense à être fusillé dans les rues de Paris ; « mais on ne dira pas que le petit paysan breton n'a pas fait son devoir ! »

Son brave ami Ducrot n'est pas un homme politique ; il ne sait pas toutes les difficultés qu'il a, toutes les précautions qu'il doit prendre pour maintenir dans le calme et dans l'ordre la population de Paris. Puis, le gouverneur se plaint amèrement du rôle qu'il a à remplir. Lui, le soldat fait pour le champ de bataille (le fait est qu'il y est dans son véritable élément), c'est dans l'ignoble lutte de la rue, dans la guerre civile, qu'il est appelé à succomber...

En sortant de chez le général Trochu, j'étais absolument convaincu : le Wurtembergeois décidément s'était moqué de nous ; son appareil télégraphique communiquant avec Versailles n'était qu'une frime, et le tout n'était qu'un piège puéril destiné à hâter la capitulation de Paris.

Mais j'étais à peine sorti du Louvre, galopant dans cette rue de Rivoli, déserte et à peine éclairée à 7 heures et demie du soir, que le doute s'emparait de mon esprit, et les objections que je n'avais pas su trouver et que je n'avais pas du reste le droit de faire au gouverneur de Paris venaient ébranler la confiance que son éloquence m'avait imposée. — Les Allemands sont épuisés par leurs victoires ; mais nous, par des défaites successives, quelle différence ! — Dans quel état est notre armée de Paris ! Dans quel état doit être notre pauvre armée de la Loire ! — Pourquoi refuser d'envoyer un officier chargé de s'en assurer ? Pourquoi ne pas vouloir s'éclairer ? Pour pouvoir dire ensuite qu'il

n'a pas désespéré du salut de la patrie! — Il espère...
Quoi? C'est facile à dire: « J'espère. » Que diable
peut-il espérer? C'est bon pour les badauds de Paris
d'espérer dans l'ignorance, mais lui?... — Non, décidément, ou je ne suis qu'un sot ou Trochu est dans
l'erreur.

Si cet homme-là ne se trompe pas, Ducrot ne comprend rien à la situation actuelle : mais je me rappelle combien ses prévisions étaient justes avant la
guerre, au début de la campagne et à Sedan. Je vois
l'impossibilité où nous sommes de sortir de Paris,
l'impuissance des armées de province, battues à Orléans, et l'agonie lente mais infaillible de la grande
ville, où je resterai enfermé jusqu'à ce que le dernier
morceau de pain nous livre pieds et poings liés à
notre implacable ennemi !

Le lendemain, à l'heure convenue, je retourne
dans la presqu'île de Champigny avec M. de la Grangerie et les Frères de la Doctrine chrétienne. Le ciel
est noir, il fait très froid, la campagne est couverte
de neige. Quelle triste besogne! L'officier wurtembergeois que nous avions vu la veille est remplacé
par un homme bien différent du premier, qui ne
desserre les dents que pour vider sa gourde ou pour
injurier ses soldats. Malgré tous nos efforts, le travail
n'avance que lentement.

Quelle lugubre scène! Sur cette route longue,
triste, droite, gelée, sous un ciel de deuil, on nous

amenait des charretées de cadavres. Il y en avait de longues files alignées sur le bord des fosses : artilleurs, zouaves, soldats de la ligne, mobiles, en rangs serrés sur la terre gelée, gelés eux-mêmes dans les contorsions fantastiques de l'agonie. Des officiers de toutes les armes formaient le premier rang de cette revue d'honneur.

Les Frères, avec leurs longues robes noires qui tranchaient sur la neige blanche, allaient et venaient au milieu de ces morts. Il y avait dans ces choses lugubres une symétrie horrible. Les fosses étaient longues, larges et profondes ; près de 700 cadavres devaient y trouver place, et peut-être aussi le repos éternel qui est dû à tous ceux qui meurent pour leur patrie.

A la tombée de la nuit seulement, les quatre fosses furent recouvertes de terre. Sur chacune d'elles, M. de la Grangerie fit planter une croix de bois noir avec cette inscription :

ICI REPOSENT

SIX CENT QUATRE-VINGT-CINQ

SOLDATS ET OFFICIERS FRANÇAIS TOMBÉS

SUR LE CHAMP DE BATAILLE

ENSEVELIS PAR LES AMBULANCES DE LA PRESSE

LE 8 DÉCEMBRE 1870.

---

# XIV

## BATAILLE DU BOURGET (21 DÉCEMBRE)

La nouvelle de la défaite d'Orléans, tristement con-
firmée par les dépêches apportées par les pigeons, a
pour résultat de retarder la reprise des hostilités. On
prend le temps de réorganiser l'armée comme personnel et comme matériel ; une quinzaine de jours
suffisent à peine à cette besogne à laquelle les états-
majors sont employés du matin au soir. Pendant qu'on
y travaille, les journaux de Paris démoralisent nos
troupes et le gouvernement de la Défense nationale
semble prêter la main à cette coupable entreprise.
Non seulement il tolère la licence de la presse et la
publication des fausses nouvelles, mais, par de faux
rapports, par des mensonges officiels, par de viles
flatteries à l'adresse de la populace qu'il a armée, il
rend désormais impossible toute action énergique :
l'armée est écœurée.

Tantôt on soulève un coin du voile et on nous laisse
entrevoir toute l'étendue de nos désastres, tantôt des

dépêches et des manifestes rassurants nous promettent une victoire prochaine. C'est le système des contrastes; et, sous l'influence de ces alternatives qui paralysent ou excitent l'enthousiasme et l'espérance de tous ces énervés, le délire s'empare de la population et de la garde nationale.

J'ai conservé quelques-uns des numéros de ces journaux ; il est probable que les plus curieux m'ont échappé. Comment l'armée et la mobile pourront-elles résister longtemps à ce travail de termites ?

10 décembre. — Le *Combat* et l'*Électeur libre* annoncent que « l'armée de la Loire, loin d'avoir été « détruite par le prince Frédéric-Charles, opère vic- « torieusement sa jonction avec celle de Bourbaki, « à quelques kilomètres de Fontainebleau. »

11 décembre. — Nous trouvons dans la *Liberté :* « Le départ de l'armée prussienne de Versailles aban- « donné et incendié... »

12 décembre. — L'*Électeur libre* annonce que « Berlin s'est révolté contre le roi Guillaume et que « Vienne impose à son gouvernement une alliance « offensive et défensive avec la République française, « et l'entrée immédiate en Prusse de l'armée autri- « chienne. »

C'est encore l'*Électeur libre* qui publie la nouvelle que le port de Jahde a été forcé par notre escadre du Nord et que toute la flotte allemande a été ramenée prisonnière à Cherbourg.

Le *Figaro*, lui, se charge de la douche froide ; qu'on en juge par les lignes suivantes :

« Tours, 8 décembre, rédacteur *Figaro*, Paris.

« Quels désastres ! Orléans repris. — Prussiens
« deux lieues de Tours et de Bourges. — Gambetta
« parti à Bordeaux. Rouen s'est donné. — Cherbourg
« menacé, armée Loire n'est plus, fuyards, pillards.
« — Population rurale partie, connivence Prussiens.
« — Tout le monde en a assez. — Champs dévastés,
« brigandage florissant. (Dépêche par pigeons.) »

En même temps les journaux les plus avancés rééditent les vieux clichés de l'insurrection et poussent l'armée, la mobile et la garde nationale à l'indiscipline et à la révolte.

« Avouons-le, disait la *Patrie en danger*, nous
« avons été trop naïfs, et cependant nous connaissions
« la valeur des hommes que le hasard venait de por-
« ter au pinacle, Gambetta, Favre, Picard, Trochu et
« toute la séquelle bourgeoise qui chantait l'avène-
« ment du régime nouveau auraient dû nous rappeler
« à la réalité... Nous avons je ne sais quel régime
« bâtard, hybride, destiné à consommer la honte et
« la ruine de notre pays. »

Il a raison, le rédacteur, mais le moment est mal choisi pour prêcher la révolte contre le Gouvernement.

Et le *Réveil :*

« Que faut-il faire? Destitution de Trochu et de
« son état-major, leur envoi devant une cour mar-
« tiale » (prise dans la garde nationale de Belleville,
je suppose). « Organisation de la commune révolu-
« tionnaire, Dorian à la guerre et au gouvernement
« de Paris; la levée en masse, défense à outrance,
« appel à tous les peuples; à bas les traîtres, vive la
« République universelle, démocratique et sociale. »

Quant à Félix Pyat, il propose une stratégie nouvelle :

« Pitoyables chefs, admirable peuple ! Tout est
« brave dans ce peuple moins ses chefs, avocats et
« généraux, les avocats par nature, les généraux par
« parti pris.

« Ah! si ce peuple avait des chefs! Mais il y a un
« général en chef, c'est le mal! Plus de général en
« chef... changeons-le, remplaçons-le, partageons
« son commandement, la première condition de tout
« bon travail, c'est la division... divisons l'œuvre; il
« faut décréter, assurer la victoire. Il faut le comité
« de salut public et de succès, ordonnant, subordon-
« nant l'action militaire. »

En voilà un que je voudrais voir au feu, lui et tous
ces braillards des clubs et des remparts! Exiger, décréter la victoire n'est ni bien difficile, ni bien dangereux, quand ce sont les autres qui sont chargés de la
remporter. Que ces héros de la parole sont agaçants!

La population de Paris s'impatiente ; il faut livrer bataille ; c'est Ducrot qui est chargé de la préparer. Cette fois, c'est vers le nord que nous nous dirigerons. Le 18 décembre, proclamation du général Trochu, toujours des proclamations ! C'est le prologue obligé.

Le 19 décembre, toutes les portes de Paris sont fermées ; c'est la mise en scène. Cette fois-ci les Parisiens seront bien difficiles s'ils ne sont pas contents.

Le 20, la deuxième armée s'échelonne depuis Aubervilliers jusqu'à Bondy et Noisy-le-Sec en passant par Bobigny. Elle occupe Bagnolet, Romainville et Merlan, et s'appuie sur les forts de l'Est, d'Aubervilliers, de Romainville, de Noisy et de Rosny.

Je cantonne mon ambulance dans le village de Romainville et je vais rejoindre dans le fort de Noisy l'état-major du général auquel l'amiral Saisset offre l'hospitalité. Après le dîner, mon ami de Chabannes me dessine sur une feuille de son carnet la carte du champ de bataille du lendemain pour que je puisse conduire mon ambulance où elle sera utile.

Au lever du jour, l'amiral La Roncière avec ses marins et le 138ᵉ de ligne doit partir de la Courneuve et attaquer le Bourget pendant que l'armée de Ducrot occupera Bondy, Bobigny, Drancy et Groslay. Une fois le Bourget pris, nous pousserons en avant sur Dugny, Pont-Iblon et Aunai, de là sur Gonesse. Il s'agit de percer la triple ligne d'investissement de l'armée prussienne et de marcher vers le nord pour rejoindre Faidherbe. Ma route à moi sera Bobigny, Drancy, le Bourget, puis Pont-Iblon et Gonesse.

A cheval avant le jour, je vais rejoindre mon ambulance, et dès que la route est libre, suivant nos bataillons qui marchent en avant, nous gagnons Bobigny, puis le Petit-Drancy. Le ciel est gris, la campagne est couverte de brouillard, la température est supportable et on entend du côté du Bourget une vive fusillade mêlée de coups de canon. L'armée attend, l'arme au pied, que cette bourgade soit tombée entre nos mains.

Bientôt la canonnade se fait entendre sur toute la ligne et, la route étant libre, nous avançons jusqu'à Drancy, où les obus allemands ne tardent pas à tomber autour de nous. Des blessés nous arrivent en grand nombre ; ils sont surtout atteints par le canon.

Vers le milieu du jour, nous apprenons que l'attaque du Bourget n'a pas réussi ; les marins s'y sont battus avec acharnement pendant plusieurs heures, mais, après s'être emparés de la moitié du village, ils ont été forcés de se retirer ; ils y ont perdu la moitié de leur effectif et de leurs officiers. La deuxième armée, ne pouvant passer à côté de cette importante position qui déborde son aile gauche et commande la route de Lille, est forcée de s'arrêter à la ligne du chemin de fer de Soissons qu'elle a occupée.

Parmi les blessés qu'on m'amène se trouve un soldat de la garde prussienne ; une balle lui a traversé le ventre et lui a fracturé la colonne vertébrale. La langue française se refuse à exprimer les imprécations et les malédictions de ce malheureux qui est paralysé jusque sous les seins. Je lui parle allemand et je m'approche de lui pour examiner sa blessure ; il me crache à la figure en m'appelant « maudit chien de Français ! » Jamais je n'ai vu mourir avec autant de haine et de colère.

Un peu plus tard, on vient créneler la maison que j'occupe avec mon ambulance ; la bataille n'est plus qu'un duel d'artillerie ; on a renoncé à passer ; tous mes blessés sont évacués sur Paris ; je recule jusqu'au Petit-Drancy, puis jusqu'à la Patte-d'Oie où je reste jusqu'à la nuit. Alors seulement je m'aperçois que le froid est devenu très vif ; malgré le vent du nord qui nous fouette la figure, le ciel est resté gris et triste. L'armée va-t-elle bivouaquer à la belle étoile, dans cette plaine glacée, balayée par les canons prussiens? Les positions conquises étaient de nulle valeur et difficiles à garder. Ducrot voulait faire rentrer ses troupes dans leurs cantonnements; le gouverneur de Paris s'y opposa : la politique l'emportait sur la stratégie et sur l'humanité. Il fallait présenter cette journée du 21 décembre comme le prélude d'une série d'opérations dont le résultat ne se ferait pas trop attendre : que dirait Paris si on avouait l'échec du Bourget? On lui servira le lendemain un petit bulletin de victoire et les bataillons de marche de la garde nationale seront couverts de lauriers. S'ils ne sont pas satisfaits et s'ils courent à l'Hôtel-de-Ville pour renverser le Gouvernement, ils se montreront bien difficiles, car on les a tenus sagement hors de portée du feu, puis on les a renvoyés se coucher tranquillement chez eux, pendant que l'armée et la mobile leur étaient sacrifiées.

Aussi le 23 décembre nous lisons à l'*Officiel* la note suivante, datée du 22 :

« La journée d'hier n'est que le commencement « d'une série d'opérations. Elle n'a pas eu, elle ne « pouvait guère avoir de résultats définitifs, mais elle « peut servir à établir deux points principaux et im- « portants : l'excellente tenue de nos bataillons de « marche, engagés pour la première fois, qui se sont « montrés dignes de l'armée et de la mobile, et la « supériorité de notre artillerie qui a complètement « éteint le feu de l'ennemi. »

C'est un peu raide : les bataillons de marche postés vers Aubervilliers et Pantin étaient à 5 kilomètres du champ de bataille et n'ont pas eu un seul blessé ! Quant à l'artillerie ennemie, nous ne nous serions guère doutés à Drancy que son feu fût éteint.

Le froid est devenu intolérable ; le thermomètre descend jusqu'à 14 degrés au-dessous de zéro ; nos pauvres soldats sont cruellement éprouvés ; bientôt la démoralisation s'en mêle et quand, suivant l'état-major, je parcours les tranchées qu'on a creusées autour du Bourget, je les entends crier derrière nous : « La paix, la paix ! » Ils font peine à voir, grelottant sous leurs maigres couvertures, la tête, les jambes et les pieds enveloppés de tous les haillons qu'ils ont pu se procurer pour suppléer à l'insuffisance de leur uniforme. Ils ont à lutter contre le froid, la faim et le manque de sommeil, et c'est par 400 et 500 qu'on compte tous les jours les cas de congélation. Aussi la pitié qu'ils inspirent ne permet pas d'entendre leurs cris séditieux. On passe à côté d'eux le cœur serré, et on se bouche les oreilles pour ne pas avoir à les punir.

Et au fond ont-ils tort ? Mettons de côté la question de discipline qui ne tolère pas le raisonnement chez le subordonné et nous sommes forcés de reconnaître qu'ils sont dans le vrai. A partir de cette bataille avortée du 21 décembre, il est bien évident que l'armée de Paris ne réussira pas à franchir les lignes prussiennes et à débloquer la ville. Dès lors, la question est assez simple : ou les armées de province sont capables de délivrer la capitale et il faut tenir jusqu'au bout sans nous épuiser en efforts inutiles, ou elles sont tenues en échec, battues et incapables de marcher vers nous et il faut conclure la paix. Dans ce cas-là, en effet, prolonger la lutte sans la moindre chance de succès, c'est augmenter la ruine du pays, c'est rendre les conditions d'un ennemi rapace plus dures et plus humiliantes, c'est sacrifier inutilement des milliers de braves soldats[1].

Le gouvernement de la Défense nationale ne peut pas se méprendre sur une position aussi nette ; mais, depuis le début du siège, il a trompé l'opinion publique, il a bercé de flatteries et de folles espérances la population de Paris, il a armé et enrégimenté lui-même les hommes de l'insurrection, et aujourd'hui, ses fautes et ses mensonges se dressent contre lui.

Après l'affaire du Bourget, j'installe mon ambulance à Pantin, dans plusieurs maisons abandonnées et démeublées, et, grâce au concours actif des ambulances de la Presse, nous arrivons à nous tenir au courant du service ; elles se chargent de presque toutes les évacuations sur Paris ; sans elles, les ambulances de l'armée, faute d'un matériel roulant suffisant, n'auraient jamais pu s'en tirer. En effet, si le nombre des blessés reste absolument insignifiant, celui des malades augmente dans des proportions effrayantes ; aux nombreux cas de congélation viennent se joindre la petite vérole, la fièvre typhoïde et

-------

1. Au 25 décembre nous avions encore dans Paris pour plus d'un mois de vivres : en renonçant au ravitaillement, nous aurions au moins évité les Allemands dans nos forts et dans Paris et la capitulation de l'armée. De plus, même en supposant que les conditions posées par la Prusse aient été les mêmes, on aurait pu les discuter et on aurait échappé aux désastres du Mans, de l'armée de l'Est et de Buzenval. A la fin de décembre la France avait fait tout ce que son honneur exigeait.

toutes les maladies inflammatoires de la poitrine. Les effectifs fondent à vue d'œil. Ceux qui restent sous les armes sont dans un tel état de misère, de fatigue, de souffrance, de prostration et de découragement qu'ils seraient certainement incapables de tenir la campagne pendant huit jours, surtout par cet affreux hiver. Les Prussiens pourraient bien nous laisser passer, nous n'irions pas loin!

Dès le 25 décembre, je préviens le général Ducrot que l'état sanitaire de l'armée devient de jour en jour plus menaçant; il me répond : « Ah! mon pauvre ami, vous ne m'apprenez rien; j'en suis au désespoir, mais je n'y puis rien changer. Un conseil de guerre réuni sous la présidence du gouverneur a décidé qu'on ferait le siège du Bourget, je n'ai qu'à me conformer au plan qui a été arrêté. Tout ce que j'ai pu obtenir, c'est que les bataillons de marche de la garde nationale concourraient au service des tranchées, afin de procurer un peu de repos à mes soldats. »

Je ne lui parlerai plus de l'état sanitaire de son armée; pourquoi venir ajouter des tristesses nouvelles à celles qu'il ne peut conjurer. Il est malade lui-même par cet affreux temps, et il passe sa journée entière dehors, au milieu de ses troupes. Il lui manque la dureté de cœur et le mépris absolu de la vie et des souffrances humaines; ce sont des qualités indispensables chez un général en chef.

## XV


## BOMBARDEMENT DE PARIS


Tous les jours, après avoir fait mon service à l'ambulance, je rentre à l'état-major qui s'est installé d'abord au fort d'Aubervilliers, puis dans une maison abandonnée, à gauche de la route de Lille et un peu en arrière du fort. Nous y apprenons que les Prussiens bombardent le plateau d'Avron et que la garnison, faute d'abris suffisants, fait des pertes sensibles. Nous savons tous que cette position, indispensable pendant les journées de Champigny, est devenue depuis complètement inutile. Elle est située en avant des forts de Nogent, de Rosny et de Noisy, et elle serait, au besoin, balayée par leur canon ; les Prussiens ne peuvent pas s'y établir ; pourquoi s'entêter à y rester et pourquoi sacrifier inutilement les braves gens auxquels on en a confié la garde ? Parce que l'occupation du plateau d'Avron a été présentée comme un succès stratégique de premier ordre. Que dirait Paris si on l'évacuait ? Oui, nous en sommes là : ô mesquine et sanglante comédie !

Cependant, au bout de quelques jours, les positions d'Avron ne sont plus tenables ; on se décide à les évacuer la nuit, et ce qui prouve, mieux que toutes les démonstrations, combien il était inutile de les garder, jamais, jusqu'à la fin du siège, les Allemands ne tentèrent de les occuper.

Le bombardement atteint bientôt le Drancy, Bondy, Bobigny, les forts de Nogent, de Rosny, de Noisy et de Romainville. Les deux premiers forts et Bondy, occupés par la brigade du baron Reille, sont très éprouvés. Ducrot se trouvant trop éloigné des bombes à Aubervilliers, je suis chargé d'aller chercher un logement pour son état-major particulier aux Lilas, le plus près possible du fort de Romainville. Une maison de fous abandonnée et démeublée nous offre un campement suffisant ; franchement, nous avons bien le droit de nous y installer.

On s'attend à voir les Prussiens pousser vivement l'attaque de ce côté et bombarder Belleville, La Villette et Charonne, pour jeter sur Paris la population orageuse et turbulente de ces quartiers d'émeutiers. Le beau gâchis qui va en résulter ! Ce sera une bonne occasion pour tous les malfaiteurs de mettre en pratique, dans les quartiers riches, leurs doctrines égalitaires et partageuses.

Je rentre à cheval dans Paris, le 29 au matin, après avoir fait ma visite à mon ambulance de Pantin ; j'arrive à 11 heures, rue Montalivet, chez mon beau-frère qui m'a fait demander de venir le voir. Il a passé toute sa nuit au bastion de Montmartre et me raconte qu'à deux heures du matin, les gardes nationaux se croyant attaqués par les Prussiens ont fait du haut du rempart une fusillade épouvantable. Comme la muraille présente des rentrants et des saillants, beaucoup de balles allaient d'un bastion à l'autre; l'une d'elles a traversé le képi de son voisin. Le feu n'a cessé que lorsque l'éclairage électrique dont il est chargé, promené sur les glacis dans toutes les directions, a montré qu'un cheval blanc, échappé de son écurie, avait été la cause de l'alerte. Nous déjeunons avec du biscuit et du chocolat que j'ai apportés, et vers midi, pendant que nous prenons le café, je vois entrer M. C..., auquel mon beau-frère a donné rendez-vous. C'est le secrétaire de Jules Favre; il connaît mes rapports avec le général Ducrot et il a demandé à me voir. Parlant avec une étonnante facilité, il expose chaleureusement devant nous les malheurs de la France, de Paris, du gouvernement de la Défense nationale et de Jules Favre en particulier. Il nous dépeint le grand cœur de son patron, la pureté de ses intentions et sa ferme volonté de voir débloquer Paris le plus tôt possible. Trochu n'est pas l'homme de la situation; il a perdu la confiance du Gouvernement; la population de Paris n'en veut plus; Ducrot acceptera-t-il de le remplacer? Il ne doute pas de l'empressement avec lequel Jules Favre accepterait une réponse affirmative. On renverserait volontiers Trochu pour mettre Ducrot à sa place.

Et il nous débite son petit discours tout simplement, comme s'il s'agissait de la chose du monde la plus naturelle ! Un coup d'État au sein du gouvernement de la Défense nationale, Trochu, son président, jeté par terre et Ducrot se révoltant contre son général en chef et prenant sa place !... Pourquoi pas ?...

Je n'ai pas besoin de consulter mon loyal chef pour répondre : jamais il ne trempera dans une pareille conspiration, jamais il n'acceptera un commandement qu'il devrait à un acte de révolte et de trahison. Ce qu'on lui demanderait du reste est aujourd'hui jugé impossible par tous les militaires sérieux ; les expériences qu'on a tentées pour percer les lignes prussiennes l'ont bien prouvé. Il faut être à la fois ignorant et aveugle pour se faire encore des illusions sur le sort qui nous est réservé.

M. C... se retire en m'affirmant qu'il a pris sur lui cette démarche. Je n'en parlerai même pas à Ducrot.

Du 5 au 6 janvier, les Prussiens démasquent de nombreuses batteries sur les hauteurs de Meudon, de Clamart, de Châtillon, de Bagneux, de Sceaux et de Chevilly. Ils canonnent vigoureusement les forts d'Issy, de Vanves, de Montrouge et de Bicêtre, puis leur tir s'allonge et leurs obus sillonnent les quartiers de la rive gauche, affectant surtout de prendre pour objectifs les hôpitaux, les églises, les bibliothèques et le Jardin des Plantes. Je vais visiter les quartiers bombardés et pendant que je suis au Val-de-Grâce deux obus tombent sur les bâtiments occupés par les malades.

En voyant les bombes prussiennes tomber sur Paris, je songe à Alaric sous les murs de Rome. La lutte revêt son vrai caractère ; ce n'est plus la Prusse en présence de la France, c'est la violence homicide du barbare contre l'homme civilisé et corrompu ; d'une part, le sauvage phlegmatique, énergique, discipliné, croyant, jaloux, rusé, rapace, haineux ; de l'autre, l'homme nerveux, agité, corrompu, sceptique, égoïste, léger, mais artiste et bon enfant : le soldat poméranien en face du Parisien ; le soldat poméranien qui croit sa mission divine, le Parisien qui ne croit plus à rien ; le soldat poméranien qui a la haine du Français et qui ne recule devant rien pour assouvir sa rancune, le Parisien qui ignore même le nom de son terrible ennemi, qui ne saura pas se rappeler ses forfaits et qui continuera à chanter : « Les peuples sont pour nous des frères. »

Si le bombardement n'a pas commencé plus tôt, ce n'est pas que la Prusse ait reculé devant cet acte de froide et inutile barbarie, ce n'est pas qu'elle ait hésité longtemps à lancer ses obus sur des maisons de six étages peuplées de femmes et d'enfants. C'est parce que l'artillerie de siège n'était pas prête à entrer en ligne. Les Allemands ne disent plus maintenant comme au début de la guerre, alors qu'ils doutaient du succès, qu'ils ne font pas la guerre à la nation française : l'empereur prisonnier et nos armées vaincues, ils se sont jetés sur notre pauvre pays désarmé pour le couvrir de ruines et l'écraser.

On dit que la guerre a ses lois, lois sauvages et révoltantes mais forcées. J'ai demandé à un général français, à un rude soldat : « Auriez-vous bombardé Berlin? » Il a hésité quelques secondes et a répondu : « Non. »

Espèrent-ils diminuer d'un jour seulement la durée de la résistance de Paris? En admettant qu'ils aient cru à l'efficacité du bombardement au point de vue de la reddition des places au début de la guerre, l'exemple de Strasbourg, de Toul, de Verdun, de Montmédy, leur a montré que c'était un gaspillage de munitions absolument inutile : leurs bombes n'ont jamais hâté la capitulation d'une seule de nos malheureuses villes.

Pourquoi bombarder Paris au quatrième mois du siège? Y sont-ils forcés par nos armées du dehors? Elles combattent bravement pour l'honneur du pays et l'avenir nous dira tout ce qu'elles ont fait et tout ce qu'elles ont souffert, mais malheureusement elles sont bien loin de la triple ligne d'investissement qui étouffe la capitale. Pourquoi ce bombardement tardif et inutile? Pourquoi faire le plus de mal possible à cette belle ville. Ils pouvaient s'attaquer à nos forts, à nos bastions et, dans leur intérêt, ils auraient dû le faire.

Grâce à l'énorme étendue de Paris, le nombre des victimes est relativement restreint et le bombardement n'a pas les effets qu'ils espèrent, mais la direction de leur tir ne nous permet pas de méconnaître le but qu'ils poursuivent. Des hauteurs de Meudon et de Châtillon, ils ont eu le temps, depuis trois mois, de bien régler le pointage de leurs pièces et leurs obus tombent sur le Val-de-Grâce, sur les Invalides, sur l'hôpital Necker, sur l'Observatoire, sur la Pitié et sur les bâtiments qui contiennent nos riches collections du Jardin des Plantes et nos bibliothèques. Nous ne nous permettrons pas d'apprécier leur conduite.

De colère on a dit : « Enfermez dans le Val-de-Grâce les Prussiens blessés ou prisonniers. » Jamais! Si nous devons tout perdre, gardons pour nous l'honneur et laissons à nos enfants l'exemple du devoir accompli, de la foi du serment, du respect dans la guerre des blessés, des femmes et des enfants.

A côté du bombardement, la famine. C'est là qu'on trouve de l'héroïsme dans la résistance de Paris, car les souffrances et la mortalité de la population furent aussi cruelles que stoïquement supportées. Dès le milieu d'octobre, la vie était devenue très difficile pour les petits bourgeois qui formaient dans la grande ville assiégée une légion innombrable ; l'argent devenait rare pour eux (leur travail étant suspendu) ; les denrées alimentaires coûtaient des prix excessifs et la charité, à laquelle du reste ils n'auraient pas voulu s'adresser, ne s'occupait que des pauvres et des prolétaires. Les riches seuls trouvèrent jusqu'au bout une alimentation grossière, il est vrai, mais suffisamment abondante.

Les approvisionnements au moment où le blocus fut établi étaient vraiment considérables. Ils auraient été plus considérables encore si, depuis le 4 jusqu'au 19 septembre, on s'était occupé de choses sérieuses, et si les membres du Gouvernement s'étaient mis à organiser la défense au lieu de passer tout leur temps à faire de la rhétorique républicaine, des manifestes ronflants, des baptêmes de rues et des décrets vides de sens ou nuisibles à la discipline de l'armée. Quant à la population, sauf de rares exceptions, elle s'était laissée aller à faire fête, à manifester, à boire, à banqueter, à se réjouir de l'expulsion du tyran, à briser ses N et ses aigles (elle eut fort à faire, grands dieux !) En somme, ni le Gouvernement, ni les particuliers ne s'étaient préparés sérieusement à la terrible épreuve qui allait leur être imposée.

Quoi qu'il en soit, comme je l'ai dit et grâce à des hommes dont je ne connais même pas les noms, les approvisionnements étaient considérables, mais deux millions de bouches à nourrir pendant plusieurs mois, c'est formidable ! et en outre, pendant les premières semaines du siège, il y eut un gaspillage énorme. Citons d'abord les pertes inévitables, les denrées alimentaires détériorées par suite d'un mauvais emmagasinage, la mortalité et les maladies sévissant sur les bestiaux accumulés autour de Paris. Les bœufs, au nombre de 20,000, perdaient chacun une livre par jour par suite d'une alimentation défectueuse, soit une perte de viande de 20,000 livres par jour, de 600,000 livres environ dans le premier mois. Beaucoup de gens timorés, qui avaient négligé de faire des provisions avant le siège, alors qu'il était encore possible de combler les vides du marché, s'étaient jetés, une fois le blocus établi, sur tous les vivres de conserve et les avaient accaparés. Beaucoup de marchands, spéculateurs de famine, en avaient fait autant ; si bien qu'un beau jour toutes les salaisons, tout le jambon et tout le fromage avaient disparu des étalages. Il y eut aussi, au début, des gaspillages qu'on aurait pu éviter : ainsi, pour ne citer qu'un exemple, l'avoine coûtant fort cher et le pain, tarifé assez bas, n'étant pas rationné, on en nourrissait les chevaux.

Rien ne peut mieux donner une idée de l'incohérence qui a présidé aux approvisionnements de Paris que le fait suivant : Le gouvernement de la Défense nationale ne sait pas combien de jours de vivres il lui reste dans ses magasins ; et ce renseignement, si nécessaire, je dirai même si indispensable au point de vue stratégique, fait absolument défaut à nos généraux. Mais nous savons que les approvisionnements de l'armée sont beaucoup plus considérables que ceux de la population civile, et grâce à nos intendants, grâce surtout à l'intendant Perrier, nous pourrons venir en aide à l'administration de Paris : c'est le monde renversé, les bouches inutiles mangeront les rations réservées aux combattants.

Dès le milieu de novembre on ne trouve plus guère dans Paris que de la viande de cheval ; bientôt après elle est rationnée et les rations diminuent rapidement ; puis c'est le tour du pain, et sa qualité devient très inférieure. Nous sommes gâtés en France sous le rapport du pain ; celui qui est livré à l'armée et à la population civile, même dans les plus mauvais jours, est encore très supérieur au pain de munition du soldat allemand ; il vaut même beaucoup mieux que celui que je mangeais dans la Prusse rhénane, quand j'étais étudiant à Bonn. Parce qu'il contient le son du blé, on dit qu'il est fait avec de la paille. En somme, c'est du pain de blé non bluté, mêlé à une assez forte proportion de farine de seigle, de riz et d'orge avec une petite quantité de fécule ; c'est un aliment sain et substantiel, peu agréable peut-être, mais parfaitement innocent des maladies et de la mortalité dont on l'accuse. La seule chose à regretter, c'est qu'on ne puisse pas le distribuer en quantité suffisante.

Et ce ne sont pas les grains qui manquent ! Mais pour faire du pain ce n'est pas du grain qu'il faut, c'est de la farine ; et pour avoir de la farine il ne suffit pas d'avoir du grain, il faut encore des meules de pierre dure et du temps. Paris n'a pas de meules en quantité suffisante pour moudre au jour le jour le blé qu'il consomme ; on ne s'en préoccupe pas tout d'abord, peut-être ne s'en doute-t-on pas, et lorsque la provision de farine touche à sa fin, on se demande tout à coup si nous n'allons pas mourir de faim sur des sacs de blé. Comme un simple maire de village aurait mieux fait notre affaire que tous ces avocats du Gouvernement ! Pour suppléer aux meules qui manquent on invente des machines à broyer; on charge aussi du travail de la mouture la manufacture des tabacs, dont les appareils n'écrasent qu'imparfaitement le grain et lui communiquent pendant plus d'une semaine l'odeur de tabac à priser. On fait donc, avec de l'excellent blé, une farine très inférieure, impropre à la panification ; c'est une des causes qui donnent au pain du siège son aspect peu séduisant.

Au commencement du bombardement on trouvait encore dans Paris des poules, des canards à 30 fr. pièce, des oies à 70 et 80 fr., des dindes à 100 et 120 fr. ; les lapins domestiques valaient 25 fr. et les moutons (de contrebande) 200 fr. On trouvait des pommes de terre à 2 fr. le litre et du beurre, chez Chevet, à 50 fr. la livre. De la soupe faite avec de la julienne de conserve et de l'extrait de viande, un ragoût de viande de cheval et un plat de riz forment notre régime habituel ; du chocolat, du café, du biscuit et du vin à discrétion complètent notre alimentation, qui est à peu près celle du soldat. Nous ne sommes pas à plaindre : les gourmets et les dyspeptiques souffrent seuls de la faim. Jamais je ne me suis mieux porté.

Mais la femme du peuple ? Elle reçoit par jour 300 grammes de ce pain auquel elle n'est pas faite et qu'elle croit plus mauvais qu'il n'est réellement. On lui en donne 200 grammes pour chacun de ses enfants, et tous les deux, puis tous les trois jours, 30 grammes de viande de cheval par tête. De temps en temps on remplace la viande par un hareng salé (3 rations), par 30 grammes de fromage ou même par un peu d'huile d'olive. C'est à peine de quoi ne pas mourir de faim. Et pour recevoir ces maigres rations, elle est obligée d'attendre son tour de distribution, et elle attend patiemment des heures entières, grelottant, les pieds dans la neige, exposée sous ses maigres haillons à toutes les rigueurs d'un hiver sibérien. Bientôt, les combustibles habituels étant épuisés, elle ne peut plus faire du feu pour se réchauffer ; puis le bois lui manque pour cuire ses aliments. Alors comment fait-elle ? Je ne sais, mais c'est peut-être sa pauvre main qui a déchiqueté les troncs d'arbres sur toutes nos promenades publiques.

La femme du peuple, pendant toute la durée du siège, fut admirable de courage, de patience et de résignation, et avec elle tous ceux qui par leur âge ou leurs infirmités étaient exclus de la garde nationale; quant à son homme, il ne fut pas digne d'elle. Il y eut bien des exceptions, hâtons-nous de le proclamer; on trouve des braves gens partout; mais la majorité de la garde nationale, dans les quartiers populeux, se composait de mauvais soldats, indisciplinés, pleins de prétentions, braillards, vantards et grossiers. On ne pouvait pas les employer sérieusement à un service de guerre; personne n'avait confiance en eux, et lorsqu'on les faisait sortir de l'enceinte, ils passaient leur temps à piller et à dévaster la banlieue, à se griser, à désobéir, à insulter leurs officiers et à crier à la trahison [1].

Si jamais ces lignes voient le jour, elles soulèveront contre moi des protestations furieuses et les plus modérés diront : « Si ces choses-là sont vraies, pour l'honneur de la France, pour l'honneur de Paris, il fallait les cacher et imiter la sage réserve de tous ceux qui les ont passées sous silence. » Eh bien, non ! c'est là un patriotisme aveugle et pernicieux. Ces choses-là sont vraies et il faut les dire bien haut pour éviter qu'elles ne se reproduisent, pour éviter que notre pauvre France, retombant dans les mêmes fautes, ne se fasse encore écraser, pour qu'elle reprenne dans

---

1. Voir le compte rendu sténographique des séances du gouvernement de la Défense nationale.

l'avenir la large place qui lui appartient, pour expliquer enfin comment près de 400,000 Français, les armes à la main, restent pendant 4 mois bloqués par 240,000 Teutons : ce sont là les chiffres admis par nos généraux.

Et puis, est-ce la faute de ces hommes s'ils sont pour la plupart de mauvais soldats? Vous les avez nourris de mensonges, d'illusions et de promesses que vous ne pouviez pas tenir, vous les avez grisés et vous continuez à les griser de vos flatteries, vous leur avez enlevé tout esprit du devoir en ne leur parlant que de leurs droits et tout esprit de discipline en soumettant leurs officiers à leur élection et à leur bon plaisir. Vous les avez trompés de toutes les façons, espérant arriver ainsi à mieux les conduire, et parce que vous aviez peur d'eux, vous les avez faits bêtes et ignorants. Pour compléter l'œuvre de destruction et de démoralisation si bien commencée, l'eau-de-vie et le vin ont suffi. Ils n'ont malheureusement jamais manqué et l'ivrognerie fait de rapides progrès.

Si l'on avait incorporé ces mêmes hommes dans les régiments, si au lieu de les laisser courir dans les clubs et à l'Hôtel-de-Ville, on les avait menés à l'exercice et au feu, si au lieu de leur faire lire de mauvais journaux, on leur avait appris la théorie du soldat, on en aurait fait rapidement de bons et de solides troupiers, et les Prussiens auraient trouvé à qui parler.

Le 27 décembre je reçois du général l'ordre d'aller

en parlementaire au Bourget avec M. de la Grangerie, directeur des ambulances de la Presse, afin d'obtenir des Prussiens une suspension d'armes dans toute la zone où s'est livrée la bataille du 21. Je dois leur demander la remise des cadavres des officiers de marine tués à l'attaque du Bourget et autant que possible des nouvelles des blessés qui y ont été abandonnés. Après avoir dépassé les tranchées occupées par nos troupes, nous sommes reçus sur la route de Lille par quelques coups de fusil; mais il est facile de reconnaître qu'on ne tire pas sur nous; les balles passent très haut au-dessus de nos têtes: c'est un avertissement de nous arrêter. Nous attendons patiemment au moins une demi-heure pendant laquelle notre trompette, tenant son drapeau blanc, ne cesse de sonner ses appels. Nous sommes sur le point de nous retirer quand nous entendons le coup de clairon allemand, et presque en même temps nous voyons déboucher du Bourget un groupe assez nombreux d'officiers. Nous descendons de voiture et nous marchons vers eux : le prince de Wagram, capitaine de mobiles, qui nous accompagne pour régler les conditions de l'armistice, reste à cheval.

Les présentations se font comme dans un salon avec force saluts que, de part et d'autre, on cherche à rendre aussi secs et aussi hautains que possible. Je connais assez les Prussiens pour savoir jouer leur jeu. L'officier qui les conduit marche à deux pas devant sa suite ; il s'arrête, joint les talons, se redresse comme un vieux coq, porte la main à son casque et inclinant légèrement la tête, il me défile son chapelet. Le général comte Konix (?), commandant la 2ᵉ brigade de la garde royale ; major von Blumensée du régiment Kœnigin Augusta ; capitaine von (?) du régiment Kaiser Franz, etc., etc. C'est le général qui présente, je lui réponds avec toute la raideur dont je suis capable : Docteur Sarazin, professeur à la Faculté de Strasbourg, médecin en chef du grand quartier général de la deuxième armée ; M. de la Grangerie, directeur des ambulances de la Presse, commandeur de la Légion d'honneur, et je termine en disant : M. le prince de Wagram, capitaine de mobiles, aide de camp du général Ducrot, cousin de S. M. le roi de Bavière. Le coup porte en plein et fait courber toutes ces têtes prussiennes qui ouvrent de grands yeux pendant que le capitaine français leur rend leur salut en grand seigneur.

Pendant que j'expose en quelques mots le motif qui nous amène, une machine à vapeur blindée et armée de canons s'avance sur la voie ferrée et vient vers nous. Allons, bon ! les coups de canon vont recommencer comme pendant l'armistice qui a suivi Champigny. Les officiers allemands qui les jours précédents ont été canonnés par ces machines se montrent assez agités et fort mécontents. Le prince de Wagram court au galop vers celle qui s'avance, et au risque de se faire couper en deux, il la rejoint, l'arrête et lui donne l'ordre de s'éloigner sans tirer. Mais ce petit incident a jeté du froid et rendu les Prussiens très rébarbatifs; ils nous déclarent que tous les cadavres trouvés dans le Bourget ont été enterrés par leurs soins, que les officiers ont été mis à part, qu'il n'y a aucune raison, pour le moment, de toucher à leur sépulture, et que quant aux blessés, n'en ayant pas la liste, ils ne peuvent pas nous la communiquer; qu'il n'y a pas lieu par conséquent de conclure un armistice. Ils nous saluent, se retirent et nous en faisons autant.

Croirait-on que pendant que le prince de Wagram courait après sa locomotive un de ces Prussiens me disait :

— Vous allez bientôt être des nôtres, Monsieur le Professeur. La Faculté de Strasbourg va devenir allemande et vous y conserverez votre chaire, avec un traitement très supérieur à celui que vous aviez.

— Si vous étiez à ma place, Monsieur le Major, accepteriez-vous de rester à Strasbourg dans ces conditions-là ?

— Pourquoi pas ?

— Moi, je rentrerai à Strasbourg après la guerre pour rassembler tout ce qui me reste, tout ce qui n'aura pas été détruit ou brûlé par le bombardement et je quitterai l'Alsace. J'aime mieux tout perdre que de cesser d'être Français [1].

_______________

1. L'Allemagne m'a offert en effet, après la guerre, de rester à la

Cet Allemand, Dieu me pardonne, croyait me dire une gentillesse !

1ᵉʳ janvier. — Il semble que dans les jours de fête habituels la tristesse devienne plus insupportable. Quel jour de l'an nous passons dans notre maison de fous des Lilas ! L'affreux temps qu'il fait au dehors convient bien à la situation où nous sommes : tout est sombre autour de nous et les coups de canon, régulièrement espacés, du bombardement semblent souligner la monotonie et l'ennui de ce triste séjour. La lassitude et le découragement nous gagnent ; personne de nous n'a plus d'espoir. Dans l'état-major particulier de Ducrot toutes les illusions sont tombées une à une. Nous ne sommes plus, hélas ! les soldats que nous étions au début de la guerre ; nous aussi, nous avons donné tout ce que nous avions dans le cœur ; nous nous sommes laissé user par cette série ininterrompue de revers et de malheurs, je dis nous parce que je sens bien que je suis des leurs ; j'ai partagé trop complètement leurs misères, leurs peines et leurs humiliations pour ne pas me compter parmi eux. Nos tenues même sont négligées ; elles sont irrégulières ; nos chevaux sont maigres, velus et fatigués ; ils sont mal nourris, mal logés et n'ont pas de litière. Il est vrai que

Faculté allemande de Strasbourg avec un traitement très élevé, et pendant ce temps-là, en France, on distribuait à la faveur les chaires de professeurs de notre Faculté transférée à Nancy en sacrifiant ainsi plusieurs agrégés de Strasbourg.

leurs maîtres se couchent tout habillés sur des matelas étendus par terre.

Le général est toujours le même et il relève vivement toutes les paroles de défaillance. Après les repas, qui sont très courts, il reste souvent à table avec nous et nous parle de la réorganisation de notre armée et des beaux jours qu'elle a connus; mais je vois bien qu'au fond il est aussi désespéré que nous. Deux hommes avec lui contribuent à soutenir notre moral chancelant, de Chabannes qui nous répète toujours : « Nous n'avons pas à apprécier la situation; nous n'avons qu'à nous battre tant qu'il y aura un homme et un cheval debout » ; à côté de lui Maillard, ce brave colonel de l'artillerie de la marine, qui était directeur de la fonderie de Nevers. Il a accompagné Ducrot à Paris et, attaché à son état-major, il lui a rendu les plus grands services. C'est une âme de soldat dans un corps de fer; il a encore son énergie des premiers jours et, aussi bourru qu'il est bon et loyal, il exerce sur nous une heureuse influence. Mais c'est surtout à ceux qui à Paris ont fait fondre des canons qu'il a été utile, et c'est grâce à lui qu'à la fin du siège nous avons pu lutter à armes égales contre l'artillerie prussienne.

Lorsque je vais parcourir les ambulances, le spectacle est des plus navrants. La chirurgie n'enregistre que des insuccès. Il semble que nos malheureux blessés, découragés et affaiblis par les misères et les privations, n'ont plus la force nécessaire pour résister au traumatisme chirurgical. Presque toutes les plaies des os se compliquent rapidement d'accidents mortels; toutes les amputations donnent des résultats déplorables, et les résections osseuses sont dans le même cas. Quelles statistiques nous aurons à présenter après la guerre! Pour les plus petites plaies, l'infection purulente, la pourriture d'hôpital et les érysipèles nous enlèvent nos malades. L'expectation et des pansements bien propres sont, à l'heure qu'il est, le seul parti à prendre. Je les recommande partout, mais je suis peu écouté, surtout par les chirurgiens civils. Je ne m'attendais pas à les voir abuser ainsi du couteau. L'ambulance de Guyon au Grand-Hôtel est de beaucoup la mieux tenue : si j'étais blessé, j'hésiterais entre elle et les Américains. Celle de mon excellent ami Demarquay, qui s'est installé à l'École des ponts et chaussées, est une véritable nécropole. Je constate qu'après avoir touché les plaies de ses blessés, il se contente de s'essuyer les doigts à son tablier. Il transporte ainsi de l'un à l'autre la pourriture d'hôpital, l'infection purulente et les érysipèles, quand je lui demande de se laver les mains, il hausse les épaules, et quand je réclame pour moi-même une cuvette et du savon, on met plus d'un quart d'heure à les trouver et à me les apporter.

Il est facile de reconnaître dans le personnel des ambulances une grande lassitude. Le découragement gagne les médecins et les chirurgiens. Mon personnel établi à Pantin ressemble à une bande de bohémiens, mon frère est malade, il a toujours bon courage, mais il ne peut plus manger et il maigrit rapidement, son état m'inquiète; pauvre garçon, lui aussi il a dû renoncer à bien des illusions : sommes-nous assez loin du siège de Mayence !

Pour nous tenir en haleine, Ducrot nous mène de temps en temps faire la nuit de petites expéditions vers Avron ou vers la forêt de Bondy. Il tient presque toujours à les diriger lui-même et je l'accompagne. Nous partons vers 10 heures avec quelques centaines d'hommes; nous dépassons nos avant-postes et, arrivés à une certaine distance, deux ou trois petites colonnes sont lancées sans bruit dans la direction des positions occupées par les Prussiens. Nous les attendons alors pendant des heures entières abrités derrière un mur, dans une maison en ruine ou dans un fossé ; défense de causer, de faire du bruit ou d'allumer une allumette ou un cigare: c'est une chasse à l'affût; le gibier, c'est l'homme. Après une longue attente on entend dans le lointain quelques coups de feu ou une vive fusillade, qui dure quelques minutes, puis rien ne vient plus interrompre le silence de la nuit, si ce n'est le bombardement ou le canon des forts. Les heures se succèdent; enfin les colonnes reviennent une à une. Elles ramènent quelques prisonniers ou elles ont perdu quelques hommes. Nous rentrons au petit jour, à moitié morts de froid, et avant de me coucher ou de me réchauffer, j'ai à interroger les prisonniers devant le général. Ceux-ci aussi en ont assez de la guerre. Je dis à l'un d'eux, un soldat saxon :

— Veux-tu retourner à ton poste, le général va te donner un laissez-passer ?

— Je vous remercie bien, Monsieur le Médecin en chef, ce n'est pas la peine, je suis bien ici pour attendre la fin de la guerre.

C'est pourtant avec des hommes comme celui-là qu'on nous a si cruellement battus !

Un autre genre de distraction nous est offert par les gardes nationaux auxquels on a confié la garde d'une partie des tranchées qui ont été creusées en avant de Bobigny, de Bondy et de Noisy-le-Sec. Le 2 janvier, vers huit ou neuf heures du soir, éclate tout à coup une fusillade formidable, qui s'étend rapidement sur une grande partie de notre front et qui se soutient sans faiblir. Plus de doute, c'est une attaque des Prussiens. Vite tout le monde à cheval ; on fait prendre les armes aux troupes de soutien ; nous descendons vers les tranchées ; le feu se ralentit, puis cesse complètement ; et nous rencontrons des compagnies entières de gardes nationaux qui reviennent tranquillement vers Paris, sac au dos, l'arme sur l'épaule, en bon ordre du reste, et conduits par leurs officiers. Un aide de camp, qui est parti en avant pour prendre des nouvelles, revient vers le général et lui dit que c'est une fausse alerte, qu'il n'y a pas eu d'attaque.

Le général qui avec son état-major s'avance en tête de deux ou trois compagnies de mobiles rassemblées à la hâte commande halte! et lorsque les gardes nationaux arrivent sur lui, il interpelle deux ou trois de leurs officiers qui semblent les conduire, mais qui plutôt les suivent.

— Qui êtes-vous?

Un capitaine dirigeant sur lui une lanterne qu'il porte, lui répond :

— (?) compagnie du (?) bataillon de mobilisés.

— Où allez-vous?

— Nous rentrons dans Paris, citoyen, nous avons brûlé toutes nos cartouches.

— Ah! vous croyez, capitaine, qu'on peut sans plus de façons abandonner son poste ? faites faire demi-tour à vos hommes et retournez aux tranchées.

— Mais, citoyen général, je vous ai dit que nous n'avions plus de cartouches.

— Je ne m'en f... pas mal, vous n'aviez qu'à ne pas les brûler. Allons, leste.

Et en élevant la voix :

— Nous en avons, nous, des cartouches, et si vous ne marchez pas, je vous fais tous fusiller pour avoir abandonné votre poste devant l'ennemi.

Comment répondre à de pareils arguments? Les gardes nationaux font demi-tour et retournent aux tranchées. Le général donne l'ordre qu'on leur envoie des cartouches et nous rentrons aux Lilas.

Le lendemain et le surlendemain, la fusillade recommence à la même heure du côté des tranchées. Comme toutes les précautions ont été prises pour que ces dernières ne soient plus abandonnées, nous ne nous rendons qu'à l'observatoire du fort de Romainville; des raies de feu de mousqueterie dessinent au loin nos positions. Un marin qui est à côté de moi me dit avec beaucoup de calme :

— C'est les sang-impurs qui tirent pour se réchauffer.

— Qui cela ?...

— Les sang-impurs, comme qui dirait les gardes nationaux.

— Ah ! très bien ; les mobiles les appellent des outrances.

— Les outrances, les sang-impurs, c'est la même chose. Tout ça, c'est des faillis-gas : ça n'a que le bec qui est bon.

Quelques jours plus tard nous allions faire notre petite promenade nocturne du côté de la ferme de Groslay ; nous rencontrons au sortir de Noisy-le-Sec une bande de gardes nationaux qui rentrent après s'être livrés à leur fusillade du soir. Même jeu de lanterne, mêmes interpellations du citoyen général, mêmes réponses, mais cette fois nous les emmenons avec nous. Quand leurs officiers voient que nous sortons des tranchées, l'un d'eux revient vers le général et lui fait observer, fort poliment cette fois, que ses hommes n'ont plus de cartouches.

— J'aime bien mieux cela, lui répond Ducrot, si vous en aviez, vous seriez capables de tirer, ça donnerait l'éveil aux Prussiens.

Une fois en route ces hommes se sont comportés aussi bien que les autres. Quel malheur qu'on n'ait pas su ou qu'on n'ait pas pu en faire des soldats dès le début du siège. Maintenant il est trop tard. Quant à Ducrot, il se prépare là des haines et des rancunes qui le suivront longtemps. Un général heureux peut seul se permettre de pareilles allures, et lui, depuis le début de la guerre, a toujours joué de malheur.

Paris sans gaz ! En janvier, par les jours courts et sombres ! A quatre heures toutes les boutiques se ferment ; on entrevoit le long des maisons quelques rares passants ou des ivrognes qui titubent en chantant la *Marseillaise* ; plus de voitures, plus de chevaux dans les rues ; de loin en loin une fenêtre, faiblement éclairée, fait ressortir l'obscurité des hautes façades noires, comme les coups de canon du bombardement soulignent le silence et l'immobilité de cette nuit de seize longues heures. Paris, la ville du bruit, de la lumière et du mouvement, Paris, la ville où l'on travaille et où l'on s'amuse avec passion, Paris, la ville des hommes actifs, entreprenants, agités, Paris ressemble à une ville morte.

L'observation est un instinct chez le médecin : je

cherche à me rendre compte de l'état psychologique de tous ceux qui m'entourent. Si je commence par m'étudier moi-même, je constate avec étonnement que je suis arrivé à l'indifférence. Je n'espère plus rien, je ne crains plus rien, je ne désire plus rien, je me laisse aller aux événements avec une patience apathique, et moi qui, au début de la guerre et même au début du siège de Paris, ressentais si cruellement nos désastres, c'est à peine si j'y pense. Je sens bien que l'Alsace est perdue, que je ne vivrai plus à Strasbourg, que ma position si laborieusement conquise va me manquer, que mon bonheur est à tout jamais compromis, et j'accepte mon malheur comme je me suis fait à l'idée du malheur de ma patrie. Je fais toujours mon service régulièrement, mais machinalement et sans élan. Je me vois en passant devant une glace le képi enfoncé sur les oreilles, un foulard de couleur autour du cou, la barbe longue et tombante, l'aspect misérable d'un mauvais soldat, et je ne suis pas étonné. La nuit, pendant de longues heures d'insomnie, j'écoute le bombardement de nos forts de l'Est, j'entends le coup de canon, je suis le long sifflement de l'obus qui se rapproche, puis son éclatement. Je compte les coups et je ne pense à rien, pas même à la fin du siège de Paris. Je ne suis plus moi-même, le grand ressort est cassé.

Les officiers de l'état-major avec lesquels je vis me semblent dans un état très analogue au mien. Ce qui domine chez eux, c'est la lassitude et l'indifférence ; je ne les entends plus, comme au début, discuter avec ardeur les chances de la guerre et du relèvement de la France ; plus de projets généreux, plus de plans de campagne, plus d'émulation, plus de disputes. Ils font leur service très exactement, très ponctuellement, et voilà tout. L'homme, évidemment, ne peut disposer que d'une certaine somme d'énergie ; quand il l'a dépensée, il lui faut du temps pour la refaire. Ceux-ci ont semé la leur sur tous les champs de bataille depuis Wissembourg, et cette série continue de sanglants désastres les a brisés. Ils disaient de leurs soldats après Champigny : « Ils ont vidé le fond de leur sac », c'est leur propre histoire. Et dans leur tenue fantaisiste, avec leurs paletots de fourrures variées, quand ils sont réunis, ils ressemblent à une bande de brigands.

Le général reste moins longtemps avec nous ; il est souvent de méchante humeur ; il continue à s'emporter avec violence contre toute faute commise, et c'est assez bon signe ; il cause quelquefois du passé et de l'avenir, jamais du présent, et il est toujours aussi exigeant en matière de service. Il s'enferme souvent dans sa chambre ; je me demande ce qu'il y fait ; ce n'est pas pour y dormir, car il ne dort même pas la nuit. Il est atteint d'une bronchite et il a de la fièvre presque tous les soirs, mais il me recommande de n'en rien dire. Allez donc soigner une bronchite chez un homme qui passe souvent une nuit sur deux à courir les grands chemins par 10 et 12 degrés au-dessous de zéro ! La seule chose que je puisse faire, c'est d'aller emprunter pour lui un lit et des draps au capitaine de vaisseau qui commande le fort de Romainville.

Un soir, je suis allé pour prendre de ses nouvelles, et il s'est laissé aller à causer longuement et affectueusement avec moi. Il est revenu plusieurs fois sur cette idée que tous nos désastres il les avait prévus et il les avait prédits. Ah ! si l'on avait tenu compte des avertissements qu'il ne cessait d'envoyer de Strasbourg! ...

Et maintenant, que prétend faire ce gouvernement d'incapables qui nous mène tout droit à une capitulation sans conditions ? Ils ont beau reculer par peur d'un soulèvement dans Paris, plus ils reculeront, plus leur chute sera irréparable, et quant au soulèvement de la populace, ils ont tout fait pour le préparer, pour le provoquer et ils ne l'éviteront pas.

Je lui demande s'il n'a pas communiqué ses idées à Trochu, qui est son ami!.,.

Il me répond que Trochu se refuse à ouvrir les yeux à la lumière; qu'il est d'un optimisme qui nous perdra. — « Il va jusqu'à compter sur une intervention miraculeuse de sainte Geneviève, à laquelle il fait une neuvaine, et il croit à ces nouvelles-là ! Tenez, Docteur, lisez. »

Le général me passe la dépêche suivante :

« Les nouvelles de la guerre sont bonnes. Faidherbe

« a remporté une victoire à Pont-Noyelle. Son armée
« augmente chaque jour en nombre et en solidité.
« Chanzy, changeant sa base d'opérations, a effectué
« un mouvement sur le Mans, tenant continuellement
« tête à l'ennemi, lui faisant subir pendant huit jours
« des pertes considérables.

« L'armée de Bourbaki est dans une excellente si-
« tuation ; ses mouvements sont ignorés.

« Les Prussiens se montrent inquiets du mouvement
« des deux armées qui sont sur leurs flancs et n'osent
« pas avancer dans le centre ; ils ont évacué Nogent-
« le-Rotrou, remontant dans la direction de Paris.

« A Nuits, il y a eu un brillant combat livré par
« 25,000 Allemands contre 10,000 Français. Nous
« avons perdu 1,200 hommes environ ; les Prussiens
« en ont perdu 7,000, dont le prince Guillaume de Bade.

« Les correspondants du *Times* à Versailles et dans
« les autres quartiers généraux prussiens constatent
« eux-mêmes combien la situation est changée au
« désavantage des Allemands. Chaque jour les forces
« françaises augmentent ; celles des Allemands dimi-
« nuent. Ils ont perdu 300,000 hommes depuis leur
« entrée en France. Il existe en Allemagne 100,000
« veuves et 200,000 orphelins. Actuellement l'effectif
« des Allemands en France est évalué à 600,000 hom-
« mes, dont 100,000 malades. La Landsturm a été
« appelée dans quelques provinces allemandes ; la der-
« nière levée a suscité de la résistance.

« Le siège de Belfort a donné lieu à plusieurs sor-
« ties qui ont causé à l'armée allemande de grandes
« pertes. »

. . . . . . . . . . . . . . . . . . . . . . . .

Ma lecture terminée, je dis au général :

— Mais si ces nouvelles sont exactes, mon Général ?

— Taisez-vous donc ! C'est un tissu de mensonges ! Un homme comme Trochu ne devrait pas s'y
laisser prendre. Non, voyez-vous, Docteur, tous ces
avocats sont de si impudents menteurs qu'ils en arrivent à se tromper eux-mêmes après avoir trompé tout
le monde. Mais où veulent-ils en arriver, grands
Dieux ! s'ils croient encore à la délivrance de Paris,
ce sont des fous, des illuminés, des gens dangereux
qu'il faut enfermer. S'ils n'y croient pas, ont-ils le
droit de faire ce qu'ils font ?...

Je ne transcris plus la suite de ses paroles ; quand
il s'emporte, il ne ménage pas ses expressions.
J'aurais voulu, pour leur édification, que les membres
du gouvernement de la Défense nationale assistassent
à cette philippique, d'autant plus que c'est la seule
fois que je lui ai entendu parler d'eux.

Je demande au général l'autorisation d'emporter la
dépêche qu'il m'a fait lire pour la transcrire dans
mon journal. Il me le permet, mais me recommande
de ne pas parler à l'état-major de la conversation qu'il
a eue avec moi.

J'ai déjà trop parlé de l'état de notre pauvre armée de conscrits pour avoir à y revenir; quant aux marins, je les ai très peu vus. Ils vivent dans les forts comme à bord de leurs navires; ce sont de braves gens qui supportent sans broncher toutes les fatigues, tous les dangers et tous les ennuis du bombardement. Je n'en entends dire que du bien, tout le monde les aime; mais il faut reconnaître qu'ils ont moins souffert que l'armée et que la mobile, et que, sauf au Bourget, ils ont perdu peu de monde. Il est donc assez naturel qu'ils soient les moins démoralisés.

La garde nationale, elle, n'a pas souffert du tout; il n'est donc pas étonnant qu'elle demande à continuer la lutte, d'autant plus que c'est l'armée et la mobile qui jusqu'ici ont reçu les coups et supporté toutes les fatigues et toutes les misères. Comment se fait-il qu'elle inspire si peu de confiance et que personne ne veuille la mener au feu ? Il y a évidemment de l'exagération dans cette méfiance de tous les généraux à son égard. Ne pourrait-on pas en tirer parti : ce sont des hommes comme les autres, après tout, et s'ils étaient bien encadrés dans nos régiments pourquoi ne se battraient-ils pas ? Mais voilà, c'est qu'ils ne sont pas dans nos régiments et qu'ils ne sont pas encadrés du tout; et alors, les bons éléments, au lieu d'entraîner les mauvais, sont submergés dans une majorité de braillards indisciplinés. Du reste, les bataillons de gardes nationaux sont très différents les uns des autres, suivant les quartiers d'où ils proviennent, et pour un bon bataillon, j'entends dire qu'il y en a deux mauvais. Tous ceux qui vont manifester à l'Hôtel-de-Ville sont déplorables comme discipline et incapables d'aller au feu.

On va les y mener cependant, mais leur général Clément Thomas dit, à qui veut l'entendre, que depuis qu'il est sérieusement question d'employer la garde nationale, on y trouve beaucoup moins de partisans d'une guerre à outrance. Elle ne réclame plus les sorties torrentielles et la lutte acharnée. Il affirme qu'il y avait beaucoup de charlatanisme et de fanfaronade dans ce belliqueux patriotisme, qui se refroidit beaucoup depuis qu'il ne s'agit plus de faire battre les autres, et de se contenter de les regarder faire. C'est très différent en effet[1].

_______

1. Le général Clément Thomas fait observer qu'il ne restera avec des armes que cette armée de garde nationale qui est aussi imparfaite au point de vue de l'ordre qu'en face de l'ennemi, car s'il y a de bons bataillons, il y en a aussi de mauvais... Il cite à cet égard des bataillons qu'on n'oserait jamais faire marcher. (Séances du gouvernement de la Défense nationale 25 janvier.)

M. le général Clément Thomas déclare qu'il y a beaucoup de charlatanisme dans cet étalage de courage de la garde nationale. Déjà, depuis qu'elle sait qu'on va l'employer, son enthousiasme a beaucoup baissé. Il ne faut donc rien s'exagérer de ce côté.

M. le général Trochu reconnaît qu'il a reçu des rapports déplorables sur certains bataillons ; il y a là de bons et de mauvais éléments ; il craint que les mauvais ne paralysent les bons. (Séance du 10 janvier, 10 heures du soir.)

# XVI

## BUZENVAL

Enfin, le 18 janvier, nous quittons notre maison de fous des Lilas, et nous retournons à la porte Maillot. Pour satisfaire l'opinion publique et la garde nationale de Paris, on va livrer une grande bataille, forcer les lignes prussiennes qui ferment la presqu'île de Gennevilliers depuis Saint-Cloud jusqu'à Bougival, et marcher sur Versailles. L'armée, forte de 100,000 hommes, avec 200 pièces de canon, sera divisée en 3 corps: à la gauche Vinoy, au centre de Bellemare, à la droite Ducrot et, partout Trochu qui se réserve le commandement en chef. On fera un mélange de bataillons mobilisés de la garde nationale, de bataillons de mobiles et de régiments de ligne.

C'est le 16 qu'on s'est décidé, c'est le 19 au matin qu'on doit livrer la grande bataille qui débloquera Paris. Trochu s'est laissé circonvenir, paraît-il, par les membres du Gouvernement ; il voulait prendre le temps nécessaire pour rassembler son armée campée aux quatre coins de Paris, pour étudier son plan et son terrain et pour dicter ses ordres; mais ces messieurs sont très pressés : quarante-huit heures ont dû lui suffire. Comment, lui qui est un homme de guerre et un homme d'étude, a-t-il pu se laisser imposer cette besogne surhumaine ?

Il lui est matériellement impossible, en aussi peu de temps, de former son armée, de la concentrer, de la pourvoir de son matériel de guerre, de s'entendre avec tous ses généraux et tous ses chefs de service, d'étudier et de visiter le champ de bataille, les routes, les passages difficiles et les ponts qui y conduisent, enfin de rédiger et de faire parvenir à qui de droit les innombrables ordres précis et détaillés sans lesquels le mouvement d'une armée de 100,000 hommes n'est que confusion et incohérence. Peut-il être assez fou pour espérer le succès dans ces conditions-là ? Si oui, tout le monde jusqu'ici s'est trompé sur son compte et il est digne de présider ce gouvernement d'avocats; sinon, pourquoi livrer cette bataille après avoir sacrifié volontairement les chances déjà bien faibles qu'il a de réussir ?

Aussi quelle agitation dans notre état-major! Depuis le 17 au soir, tous les officiers sont à cheval nuit et jour; ils partent au galop dans toutes les directions porter des ordres et des contre-ordres qui se succèdent sans interruption.

Comme les trois corps d'armée n'ont que deux

ponts à leur disposition, le pont du chemin de fer d'Asnières et le pont de Courbevoie, l'entente est difficile entre les trois généraux commandants qui ont à régler entre eux les heures de passage de leurs régiments et de leur artillerie ; chacun d'eux voudrait en disposer à sa guise. Le général Ducrot est d'une humeur massacrante ; il malmène tous ses officiers qui n'en peuvent mais, et qu'il aime au fond comme ses enfants. Le 18 au soir, il entre un moment dans la salle où j'ai fait préparer notre maigre dîner ; je suis seul ; je lis la proclamation du gouvernement de la Défense nationale, il m'interpelle brusquement :

— Et vous, qu'est-ce que vous faites là, docteur ?...

C'est une querelle qu'il veut chercher à quelqu'un, autant moi qu'un autre ; je lui réponds :

— J'attends la besogne inutile que vous me préparez pour demain, mon Général.

— Vous dites ?

— Je dis, mon Général, que je pense aux malheureux qu'on fera écharper demain en pure perte.

— Dès qu'un de ces messieurs rentrera vous me l'enverrez.

— Si je pouvais le remplacer ?

— Non, c'est un ordre à porter au général Faron.

Ainsi, moi, je ne suis pas jugé capable de porter un ordre écrit et cacheté à un général, mais Jules Favre et Jules Simon décident des batailles et quant à Gambetta doublé de Freycinet, c'est par plans de campagne qu'il procède. On rencontre à chaque instai.t dans la vie des mystères insondables !

Je lisais la proclamation suivante qui vient d'être affichée dans Paris :

« Citoyens,

« L'ennemi tue nos femmes et nos enfants ; il nous « bombarde jour et nuit ; il couvre d'obus nos hôpi-« taux. Un cri : « Aux armes ! » est sorti de toutes les « poitrines.

« Ceux d'entre nous qui peuvent donner leur vie « sur les champs de bataille marcheront à l'ennemi ; « ceux qui restent, jaloux de se montrer dignes de « l'héroïsme de leurs frères, accepteront au besoin « les plus durs sacrifices, comme un moyen de se « dévouer pour la patrie.

« Souffrir et mourir s'il le faut ; mais vaincre.

« Vive la République !

« *Les Membres du Gouvernement* :

« Jules FAVRE, Jules FERRY, Jules SIMON, Em-« manuel ARAGO, Ernest PICARD, GARNIER-« PAGÈS, Eugène PELLETAN.

« *Les Ministres :*

« Général LE FLÔ, DORIAN, MAGNIN.

« *Les Secrétaires du Gouvernement :*

« HÉROLD, LAVERTUJON, DURIER, DRÉO.

Je remarque que Trochu n'a pas signé ce beau morceau de rhétorique aussi creux que ronflant, et qui veut dire :

« Pour vous faire plaisir, nous allons livrer une bataille, mais tenez-vous tranquilles. »

Nous tombons dans l'enfantillage ; mais c'est un enfantillage sinistre, tout éclaboussé de sang. Quelle fin !

L'état-major monte à cheval à trois heures du matin. Le général, en m'apercevant, me donne l'ordre d'attendre mon ambulance et de l'amener à Nanterre ou à Rueil. Il est inutile, me dit-il, que je parte avant 7 heures, car je ne pourrai pas m'engager sur le pont de Courbevoie avant 8 heures du matin. L'attaque projetée sera forcément retardée de plusieurs heures, car il est matériellement impossible que toutes les troupes arrivent en ligne avant 9 heures du matin. Le général me donne lui-même ces indications. Je m'approche de lui et je lui dis à demi-voix :

— Je vous en prie, mon Général, pas de sacrifices inutiles.

Il me serre la main et s'éloigne suivi de son état-major.

J'envoie un gendarme prévenir mon ambulance qui est cantonnée aux Ternes, que je ne l'attends pas avant 7 heures du matin, et je vais voir ce qui se passe sur l'avenue de Neuilly. Malgré les quelques feux allumés sur les bas côtés, il y fait noir comme dans un four. On y distingue à peine une masse compacte d'hommes immobiles qui en couvrent toute la largeur. L'encombrement est tel que je suis forcé dè jouer des coudes pour avancer, et je me demande comment l'état-major a pu passer. De distance en distance, des cafés ou des débits de vin montrent leur façade éclairée ; ils sont bourrés de soldats et de gardes nationaux serrés les uns contre les autres. Quelques cris dominent le bourdonnement confus qui s'échappe de cet immense troupeau sans entrain. Pourquoi ces hommes ne chantent-ils pas « mourir pour la patrie » ? Ce serait bien le moment, mais ces choses-là ne se chantent pas quand on se rend sur le champ de bataille. Dans ces moments, assez froids par eux-mêmes, les plus braves soldats sont sérieux, les poltrons seuls font du bruit.

Il tombe une petite pluie fine qui hâte le dégel ; une épaisse couche de boue liquide couvre la chaussée et ses bas côtés ; je vois de l'artillerie immobilisée au milieu de la cohue ; on me dit qu'elle est là depuis la veille au soir. Comment ces pauvres chevaux pourront-ils monter les lourdes pièces auxquelles ils sont attelés sur les hauteurs qu'on veut attaquer ?

Je rentre au restaurant Gilet vers 4 heures du matin ; à 7 heures, je monte à cheval et je vais au-devant de mon ambulance, avec laquelle je m'engage sur l'avenue de Neuilly qui commence à se dégager. J'entends au loin la canonnade. La bataille a commencé et les queues de nos colonnes d'attaque sont encore au pont de Courbevoie. Que s'est-il donc passé ?....

Malgré notre impatience, nous n'avançons que pas à pas et nous sommes forcés d'attendre notre tour jusqu'à 8 heures et demie au pont de Courbevoie. Derrière nous vient bientôt se masser un immense convoi de voitures pavoisées d'énormes drapeaux : ce sont les ambulances de la Presse et de la Société Internationale. C'est dommage qu'on ne les ait pas laissées passer à la porte Maillot, lorsqu'elles s'y sont présentées à trois heures du matin, elles auraient fait bon effet dans l'encombrement de l'avenue de Neuilly et du passage de la Seine ; mais elles trouveront bien moyen de se rattraper avant la fin de la journée.

Au Rond-Point de Courbevoie, nous rejoignons la queue de nos colonnes qui piétinent sur place ; nous nous engageons à leur suite sur la route qui passe au Rond-Point des Bergères et qui descend vers Rueil, à droite du Mont-Valérien. Il est onze heures quand nous y arrivons ; nous avons mis quatre heures pour faire 5 kilomètres. Rueil est déjà encombré de traînards et d'hommes débandés parmi lesquels dominent les gardes nationaux. On y entend une fusillade très nourrie, mêlée à des coups de canon, et quelques obus nous arrivent, venant de la direction de Carrières-Saint-Denis. Un certain nombre de blessés affluent vers la mairie transformée en hôpital ; je propose à mon frère d'y rester avec une section de mon ambulance ; il me fait remarquer que le service y sera largement assuré par ceux qui nous suivent ; allons plus près du feu. Nous nous engageons sur la route qui mène à la Fouilleuse ; à cinq ou six cents mètres en dehors de Rueil, nous sommes arrêtés par un encombrement de voitures d'artillerie, de camions et de canons ; pendant plus d'une heure, nous ne pouvons ni avancer, ni reculer ; la chaussée est tellement défoncée que les roues s'embourbent jusqu'au milieu des rayons et les hommes jusqu'au-dessus des chevilles. Enfin la route se dégage, mais c'est derrière nous ; je me décide à faire faire demi-tour à mon ambulance et à rentrer dans Rueil où arrivent des blessés venant de toutes les directions.

Il est une heure passée lorsque nous nous installons en tête de Rueil dans une grande maison qu'un brave homme met à notre disposition. Si nous avions quitté la porte Maillot à midi, nous serions tout aussi avancés.

Notre triste besogne commence : les blessés nous arrivent ; pour éviter l'encombrement, dès qu'ils sont pansés ou opérés, je les fais charger sur des voitures et conduire dans les hôpitaux de Paris. Je n'ai gardé avec moi qu'un aide-major, mon frère, et quatre infirmiers. Le reste de mon personnel, muni de brancards, va ramasser les blessés sur le champ de bataille ; mais la plupart de ceux qui m'arrivent sont portés par leurs camarades, et, pour chacun d'eux, je vois arriver à mon ambulance une véritable escouade de combattants. Les gardes nationaux surtout sont d'une rare sollicitude pour leurs camarades, quelque légère que soit la blessure ; je compte en général avec chaque blessé : quatre porteurs, un homme chargé du sac, un autre avec le fusil et le ceinturon et un sous-officier ou même un officier pour diriger le mouvement. Et quand il s'agit de faire sortir tout ce monde-là de la salle où j'opère, ce n'est pas chose facile. Ils sont cependant bien plus maniables qu'à Paris. Un capitaine se tient à côté d'un garde auquel je viens de panser une petite plaie en séton de l'avant-bras, je lui dis :

— Votre place n'est pas ici, capitaine, retournez auprès de votre compagnie.

Il me répond :

— Je m'intéresse beaucoup à ce garçon-là, major, du reste, j'ai toujours beaucoup aimé la chirurgie (!).

— Ah ! vous ne comprenez pas ! F.....-moi le camp d'ici, et lestement !

Il obéit sans souffler mot.

Parmi mes blessés, les mobiles et les soldats de la ligne sont en grande majorité : j'en compte au moins deux sur trois. Ils sont très irrités contre les gardes nationaux et les accusent de rester en arrière et de tirer sur eux. Le fait est que je trouve un certain nombre de blessures produites par la balle du chassepot. Elles sont faciles à reconnaître : l'orifice d'entrée est tout petit et l'orifice de sortie très large et comme éclaté. Nos troupes se tirent les unes sur les autres! Il était difficile qu'il en fût autrement : sur ce terrain beaucoup trop resserré et très mouvementé, on a entassé une armée de 100,000 hommes, dont 45,000 gardes nationaux inexpérimentés et très énervés par le feu qu'ils voient pour la première fois[1].

De temps en temps, Rueil est envahi par des nuées de gardes nationaux débandés qui s'écoulent vers Paris. Le 90e bataillon s'y précipite en désordre, criant à la trahison. Un moment, ses gardes encombrent mon ambulance ; ils disent qu'on les mène à la boucherie. Parbleu! où croyaient-ils donc aller? C'est l'antichambre par où il faut passer pour arriver à la victoire. Ce chemin-là ne leur convient pas ; ils en préféreraient un autre, cela se conçoit ; mais ils ont tort de se fâcher après avoir tant chanté qu'ils voulaient mourir pour la patrie, et de crier à la trahison, quand ils sont seuls à trahir leur devoir de soldat.

Cependant le désordre augmente dans Rueil. Est-ce la débâcle qui commence? Mais non, la fusillade est

---

1. Je suis heureux de pouvoir rectifier aujourd'hui le jugement trop sévère et surtout trop général que je portais sur la garde nationale le soir du 19 janvier. Étant derrière les lignes, je ne voyais pas ceux de ses bataillons qui faisaient leur devoir. Je serais heureux de les signaler, mais je n'ai pas la prétention d'écrire pour la vingtième fois l'histoire de la bataille de Buzenval.

toujours aussi vive du côté de Bois-Préau et de la Malmaison, et notre artillerie répond coup pour coup à l'artillerie prussienne. Du reste, si Rueil est encombré de gardes débandés, j'y vois très peu de mobiles ou de soldats de la ligne : c'est bon signe.

Quelles oppositions! Rien n'est absolu dans la vie : à côté de ces scènes humiliantes, nous trouvons des traits de bravoure et d'héroïsme, côte à côte, dans ces mêmes bataillons. Pendant que le 90e prend la fuite, H. Regnault, son chassepot au poing, marche au feu avec Lhomon, son ami. Ils veulent mourir pour l'honneur de la France. Une balle prussienne frappe, sous l'habit de simple garde national, ce grand artiste, ce héros qui se sacrifie au relèvement de sa patrie. Si de pareils exemples ne réveillent pas un peuple, il n'y a plus rien à en espérer.

Les volontaires de Montrouge réclament l'honneur de remplacer les gardes du 90e qui ont abandonné leur poste. Ils reprennent dans un admirable élan les positions qui ont été perdues, et les défendent victorieusement jusqu'à la fin de cette sanglante bataille, qui n'est qu'un sacrifice inutile. Ils voient le feu pour la première fois et ils arrêtent tous les efforts de la garde prussienne qui leur est opposée.

Et combien d'autres actes héroïques dans cette même garde nationale dont je ne vois dans Rueil que les plus misérables ! Le vieux sang gaulois fait battre encore bien des cœurs. Jamais nous ne pourrons assez maudire ceux qui ont empêché qu'on ne fasse de tous ces hommes de vrais soldats soumis à leurs chefs et disciplinés.

Les nouvelles que nos blessés nous apportent du champ de bataille sont confuses et contradictoires ; tout ce qu'on peut y démêler, c'est que nous sommes cloués sur place par la résistance énergique des Prussiens et que si nous ne reculons pas, nous n'avançons guère.

Encore un des officiers de notre état-major qui a bravement payé sa dette ! De Montbrison, mis depuis Champigny à la tête d'un régiment de mobiles, est tombé dans le parc de Buzenval, et, pendant plus d'une heure, personne n'a pu arriver jusqu'à lui pour lui porter secours. Il avait le bras droit levé, portant son képi au bout de son sabre pour enlever ses hommes à la tête desquels il marchait ; grâce à ce mouvement d'élévation de l'épaule, la balle qui l'a atteint a pu lui couper l'artère axillaire sous la clavicule sans pénétrer dans la poitrine ; mais l'hémorrhagie a été telle qu'il n'y survivra pas. Il a été littéralement baigné dans son sang ; sa belle tête de huguenot inspiré a la blancheur, le froid et la rigidité du marbre ; sous sa paupière à demi close, son regard est fixe et inconscient. Il n'est pas mort ; je cherche à lui faire avaler un peu d'eau-de-vie ; il me repousse faiblement de la main gauche en me disant merci sans me reconnaître. Pauvre garçon !

De trois à quatre heures de l'après-midi, un grand nombre d'obus prussiens viennent éclater dans les toitures des maisons de Rueil. Ils sont remarquablement inoffensifs et nous rendent le service de diminuer l'encombrement des rues. Puis le feu se ralentit en face de nous; il ne nous arrive plus de blessés; la canonnade continue en s'affaiblissant jusqu'à la tombée de la nuit; je suis impatient de la voir finir.

Vers cinq heures, me trouvant libre de mes mouvements, je laisse mon frère et mes aides-majors à l'ambulance et je vais rejoindre l'état-major de Ducrot installé dans la maison Crochard, à droite de la Fouilleuse. Sur la route, l'encombrement est tel que je mets plus d'une demi-heure pour y arriver. Devant et autour du quartier général, on creuse des tranchées et le versant des collines est occupé par des masses imposantes de troupes et d'artillerie qui semblent figées sur place, au loin dans le crépuscule du soir. De cette immobilité atonique et silencieuse se dégage autant de tristesse que de découragement. Tout le monde est mécontent; on dit : « C'est une comédie qui coûte trop cher... c'est absurde de rester ici... nous n'avons pas gagné et nous ne gagnerons pas une semelle... les gardes nationaux n'en veulent plus, etc., etc... »

Le général est très agacé; je lui rends compte de mon service; il me laisse libre de rester à Rueil ou de retourner à Nanterre.

— Se battra-t-on demain, mon Général?

— Je ne sais pas ; j'ai envoyé demander des ordres à Trochu. Je suis prêt à recommencer la lutte, mais le centre et l'aile gauche ont plus souffert que moi.

Je lui raconte ce que j'ai vu à Rueil. Il me répond qu'il le sait bien, mais qu'à la gauche le désordre est plus général, puis il me congédie. En sortant, je rencontre son aide de camp Bossan qui revient du Mont-Valérien, rapportant les ordres de Trochu ; il me glisse à l'oreille en passant :

— Nous allons rentrer, Docteur, c'est fini.

Hélas ! oui, c'est fini et bien fini cette fois, et ces trois mots si simples, si vrais, si peu inattendus, ces trois mots, que nous répétons souvent depuis plus d'un mois, presque avec indifférence, ont acquis tout à coup une signification et une puissance diaboliques. Ils retentissent si douloureusement dans tout mon être, que je crois n'en avoir pas encore saisi toute la portée. On a beau prévoir un malheur, se faire petit à petit à son idée et l'accepter avec résignation, quand il arrive, celui qui l'attend se trouve tout à coup sans force pour le supporter, il en est comme écrasé ou, s'il lui reste un peu d'énergie, il se révolte contre l'amère destinée qu'il a prévue.

C'est fini !...

Et quand j'arrive à mon ambulance, la nuit est venue ; je trouve mon frère et mes aides-majors, assis autour d'une table qu'éclaire tristement une mauvaise chandelle, et je leur dis :

— Mes pauvres amis, c'est fini !

Personne ne me répond et cependant tout le monde m'a compris... On entend dans la rue le bourdonnement confus d'une masse d'hommes qui passent.

— Allons, ne perdons pas courage ; espérons que nos enfants seront plus heureux que nous. La France a déjà connu bien des jours de malheur et elle en est sortie...

Nous resterons cette nuit à Rueil et demain matin nous irons sur le champ de bataille pour nous assurer qu'aucun blessé n'y a été oublié.

# XVII

## LA CAPITULATION DE PARIS

Nous rentrons le lendemain à Paris, après avoir parcouru inutilement les environs de la Fouilleuse et les abords de Bois-Préau et de la Malmaison. Les bâtiments de la grande ferme sont encore remplis de blessés, mais ils n'appartiennent pas à notre corps d'armée, et plusieurs ambulances divisionnaires du corps de Bellemare sont occupées à les évacuer sur les hôpitaux de Paris.

Je m'arrête à la porte Maillot, où je retrouve dans le restaurant Gillet l'état-major de Ducrot. On se passe les journaux et les dépêches expédiées la veille du Mont-Valérien par le général Trochu, et transmises probablement dénaturées à la population de Paris par les membres du gouvernement de la Défense nationale.

Toujours le même système ! Les premières dépêches du Gouvernement font espérer la victoire ; les dernières exagèrent la défaite. Où veulent-ils en arriver avec ces moyens-là ? Ces maudits avocats ne sauront jamais ni se taire, ni dire la vérité. Ils feront des sottises jusqu'au bout et ils en feront faire à la pauvre ville qu'ils ont eu l'outrecuidance de vouloir gouverner dans la crise si difficile et si douloureuse qu'elle vient de traverser.

Jusqu'où ira leur maladresse ? Aujourd'hui ils couvrent de lauriers l'héroïque garde nationale de Paris! Alors eux-mêmes, que deviennent-ils? Des traîtres ou des incapables? On n'a que l'embarras du choix. Puisque ces hommes sont des héros, pourquoi ne les mettre en ligne que trop tard pour sauver Paris? Pourquoi leur avoir constamment refusé de les conduire au feu? Ce n'est que par trahison que le gouvernement de la Défense nationale a pu faire tomber Paris défendu par son admirable garde nationale, forte de 320,000 hommes ; tous les généraux avec Trochu à leur tête et tous les officiers de l'armée ont donc trempé dans cette trahison? Dites à un homme qu'il est brave, qu'il est héroïque, il cherchera peu à vous contredire ; il s'empressera d'inscrire toutes ces qualités à son avoir et il en tirera à son avantage toutes les conséquences possibles. Ces dépêches et ces manifestes du Gouvernement donnent donc pleinement raison à l'insurrection du 31 octobre qui voulait le renverser. La vérité était si facile et si utile à dire! Non, franchement, on n'est pas naïf à ce point! Et, à ce qu'il paraît, pour aboutir à de pareilles élucubrations, les membres du Gouvernement passent leurs jours et leurs nuits en conférences!

Ce n'est pas tout : il va falloir capituler, car il ne reste pas pour huit jours de vivres. Que dira l'héroïque garde nationale de Paris? Que diront surtout les bataillons qui ne vont pas à la boucherie? Peut-on forcer une armée pareille à déposer les armes après un semblant de bataille[1]? Heureusement que l'armée, la mobile et les marins sont assez montés contre ceux qu'ils appellent des *sang-impurs* et des *outrances*

---

[1]. Je n'hésite pas à répéter ici qu'il y a un peu d'exagération dans l'opinion que j'avais alors sur la garde nationale, opinion que je partageais du reste avec toute l'armée et toute la mobile. A la bataille de Buzenval-Montretout, les soldats citoyens se sont comportés mieux qu'on ne pouvait l'espérer, étant données leur inexpérience et la composition de leurs bataillons. Leur bravoure, du reste, peut se chiffrer.

La garde nationale, sur un effectif de 42,000 hommes, a perdu 1,457.

L'armée et la mobile, sur un effectif de 56,000　　　—　　　　　— 2,613.

C'est à peu près le double : donc l'armée et la mobile se sont deux fois mieux battues que la garde nationale. Que dire des deux seuls régiments d'infanterie que nous avions à Paris, le 42e et le 35e de ligne?

Sur un effectif de 2,400 à 2,600 hommes,

le 42e a perdu pendant le siège de Paris 1,350 hommes.

le 35e　　　　　—　　　　　　　—　　　　1,376　　—

Chacun de ces régiments a donc perdu à lui seul presque autant que les 328,000 hommes de garde nationale. Voilà les héros du siège de Paris ! La grande ville reconnaissante ne manquera pas de leur élever la statue à laquelle ils ont droit. Je la vois d'ici : deux vrais troupiers français, la main dans la main, jurant de faire leur devoir et d'obéir à leurs chefs. Sur le piédestal, d'un côté : « la ville de Paris au 35e et au 42e de ligne », de l'autre : « Bravoure et discipline ».

pour maintenir l'ordre dans les rues de Paris. Il n'en est pas moins vrai que c'est préparer des tueries inutiles et créer bénévolement des difficultés que le Gouvernement n'est pas de force à surmonter.

*22 janvier.* — Ducrot est relevé de son commandement. A midi, les officiers de son état-major se réunissent une dernière fois avant de se séparer. Quel triste déjeuner! Au dessert, Ducrot nous remercie d'avoir fidèlement servi sous ses ordres; puis sa voix devient émue; il se lève et nous quitte brusquement en nous disant : « Espérons, mes amis, que nous verrons des jours meilleurs. » — Nous, je ne crois pas, nos enfants peut-être, s'ils évitent nos fautes qui ont préparé nos défaites.

Le général Vinoy prend le commandement de toute l'armée de Paris. Il accepte là bravement et par sentiment du devoir une mission bien difficile et bien pénible, et il se soumet volontairement à l'humiliation, si cruelle pour un général, de désarmer et de livrer à l'ennemi les soldats qu'il a sous ses ordres : c'est un sacrifice héroïque !

Le général Trochu obtient sa révocation de gouverneur de Paris. Comme il a dit et publié : « le gouverneur de Paris ne capitulera pas », nous pouvons conclure de son nouveau titre de président du gouvernement de la Défense que la capitulation est très prochaine. Pourvu qu'il consente à se charger lui-même des négociations! Seul, parmi tous ces avocats du Gouvernement, il obtiendra de Bismarck le respect et la considération nécessaires à celui qui sera chargé de cette transaction délicate ; et il est seul capable de discuter et de régler les questions militaires qu'il faudra traiter. Ce sera pour lui une mission bien pénible ; mais le sentiment du devoir parle assez haut chez lui pour qu'il n'hésite pas devant ce sacrifice. Il est vrai qu'il a dit : « Le gouverneur de Paris ne capitulera pas », mais il n'est plus gouverneur de Paris et il est convenu que tout cela n'est qu'une question de mots. On trouvera bien du reste moyen de déguiser la capitulation sous le nom d'armistice. Déjà ce mot-là circule de bouche en bouche.

Pourvu aussi que Jules Favre ne soit pas chargé des négociations : il nous ferait encore des sottises.

Il mériterait bien d'être remis en présence du renard poméranien, qui ne manquerait pas de lui rappeler son mot de Ferrières : « Pas un pouce de notre territoire, pas une pierre de nos forteresses. » Cette punition serait juste, mais nous coûterait trop cher.

Le 22 janvier, la place de l'Hôtel-de-Ville est envahie par des bandes nombreuses de gardes nationaux qui veulent renverser le Gouvernement sous prétexte qu'ils sont décidés à continuer la lutte contre la Prusse. Ils ne m'avaient pas l'air si belliqueux dans Rueil, le jour de Buzenval, et ce ne sont certainement pas ceux d'entre eux qui se sont bien conduits sur le champ de bataille qui aujourd'hui ouvrent le feu sur les défenseurs de l'Hôtel-de-Ville. Les mobiles, au lieu de parlementer, leur ripostent à coups de fusil; en moins de cinq minutes, la place est déserte et l'insurrection étouffée. Pour recommencer leurs émeutes, les gardes nationaux de Belleville feront bien d'attendre que la mobile ait quitté Paris.

*27 janvier.* — Ce que je redoutais est arrivé. C'est Jules Favre qui a été chargé des négociations. On ne lui a adjoint les généraux de Beaufort et de Valledan que pour régler les questions stratégiques concernant Paris. Pourvu que les sinistres prévisions que j'entends émettre autour de moi ne se réalisent pas !

Jules Favre a accepté que l'armée de l'Est soit exclue de l'armistice ! Les Prussiens peuvent disposer de toutes leurs forces pour l'écraser. On sait qu'elle a échoué devant Belfort, qu'elle est en retraite sur Besançon, que ses communications sont confiées à Garibaldi, *confiées à Garibaldi !!* et on consent à l'exclure de l'armistice ! Pauvre armée ! Pauvre Bourbaki ! Lui, le plus brave, le plus loyal, le plus chevaleresque des soldats de la France, livré ainsi et sacrifié par un avocat incapable ! Depuis qu'il a appris cela, Ducrot n'est plus abordable.

Paris livre ses forts, désarme son enceinte et paie 200 millions d'indemnité de guerre ; l'armistice durera 21 jours pendant lesquels la France nommera une Assemblée chargée de faire la paix avec l'Allemagne. Ces conditions sont dures ; nous devions nous

y attendre de la part d'un ennemi qui tient la générosité pour de la bêtise. La dernière clause que j'ai à
signaler est stupéfiante : l'armée, la mobile, les marins livrent leurs armes et leurs canons ; *pour reconnaître l'héroïsme de la garde nationale de Paris, on
lui laisse ses fusils !*

Est-ce assez sauvage ? Est-ce assez féroce de la part
de l'ennemi implacable qui nous a réduits à merci ?
L'armée de l'émeute restera debout et aucune force
ne pourra la contenir. Elle sera chargée de terminer
la besogne que le bombardement, la ruine et la misère ont si bien commencée ; après toutes les batailles
perdues, l'insurrection triomphante !.. soixante à qua-
tre-vingt mille hommes, ramassis cosmopolite, écume
de tous les bas-fonds des sociétés européennes, chargés d'achever la France qui pourrait se relever de ses
défaites ! Car les bons bataillons ne vont pas tarder à
se dissoudre ; tous les braves gens qui se sont bien
conduits devant l'ennemi vont se hâter de déposer
leur fusil et de retourner au travail et à l'atelier ; les
insurgés que nous avons armés et enrégimentés resteront sous les armes et attendront le moment favo-
rable pour nous donner le coup de grâce : ils peuvent
compter sur l'appui de la Prusse.

Il est vrai que la division Faron, forte de 10,000
hommes, va conserver ses armes. Commandée par
un homme énergique, elle sera bien suffisante au début pour contenir toute l'armée de l'émeute ; mais

pendant combien de temps échappera-t-elle à la contagion à laquelle on l'expose ; pendant combien de temps conservera-t-elle sa discipline et son esprit du devoir ?

*28 janvier.* — C'est Jules Favre qui a demandé et obtenu que la garde nationale conservât seule ses armes ! J'avais peu d'admiration pour ce personnage, mais mon esprit se refusait à l'accuser d'une pareille insanité. Je croyais à un coup de Jarnac du chancelier de fer et j'espérais que ce serait le dernier[1].

Tant que durèrent les pourparlers, le feu des Prussiens sur Paris et sur Saint-Denis ne se ralentit pas ; le bombardement fut même plus violent pendant les derniers jours. Jusqu'au dernier moment, leurs bombes continuèrent à pleuvoir sur une population qui ne se défendait plus.

Cinq enfants de l'hospice des aveugles ont été tués ou blessés par la dernière bombe prussienne qui est tombée sur Paris, le 26 janvier à minuit.

Continuer à frapper un ennemi qu'on a renversé et désarmé, tuer pour tuer quand la tuerie est devenue inutile, quelle implacable haine ! Quelle honte pour nous de nous être laissé battre et quel danger pour la

---

1. J'accusais le prince de Bismarck d'un méfait dont il n'était pas responsable. C'est Jules Favre qui a demandé et obtenu que la garde nationale de Paris conservât ses armes. Notre implacable ennemi a dû bien rire lorsqu'il a cédé aux pressantes sollicitations de l'homme qui négociait ainsi la ruine de Paris.

France de se trouver désormais exposée aux convoitises, aux rancunes et aux menées machiavéliques de ces terribles voisins chez lesquels la force prime le droit, étouffe tout sentiment d'honneur et d'humanité et remplace la noblesse du cœur !

Puis le canon se tait, le drapeau noir, blanc et rouge remplace sur tous nos forts le drapeau tricolore. Paris retombe dans le silence et dans la stupeur; il a maintenant le droit de manger sous les canons prussiens et nous, il ne nous reste plus qu'à nous croiser les bras et à attendre. La Chambre va se réunir à Bordeaux; elle sera bien forcée d'accepter les conditions qui lui seront imposées: nos vainqueurs ont beau jeu. L'armée de Faidherbe, battue à Saint-Quentin, est en retraite sur nos places du Nord; celle de Chanzy, après la défaite du Mans, se retire en désordre sur Laval et l'armée de l'Est est en Suisse. C'est complet !

J'occupe avec le général et le capitaine de Gaston la maison où nous nous sommes logés au début du siège.

A la fin de janvier, une députation des électeurs de Seine-et-Marne vient trouver Ducrot et lui offre de le porter sur la liste des députés que doit élire leur département. Il les remercie; leur démarche le flatte, mais il refuse, malgré leur pressante insistance, d'accepter la députation. Il ne se sent pas disposé à remplir le mandat qu'ils veulent lui confier et il espère que tous ses camarades de l'armée tiendront comme lui à s'abstenir de jouer un rôle politique. Après les terribles désastres que la France a subis, son devoir à lui est de se consacrer à l'étude, au travail et à la réorganisation de notre armée si cruellement éprouvée. Il espère qu'on lui donnera prochainement un commandement actif et il entend consacrer tout son temps et toutes ses forces au relèvement du pays.

Combien il a raison ! Un général ne doit pas s'occuper de politique. Il se rend très bien compte, du reste, que toutes ses qualités de soldat deviendraient des défauts dans une Assemblée parlementaire, et il n'a ni la finesse, ni la prudence, ni la patience qui lui permettraient d'y jouer un rôle utile à lui-même et au pays. Les grandes fortunes politiques appartiennent à ceux qui résument le mieux les qualités et les défauts de leur époque, et leurs défauts leur sont souvent plus utiles que leurs qualités. Or, Ducrot n'a pas nos défauts, et la modération, les concessions réciproques, l'esprit libéral et éclectique, lui sont absolument inconnus. Le rôle de soldat est donc bien le seul qui lui convienne et il sait s'en rendre compte.

# XVIII

ORLÉANS, VIERZON, L'ARMÉE DE BOURBAKI EN SUISSE.
STRASBOURG.

N'ayant plus rien à faire à Paris, je demande au général la permission de rentrer à Strasbourg, pour retrouver ma famille dont je n'ai plus eu de nouvelles depuis le commencement de décembre. Je sais qu'elle est retournée en Alsace, c'est tout ce que j'ai pu apprendre sur son compte depuis que je l'ai quittée. La ligne d'Orléans est la première ouverte à la circulation ; je me décide à gagner Strasbourg en passant par Bourges, Lyon et la Suisse : je serai de retour à mon poste la veille de l'expiration de l'armistice. En me remettant ma permission, le général me demande d'aller voir sa famille, qui doit être à Nevers, et de dire à ses amis de la Nièvre, où il est conseiller général, qu'il ne veut pas être porté sur les listes de la députation ; qu'il se doit tout entier à l'armée ; et qu'il lui répugnerait de se mêler de politique.

Sans bagages et muni d'un fort gourdin à défaut

d'armes, je me rends, le lundi matin 6 février, à la gare d'Orléans, où j'ai rendez-vous avec le colonel Maillard, se rendant comme moi à Nevers. Nous nous demandons comment nous ferons notre voyage et quelles difficultés nous aurons à surmonter en route. On parle d'interruptions dans la ligne, de ponts coupés, de bandes de pillards qui courent la campagne, d'exigences et de chicanes prussiennes, d'obstacles de toute nature : c'est le second train de voyageurs qui quitte Paris pour Orléans. Il devait partir à six heures, il était neuf heures lorsqu'il se mit en mouvement : un train énorme, tous ses wagons bourrés de monde, pas une femme. Il me semble que je vais sortir de prison.

Pas encore cependant, car lentement, honteusement en quelque sorte, avec des coups de sifflet et des temps d'arrêt continuels, nous traversons pendant toute la journée les lignes prussiennes et nous n'avançons pas sans la permission de nos vainqueurs. Lorsque nous sommes arrêtés, ils envahissent les marchepieds des wagons, nous regardent avec insolence, et je comprends les grossières plaisanteries qui provoquent leur hilarité. Nous ne pouvons pas leur répondre : ne sommes-nous pas des vaincus?

Quel triste spectacle se déroule devant nos yeux !

D'abord, le fort de Montrouge, qui a si crânement lutté jusqu'au bout, un énorme drapeau noir, blanc et rouge flotte sur ses remparts, où des sentinelles prussiennes ont remplacé nos braves marins. Plus loin, les lignes d'investissement contre lesquelles sont venus échouer tous nos efforts, puis les villages occupés par l'ennemi, pendant toute la durée du siège. Ces pauvres villages, naguère si riches et si florissants, sont dévastés, pillés, ruinés, troués par les boulets, noircis par les incendies. Les Allemands y fourmillent et sur les champs incultes nous voyons de longues files d'infanterie et de cavalerie faire l'exercice et les manœuvres correctes et régulières des temps de garnison. Ainsi, pas de repos pour le soldat ; il faut que tous les jours il sente le poids de cette lourde discipline à laquelle il est plié ; pas de repos pour le soldat prussien, même après la victoire, même après Paris tombé ; c'est ce que j'ai vu de plus énorme dans toute cette guerre, de plus effrayant pour notre pauvre pays : sommes-nous de force à suivre un pareil exemple ?

Après Étampes, où la gare est bondée d'Allemands, nous traversons les riches plaines de la Beauce. Elles sont désertes et incultes : on ne voit dans les champs ni un homme ni un cheval ; les fermes sont abandonnées. En approchant d'Orléans, tout nous indique une lutte récente et acharnée. Les haies, les palissades sont renversées ; la terre est piétinée ; les fermes et les granges sont détruites par l'incendie et par le canon ; les murs sont crénelés, troués par les obus, tigrés par les balles ; presque partout les arbres sont coupés et les taillis brûlés. Plus près encore, nous trouvons des tranchées profondes, correctement creusées, des épaulements, des batteries abandonnées, tout un ensemble de travaux de défense bien exécutés et, derrière, l'emplacement d'un camp. Dans la gare des Aubrets, les portes, les palissades, les murs sont troués ou sillonnés par les balles et par les obus ; la toiture est défoncée et toutes les vitres sont brisées.

Après Orléans, la Sologne. Ces pauvres landes moroses ont été épargnées par la guerre. Nous commençons à respirer plus librement, et cependant, de loin en loin, nous y voyons encore des patrouilles et des postes de cavalerie prussienne. Les derniers que nous rencontrons n'atteignent pas la Motte-Beuvron. La nuit arrive ; nous sommes sortis des lignes ennemies. Enfin !

A Vierzon, nous sommes forcés de nous arrêter quelques heures à cause de l'encombrement des voies ferrées ; nous en profitons pour aller dîner. La ville est pleine de troupes françaises ; depuis l'armistice, il y a passé, dit-on, 20,000 à 25,000 hommes. La mauvaise humeur et le mauvais vouloir des habitants ne plaident ni en faveur de leur patriotisme, ni en faveur de la discipline de nos soldats. Un artilleur que le colonel Maillard interroge ne sait lui dire ni le nom du général qui commande, ni celui des officiers de sa batterie. En revanche, il manifeste hautement qu'il les tient tous en médiocre estime et parle de trahison.

Deux hommes, qui se disent des gardes nationaux arrivant de Paris, se joignent à lui pour lancer les mêmes accusations contre l'armée et la mobile, contre les généraux et contre les traîtres du gouvernement de la Défense nationale. Ils mentent effrontément en racontant leurs prouesses à l'attroupement qui se forme autour de nous. Le colonel Maillard les relève vertement ; quelques mots énergiques lui suffisent pour imposer silence à ces misérables. Nous passons. Ainsi, à peine hors de l'étreinte des Prussiens, nous rencontrons, dès les premiers pas, l'égoïsme, l'indiscipline, la forfanterie et le désordre ! Ce que c'est que la défaite pour décomposer un peuple ! Oh ! s'il m'était donné avant de mourir de voir dans cet état-là l'Allemagne et l'armée allemande ! Nos pères ont vu cela après Iéna. La Prusse s'est bien relevée depuis, mais on ne lui a pas ménagé alors les plus dures vérités. C'est un exemple à suivre et espérons.

Nous n'arrivons à Nevers que le 7, à 10 heures du matin. Je passe une partie de la journée auprès de M<sup>me</sup> Ducrot et de ses enfants. Elle m'apprend que la veille un M. Bréger, qu'elle ne connaît pas, se disant volontaire dans les éclaireurs Franchetti, est venu lui dire que le général ne voulait pas être porté pour la députation. Comme il n'avait ni lettre à lui remettre, ni papiers à lui présenter, elle s'est méfiée du messager et n'a tenu aucun compte du message. Je m'acquitte à mon tour de ma mission : M. Bréger est un galant homme dont je puis répondre, un de ceux qui ont fait bravement et simplement leur devoir. Je l'ai vu souvent dans l'escorte du général, et notamment à Champigny où il ne l'a pas quitté. On a eu tort de ne pas l'écouter. Je vais trouver quelques-uns des amis du général; je leur répète ce que M. Bréger leur a dit la veille, ce que le colonel Maillard pourra leur confirmer. Ils me répondent que j'arrive trop tard, que les listes sont faites et qu'enfin si, après son élection, le général persiste à refuser le mandat qu'on veut lui confier, il pourra donner sa démission de député... Ducrot donner sa démission ! Il faut bien peu le connaître pour le croire. S'il est nommé, il ira à la Chambre comme il va au feu : je ne me le figure pas dans un rôle parlementaire[1].

Vers le soir, des bandes de mobilisés parcourent

---

1. Extraits de lettres adressées par le général Ducrot à sa famille :

« Paris, 31 janvier 1871.... J'ai chargé M. B. de te remettre deux photographies qui ont été faites à ton intention et à celle de nos chers enfants dans un moment où j'avais bien peu l'espoir de vous jamais reporter l'original ! De plus, je l'ai encore chargé de te dire que je ne pouvais sous aucun prétexte accepter le mandat de député dans les circonstances présentes ; j'ai adressé à ce sujet au préfet de la Nièvre une longue lettre qui, je l'espère, sera insérée dans les journaux de la localité.... »

« Paris, 1ᵉʳ février 1871.... Je n'aurais qu'un mot à dire et je pourrais dès demain être autorisé à quitter Paris pour me rendre en Nivernais : ce mot, c'est que je me porte pour candidat aux prochaines élections dans le département de la Nièvre. Eh bien, quoi qu'il m'en coûte, ce mot je ne le dirai pas, parce que ma conscience ne me permet pas d'accepter un pareil mandat dans les circonstances actuelles..... »

les rues de Nevers. Ils ont quitté le camp de Saincaize parce qu'ils s'y trouvent mal, et viennent carillonner et frapper à coups de crosse à toutes les portes, réclamant impérieusement le logement chez les habitants. On dit que leurs officiers ont été les premiers à leur donner l'exemple de l'insubordination, et qu'un avocat sans causes, républicain fort avancé, est l'inspecteur général de ce camp d'indisciplinés. Je les entends crier dans un café qu'ils ont envahi : « Vive Garibaldi ! Vive le sauveur de la France ! » Je ne me doutais pas que la France fût sauvée. C'est cependant ainsi que naissent les légendes !

Je pars de Nevers à 11 heures du soir, et, après avoir passé une partie de la nuit à la gare de Saincaize où l'encombrement et le désordre dépassent toutes les bornes, j'arrive à Lyon à midi. Je traverse la ville sans m'arrêter ; à une heure, je suis en route pour Genève. Le train s'arrête pendant quatre heures à Ambérieu : la voie n'est pas libre. Il est deux heures du matin quand nous entrons en Suisse. Je repars pour Bâle à cinq heures du matin, par Lausanne et Berne.

Sur toutes les routes, dans toutes les gares, je vois des bandes nombreuses de soldats français, sans armes et sans officiers. Artilleurs, fantassins, mobiles et mobilisés, cavaliers, gendarmes et soldats d'Afrique sont confondus dans le désordre et la misère. Ces hommes toussent d'une façon lamentable ; ils sont pâles, sales, abattus et littéralement déguenillés. Malgré l'absence de leurs officiers, ils ne donnent lieu à aucune scène d'indiscipline. C'est un pauvre troupeau malade qui se laisse conduire, n'ayant même plus l'énergie de l'insubordination. Dans le wagon, où je cherche à m'isoler avec un sentiment d'humiliation, je vois entrer des officiers de tous les grades et de toutes les armes, des officiers étranges, comme je n'en connaissais pas dans l'armée française. Ils se rendent dans les résidences qu'ils ont choisies.

Voilà les tristes débris de l'armée de Bourbaki, après Villersexel, Héricourt. Accablée par les fatigues et les privations, démoralisée par l'insuccès des efforts qu'elle a faits pour débloquer Belfort, trahie par l'armistice dont elle est exclue, trompée par les dépêches de Gambetta, livrée à l'ennemi par des avocats, coupée par l'armée de Manteuffel que Garibaldi a laissé passer, privée de vivres et de munitions, perdue dans les neiges du Jura, manquant de tout et n'ayant même plus son brave général, cette pauvre armée s'est réfugiée sur le territoire suisse ; elle y a déposé les armes et s'y est affaissée !

Quel noble et beau pays que cette petite République helvétique ! Sa population tout entière s'est montrée pour nos pauvres soldats pleine d'humanité, de générosité et de dévouement. Après avoir comblé de ses dons, pendant toute la durée de la guerre, les hôpitaux et les ambulances des belligérants ; après six mois de sacrifices continuels, elle n'a pas hésité à accepter la lourde charge que lui impose notre dernier malheur. Hommes, femmes et enfants, riches et pauvres, se dépouillent de tout pour subvenir aux besoins de notre malheureuse armée. Nous avons contracté là une dette d'honneur que nous ne devons jamais oublier. A la gare de Berne, j'achète une collection de journaux qui arrivent de France. Les nouvelles que j'y trouve ne me semblent pas croyables. Gambetta veut continuer la guerre ! s'opposer aux élections et conserver le pouvoir ! Est-ce de la folie ? Est-ce de l'impudence ? Il refuse de reconnaître l'autorité du gouvernement de la Défense nationale et veut rester le maître des destinées de la France. Afficher de pareilles prétentions après tous les désastres dont on peut, en toute justice, lui demander compte, c'est insensé ! Espérons que ce sera sa dernière insolence. J. Simon est parti pour Bordeaux afin de lui faire comprendre qu'il est grand temps de baisser la toile.

J'arrive à Bâle le 9 février au soir et je repars de suite pour Strasbourg. Les voies ferrées d'Alsace étant occupées par l'armée qui assiège Belfort, je suis forcé de prendre le chemin de fer du duché de Bade et, après une nuit passée tout entière en route, j'entre à Strasbourg le 10, à sept heures du matin, quelques minutes après un tremblement de terre qui a mis toute la ville en émoi.

Ne s'est-il écoulé que six mois et demi depuis mon départ pour Reichshoffen? Il me semble qu'un demi-siècle me sépare du temps où je vivais heureux, tranquille, fier d'un avenir assuré par mon travail et de la prospérité de ma jeune famille. J'attendais avec confiance de longues années de bonheur que rien ne paraissait menacer. Comme j'étais jeune alors! Il me semble maintenant que tout s'est écroulé autour de moi. Strasbourg est perdu pour la France; que vais-je devenir moi-même? Tous mes beaux rêves si légitimes ne sont plus qu'un souvenir pénible. Et toutes mes doctrines que je croyais infaillibles : « A chacun selon ses œuvres », ou « Aide-toi, le Ciel t'aidera », et encore « Fais ce que dois, advienne que pourra »? Elles sont très jolies dans la prospérité, mais dans le malheur, quelle insuffisance !

J'entre chez moi; la joie profonde et légitime que j'éprouve est mêlée de tristesse et d'amers regrets. Ma femme ne me reconnaît pas; mon enfant, auquel je fais peur, pousse des cris désespérés; je ne me savais pas si changé... Toutes les fatigues, tous les soucis, toutes les misères, toutes les humiliations, tous les malheurs sont un moment oubliés.

Dans l'après-midi, je vais avec ma femme faire un long pèlerinage dans notre pauvre Strasbourg, victime de nos fautes, de notre imprévoyance et de nos malheurs, martyr d'un patriotisme héroïque qui n'a pas été surpassé dans tout le reste de la France. La pauvre ville avait été abandonnée dès le début de la guerre, sans troupes et sans armement. C'était la livrer sans défense aux entreprises des armées allemandes ; mais on se disait : les remparts sont solides et quant à la ville elle-même, elle n'a rien à craindre, son sort sera réglé sur les champs de bataille. Ce n'est plus dans notre siècle de civilisation et de philanthropie que l'on bombarderait une grande ville au risque d'y massacrer des habitants inoffensifs, des vieillards, des femmes et des enfants.

Depuis près de cinq mois, la population travaille à réparer les dégâts commis par les bombes prussiennes, et l'aspect actuel de la bonne ville ne peut donner qu'une idée éloignée de l'état dans lequel elle était à la fin du siège ; et cependant quel triste et irritant spectacle !

Des quartiers entiers sont détruits et présentent à perte de vue la plus hideuse dévastation. Dans toutes les rues, sur toutes les places, sur tous les quais, des groupes entiers de maisons ont été détruits par l'incendie et déchiquetés par les obus ; et tous ces murs noircis par le feu sont éventrés par les projectiles, déchirés par leurs éclats, tatoués par les balles des schrapnels. La Préfecture, le Théâtre, le Temple-Neuf, la Bibliothèque, le Musée de peinture, la gare d'arrivée, la plupart des faubourgs ne sont plus qu'un monceau de ruines. En février, la fumée s'échappe encore de l'amas de décombres qui a remplacé le quartier Kageneck. Plus de 700 maisons sont complètement rasées au niveau du sol, et dans toute la ville on n'en compte que 28 qui aient été complètement épargnées. La belle cathédrale, sur laquelle les batteries prussiennes n'ont pas cessé de tirer pendant toute la durée du siège, a été affreusement mutilée : son toit a été brûlé, sa croix brisée ; et sa dentelle de pierre a fourni neuf cents tombereaux de débris ! Ma maison, abritée par les Récollets, a été relativement épargnée, et cependant quand ma famille y est rentrée au milieu d'octobre, elle n'y a trouvé que deux chambres habitables ; pendant trois jours, deux voitures ont été employées à enlever les décombres amoncelés dans la cour et dans les appartements, et on a chargé trois tombereaux avec les éclats d'obus qui y ont été ramassés.

Il nous est bien permis, en face de Strasbourg en ruines, de juger ses bourreaux. Voilà une grande ville où pas un point n'est à l'abri des projectiles de l'artillerie moderne ; ses défenses sont tellement insuffisantes, que les assiégeants pourront croiser leur feu sur elle et battre à revers tous ses remparts ; elle est peuplée d'Alsaciens que les Allemands prétendent considérer comme des frères ; ses monuments, ses riches collections et ses bibliothèques appartiennent par leur caractère cosmopolite au domaine de l'humanité ; sa population laborieuse et honnête compte par milliers des êtres inoffensifs, des femmes, des enfants, des vieillards, des malades, et c'est sur cette ville que l'armée allemande fait pleuvoir pendant 45 jours consécutifs cent quatre-vingt-treize mille projectiles (193,000), des obus énormes, des boulets, des bombes incendiaires, des schrapnels, des obus à balles ! Partout où le feu a pris, le voisinage est criblé par les obus à balles, qui faisaient alors leur moisson humaine dans la foule des misérables accourus pour sauver les femmes et les enfants menacés par les flammes ! Si c'est la guerre, quel nom donnerez-vous à vos généraux ? Rendons justice au général de Bayer : il a reculé devant un pareil acte de vandalisme, il a fallu le Prussien Werder pour l'exécuter. Ducrot, promenant l'empereur Napoléon III autour des fortifications de Strasbourg, et lui demandant d'ordonner la construction des forts détachés, qui seuls pouvaient protéger la pauvre ville, disait qu'il serait facile de prendre en moins de quinze jours ce rempart de la France. C'est à peu près le temps qui aurait suffi aux Prussiens pour forcer la capitulation, s'ils avaient concentré leur feu sur les fortifications et sur la citadelle : ces ouvrages étaient absolument insuffisants, et il n'y avait pas dans la ville une garnison capable de repousser l'assaut.

Abstenons-nous de qualifier comme elle le mérite la conduite de nos vainqueurs, et étudions-la au point de vue militaire.

N'est-il pas intéressant de prendre ces savants stralégistes en flagrant délit de routine, d'ignorance et de maladresse?

Sous Frédéric II, qui est encore leur modèle, la guerre de siège n'était pas ce qu'elle est aujourd'hui. Les habitants de la ville assiégée, assez indifférents au drapeau qui flottait sur leurs murs, se tournaient contre la garnison, pour échapper à la ruine, dès qu'il voyaient les bombes et les boulets rouges incendier leurs demeures et tuer leurs femmes et leurs enfants; par le bombardement, les assiégeants se créaient des alliés dans la place. De nos jours, il exaspère les sentiments pratriotiques d'une population, chez laquelle le respect de la nationalité est devenu une religion. Quand le malheureux général qui commandait la place fut forcé de capituler, la population tout entière protesta avec indignation lui offrant de participer à la défense.

Le bombardement de Strasbourg fut donc un acte de routine impardonnable; il prouve aussi une profonde ignorance de l'état des esprits en Alsace. L'Allemand est *Knecht geboren* (c'est le mot consacré; il signifie *né valet*); après la guerre de 1866, il a baisé l'épée qui l'avait châtié. C'est par la violence et la brutalité qu'on peut le dominer et l'asservir. L'Alsacien au contraire est un homme d'opposition; il est fier, indépendant, batailleur et têtu. Bombarder sa vieille capitale, renverser la croix qui surmontait la flèche de sa cathédrale, c'était le plus sûr moyen de s'en faire un ennemi irréconciliable. En 1870, les Strasbourgeois n'avaient pas encore oublié les quatre ou cinq petits boulets inoffensifs que le maréchal des Contades leur avait lancés par défi, plus d'un siècle auparavant; oublieront-ils jamais les 193,000 obus qui, pendant 45 jours, ont dévasté leur bonne ville?

Et ce fut un acte de suprême maladresse. Peut-on traiter plus sottement une population qu'on a la prétention de rattacher à l'Allemagne? L'Alsace aujourd'hui est plus française que jamais; elle va bien le prouver dans le choix des députés qu'elle enverra à l'Assemblée de Bordeaux. Ils auront pour mission de protester contre l'abandon qui menace nos provinces de l'Est et ils réclameront une guerre à outrance. Tous les jeunes gens sont partis pour rejoindre les armées françaises; tout le monde ici veut continuer la lutte et tout supporter plutôt que l'annexion à l'empire germanique. C'était donc faire preuve d'ignorance et de maladresse que de vouloir germaniser par la terreur les populations de l'Alsace. Si ces procédés-là ont pu réussir en Allemagne, ils n'avaient chez nous aucune chance de succès.

Sur les ruines encore fumantes de notre pauvre Strasbourg, j'ai donc la consolation de me dire que nos vainqueurs n'ont pas toutes les supériorités. Il ne nous a manqué, pendant cette triste guerre, que la prévoyance, le nombre et la discipline. La prévoyance, nous sommes bien payés aujourd'hui pour en avoir, le nombre ne nous fera pas défaut ; quant à la discipline, si nous ne voulons pas nous préparer à de nouvelles défaites, nous saurons bien nous y soumettre.

*To be or not to be.*

Février 1871.

# CONCLUSIONS

---

Les conclusions que je puis tirer de ce que j'ai vu pendant la guerre franco-allemande sont de deux ordres, les unes sont générales, les autres sont professionnelles et relatives au service des ambulances. J'ai déjà formulé ces dernières. Au congrès de Lyon, en 1872, j'ai démontré la nécessité d'une réforme dans le service médical militaire et j'ai eu depuis, la satisfaction de voir la commission chargée de la réorganisation de nos services administratifs adopter quelques-uns des principes que j'avais mis en avant : brancardiers régimentaires, modification du matériel des ambulances, direction du service médical confiée aux médecins, suppression des intermédiaires entre le commandement et le chef du service sanitaire du corps d'armée. Il reste encore à régler le fonctionnement des ambulances dans les marches et sur le champ de bataille. On n'a pas voulu s'en occuper ; on a respecté sous ce rapport les anciens errements et on a eu tort. Si l'on n'adapte pas la marche et les dispositions à prendre par les ambulances aux exigences nouvelles de la stratégie moderne et à la portée excessive du tir de l'artillerie et même de l'infanterie, on verra encore les scènes de désordre, d'insuffisance et d'impuissance auxquelles nous avons si souvent assisté. Le seul service chirurgical possible sur le champ de bataille proprement dit, c'est le service régimentaire : il faut l'organiser en conséquence. Les ambulances doivent être à l'abri du feu ; leurs voitures doivent aller chercher les blessés dans les postes chirurgicaux des médecins de régiments, et les amener assez loin en arrière des lignes pour qu'on puisse les opérer sans les exposer à de nouvelles blessures. Le chirurgien militaire coupant bras et jambes au milieu de la mitraille, c'est très beau dans les tableaux et dans les romans, mais c'est fort peu pratique.

Quant à mes conclusions générales, elles sont pour la plupart dignes de M. de la Palisse, ce qui ne leur enlève pas leur valeur : la guerre est une mauvaise chose, c'est l'assassinat et le vol organisés et déifiés. Les grands conquérants sont des fléaux pour l'humanité, c'est incontestable, et la paix universelle est à désirer, mais pourrons-nous toujours éviter la guerre ? Non ! Alors il faut savoir la faire et nous y préparer d'avance.

On n'improvise pas une grande guerre : le tenter,

c'est courir au-devant d'une série de défaites. On n'improvise pas non plus et on n'a jamais improvisé une armée. Ceux qui l'ont dit ont menti. L'histoire des guerres de notre première République a été écrite avec fantaisie. En flattant notre amour-propre national, en nous faisant prendre des légendes pour des réalités, elle a préparé les désastres sous lesquels nous avons été écrasés en 1870 et 1871. Si les armées de la République, si les fameux volontaires de 92 avaient eu affaire aux armées qui nous ont attaqués pendant notre dernière guerre, en six semaines les Prussiens seraient entrés à Paris. Ce que je dis là pourra paraître excessif, mais c'est la vérité. Ne nous faisons plus de ces illusions qui se paient par des défaites.

Les historiens de notre première Révolution, en flattant notre amour-propre exagéré, ont réussi comme écrivains et se sont ouvert la voie des ministères et des emplois publics ; mais ils sont responsables de nos malheurs : leur popularité nous a coûté la ruine de la France. C'est eux qui nous ont fait croire qu'il suffisait de frapper du pied le sol de la Gaule pour en faire sortir des armées victorieuses, ce sont eux qui nous ont empêchés de travailler, de nous préparer et de nous armer. Pourquoi en effet nous imposer les lourds sacrifices d'un état militaire considérable s'il suffit d'un appel à la France pour obtenir d'elle des légions de héros ? Pourquoi des généraux, pourquoi des officiers ; moquons-nous donc de toutes ces vieilles culottes de peau ; le premier avocat venu dressera un plan de campagne et n'importe quel Français suffira pour commander une compagnie ou un régiment. — Sur ces historiens félons sont venus brocher des politiciens sans foi ni loi, gens loquaces qui prennent leur verbiage pour des vérités : s'appuyant sur les premiers, ils ont achevé de troubler les idées de la France et ils l'ont poussée au désarmement et à l'abandon d'elle-même. Le gouvernement débile d'un empereur malade qui chercha lui aussi à flatter et à tromper l'opinion publique, n'a pas su résister à l'entraînement de l'erreur et notre pauvre pays a été livré à ses mortels ennemis, sans forces réelles pour la lutte, mais plein de dangereuses et de décevantes illusions qui devaient précipiter et compléter sa chute.

La prétention d'improviser des généraux est tout aussi absurde que celle d'improviser des armées, et dicter un plan de campagne ou des mouvements stratégiques revient absolument au même. L'art de la guerre est très difficile et exige, outre des aptitudes personnelles indiscutables, beaucoup de travail et d'étude et une préparation suffisante. Croire le contraire et s'imaginer qu'avec de l'audace et du bonheur on fera marcher des armées de cent mille hommes, c'est faire preuve d'une grande ignorance. Une armée, de nos jours, est une lourde et puissante machine, extraordinairement compliquée, dont tous les rouages sont indispensables ; il faut tous les connaître pour la faire marcher. Mieux vaudrait charger un bottier ou un boulanger de conduire un train express de Paris à Marseille que de confier une armée pour la conduire au combat à un avocat, à un ingénieur ou à un pharmacien. Or, faire un plan de campagne, imposer des combinaisons stratégiques ou des batailles, c'est aussi faire acte de commandement, c'en est même la partie la plus grave et la plus difficile. Comment nos généraux, qui n'étaient pas sans valeur, se sont-ils laissé dicter la loi par Rouher, par la Camarilla impériale, par J. Favre, Gambetta, de Freycinet, de Serre et consorts ? N'avaient-ils pas déjà assez de chances contre eux ? Aujourd'hui, on les accuse de trahison et d'incapacité et on a raison : ils ont trahi l'armée qu'on leur avait confiée en cherchant à exécuter les ordres et les plans de campagne que le charlatanisme républicain leur a imposés. Je m'imagine que Napoléon I<sup>er</sup> n'aurait pas été aussi docile et je sais bien ce qu'il aurait fait du gouvernement de la Défense nationale et de la garde nationale de Paris. Avec lui, cette dernière se serait certainement couverte de gloire, et s'il en avait fait tuer la moitié, elle lui aurait été soumise, fidèle et dévouée.

Mais il aurait commencé par la discipliner. Ayant plus de quatre mois de vivres dans Paris et grâce à des procédés rapides, il y serait parvenu. La discipline était déjà très relâchée dans l'armée au début de la guerre ; après la révolution du 4 septembre, elle a continué à se perdre dans les régiments de marche et dans la mobile, et elle est devenue négative dans la garde nationale. L'élection des officiers et la politique ont achevé le peu qui en restait.

Ah! la politique! l'infernale politique! c'est par elle que je veux finir et je ne trouverai jamais assez de malédictions à lui adresser, car elle a contribué à ruiner l'esprit militaire, et seule elle empêchera le relèvement de la France. Bonapartistes, républicains et monarchistes, déchirez-vous entre vous comme des chiens enragés, mais ne touchez pas à l'armée; n'en faites ni des prétoriens, ni des conspirateurs, ni des insurgés. N'en faites même pas des citoyens, ce serait la rabaisser : elle est mieux que cela, elle est l'âme et l'honneur du pays. C'est elle qui sauvera la patrie pendant que dans vos luttes mesquines vous vous disputerez ses richesses : gardez vos convoitises et laissez-lui sa discipline, qui est sa force et votre salut. Que l'armée ne figure pas dans vos ministères, qui sautent comme des bouchons et qui ne valent guère mieux. Des généraux français ne sauraient être compromis dans vos tripotages ni même soupçonnés de les tolérer. Laissez leur chef à ses travaux et à son recueillement; donnez-lui le temps de mûrir ses réformes nécessaires et de préparer la défense de la patrie. Si vous en faites un homme politique, si vous le livrez aux caprices d'une Chambre sans boussole, de son instabilité naîtront la confusion et le désordre, et, quel que soit le nombre de vos canons et de vos soldats, la France sera vaincue. Plus de citoyens, plus d'électeurs, plus de politiciens dans l'armée, des soldats, de vrais soldats français, et ne leur parlez plus de leurs droits, ils ne doivent connaître que leurs devoirs.

# TABLE DES MATIÈRES




Nancy, imp. Berger-Levrault et Cie.

Milton Keynes UK
Ingram Content Group UK Ltd.
UKHW010638030424
440506UK00010B/1350